U0578886

权威·前沿·原创

皮书系列为
"十二五""十三五""十四五"时期国家重点出版物出版专项规划项目

BLUE BOOK

智库成果出版与传播平台

广东农业蓝皮书

BLUE BOOK OF GUANGDONG AGRICULTURE

广东现代农业发展报告
（2024）

ANNUAL REPORT ON THE DEVELOPMENT OF
MODERN AGRICULTURE IN GUANGDONG (2024)

主　编／谭砚文

社会科学文献出版社
SOCIAL SCIENCES ACADEMIC PRESS (CHINA)

图书在版编目（CIP）数据

广东现代农业发展报告 . 2024 / 谭砚文主编 .
北京：社会科学文献出版社，2024. 12. --（广东农业
蓝皮书）. -- ISBN 978-7-5228-4588-3

Ⅰ. F327. 65

中国国家版本馆 CIP 数据核字第 2024WP1690 号

广东农业蓝皮书

广东现代农业发展报告（2024）

主　　编 / 谭砚文

出 版 人 / 冀祥德
组稿编辑 / 任文武
责任编辑 / 刘如东
责任印制 / 王京美

出　　版 / 社会科学文献出版社·生态文明分社（010）59367143
　　　　　 地址：北京市北三环中路甲 29 号院华龙大厦　邮编：100029
　　　　　 网址：www. ssap. com. cn
发　　行 / 社会科学文献出版社（010）59367028
印　　装 / 天津千鹤文化传播有限公司

规　　格 / 开　本：787mm×1092mm　1/16
　　　　　 印　张：22　字　数：326 千字
版　　次 / 2024 年 12 月第 1 版　2024 年 12 月第 1 次印刷
书　　号 / ISBN 978-7-5228-4588-3
定　　价 / 128.00 元

读者服务电话：4008918866

主要编撰者简介

谭砚文 华南农业大学经济管理学院二级教授。全国百篇优秀博士学位论文获得者，广东省"珠江学者"特聘教授，教育部"新世纪优秀人才支持计划"入选者，广东省"南粤优秀教师"，华南农业大学教学名师，国家木薯产业技术体系经济岗位专家，国家一流课程"农业经济学"负责人，兼任中国国外农业经济研究会常务理事，中国农业技术经济学会理事。曾获广东省哲学社会科学优秀成果一等奖1项、二等奖2项，教育部哲学社会科学优秀成果三等奖1项；指导大学生获得全国"挑战杯"竞赛特等奖1项，广东省"挑战杯"竞赛特等奖2项、一等奖1项、二等奖2项。发表学术论文90余篇，出版专著5部。主持国家自然科学基金地区间国际合作重点项目、国家社会科学基金重大项目、教育部人文社会科学后期资助重点项目、广东省人文社会科学重大攻关项目等国家级与省部级课题40余项。

薛春玲 博士，华南农业大学经济管理学院教授，主要研究方向为农村发展、技术经济。广东省现代农业产业技术体系南药（广陈皮）创新团队产经岗专家。出版专著2部，先后主持世界银行项目以及广东省科技专项、广东省软科学等省部级项目10余项。

谭 莹 华南农业大学经济管理学院教授，博士生导师，广东省现代农业产业技术体系生猪创新团队产经岗专家，主要研究方向为农业政策分析、畜牧经济学、农产品价格波动。曾主持国家自然科学基金项目2项、国家哲学社会科学基金项目 1 项、教育部人文社会科学基金项目 2 项、广东省自然科学基金项目 1 项、广东省哲学社会科学基金项目 1 项等多项课题。在《农业经济问题》《农业技术经济》等发表学术论文 70 多篇，出版专著 2 部，主编教材 2 部。获广东省级教学成果奖一等奖（排名第三）。

余建斌 华南农业大学经济管理学院副研究员，硕士生导师。中国农业大学经济管理学院农业经济管理专业博士，美国俄亥俄州立大学访问学者，主要从事农产品市场与贸易、农业经济理论与政策研究。在《中国农村经济》、《农业经济问题》、*Agribusiness*、*International Food and Agribusiness Management Review* 等中英文期刊发表论文 50 余篇。出版著作和教材 4 部。主持国家社会科学基金、教育部人文社会科学基金、广东省哲学社会科学基金等各级各类课题 20 余项。多次参与政府部门文件和规划的起草工作，撰写的决策咨询报告获省部级领导批示和中央部委采纳。

齐文娥 博士，华南农业大学经济管理学院教授，国家荔枝龙眼产业技术体系产业经济研究室主任、岗位科学家，美国堪萨斯大学商学院访问学者，主要研究方向为农产品营销与品牌管理、农业产业经济与文化。在《数量经济技术经济研究》《中国农村观察》等刊物发表学术论文 70 多篇，出版专著 3 部，主编教材 1 部，先后承担国家及省部级课题 8 项。

陈风波 农业经济管理专业博士，华南农业大学经济管理学院农林经济管理专业主任，副教授，硕士生导师，主要研究方向为农业产业经济、农村发展和农户经济学，长期关注中国南方稻农行为的研究。现为广东省现代农业产业技术体系水稻流通与产业经济岗位专家。曾在英国 Sussex 大学发展研究所（IDS）和国际水稻研究所（IRRI）从事访问研究。主持国家自然科学基金青年项目 1 项、国家社会科学基金项目 2 项，参与欧盟 2020 远景项目 1 项，承担各类项目总计 20 多项，出版专著 2 部，发表论文 60 多篇。《农业经济问题》《农业技术经济》《农业现代化研究》等学术期刊外审专家。

郑 晶 管理学博士，华南农业大学经济管理学院副教授，硕士生导师。全国百篇优秀博士学位论文获得者，国家木薯产业技术体系经济岗位成员。主要从事农业经济理论与政策、农产品国际贸易、农业技术经济研究。在《改革》、《农业技术经济》、《国际贸易问题》、*China Agricultural Economic Review* 等中英文期刊发表论文 20 余篇，出版著作 1 部。主持国家社会科学基金青年项目、教育部人文社会科学基金青年项目、国家自然科学基金应急项目、农业农村部软科学、广东省哲学社会科学基金学科共建项目等各级各类课题 10 余项。撰写的决策咨询报告获得中央领导人批示和省部采纳。

蔡 键 华南农业大学经济管理学院副院长，副教授，硕士生导师，广东省哲学社会科学"农业农村政策与改革创新重点实验室"研究员，广东省习近平新时代中国特色社会主义思想研究中心华南农业大学研究基地特约研究员。兼任广东经济学会常务理事、中国农村发展学会"农村发展学科建设"专委会委员、广东县域经济研究与发展促进会常务理事。主要研究方向为农户行为、农村金融与农业社会化服务。主持国家自然科学基金、国家社会科学基金、广东省软科学项目、广东省农业农村厅重大课题等项目 10 多项，出版专著 3 部，在《中国农村经济》等国内外学术期刊发表论文 40 多篇。

前　言

　　全面建设社会主义现代化国家，最艰巨最繁重的任务仍然在农村。党的二十大报告旗帜鲜明地提出"加快建设农业强国"，为农业现代化发展指明了方向和目标。新征程中，作为中国总量第一的经济大省，广东肩负"走在全国前列"的担当，正踔厉奋发走出一条供给保障强、经营体系强、产业韧性强、科技装备强的农业强省之路，打造中国式农业现代化的"广东经验"。2023年，广东农林牧渔业总产值0.92万亿元，同比增长5.0%；粮食产量1285.19万吨，除晚稻受台风和降雨影响减产外，早稻、玉米、大豆、薯类（折粮）产量同比分别增长1.8%、3.25%、3.99%、2.68%；蔬菜及食用菌产量增长2.5%，园林水果产量增长5.6%，茶叶产量增长11.2%，中草药产量增长6.1%；猪肉产量增长6.5%，禽肉产量增长2.7%，禽蛋产量增长5.7%。

　　广东作为全国第一大粮食主销区、全国重要的水稻产区，近年来力求全方位夯实粮食安全根基，实现"藏粮于地、藏粮于技"。截至2023年底，广东已累计建成高标准农田超过2849.8万亩，粮食综合生产能力平均提高10%~20%。2021年、2022年广东省共完成撂荒地复耕158.6万亩，2023年以来，广东省统筹推进耕地集中连片整治等项目，完成垦造水田5.88万亩、补充耕地1.24万亩、恢复耕地26.52万亩，实现耕地净流入12.58万亩。广东省农业农村厅发挥广州国家现代农业产业科技创新中心的"国字号"平台力量作用，创建"湾区种质数字港"，汇聚了856份丝苗米核心种质和2万余份关联种质，构建了广东丝苗米高质量"泛基因组"，归纳出一

批宏观视角的遗传育种规律。

广东高质量发展的短板之一是城乡区域发展不协调。近年来，广东力求把推进工业升级的"园区模式"移植到农业发展中，加快构建新型农业经营体系新格局。2018年以来，广东在全国率先构建起"跨县集群、一县一园、一镇一业、一村一品"的现代农业产业体系，实现每县至少一个省级现代农业产业园。截至2023年底，全省累计创建21个国家级、295个省级现代农业产业园，9个国家级优势特色产业集群，65个国家级农业产业强镇，157个国家级"一村一品"示范村镇。

近年来，广东从延链、补链、强链着手，对乡村资源进行全方位立体式开发，拓展农业多种功能和乡村多元价值，提升乡村产业的质量效益和韧性水平，形成了一定规模的农产品加工业产业集群，拥有国家、省、市、县四级农业龙头企业总数超过5000家。其中，食品工业产业规模和营业收入居全国第二位。"2024胡润中国预制菜生产企业百强暨大单品冠军榜"中，广东17家企业上榜，数量居全国首位。同时，广东着力开发农村发展新动能，大力推动乡村休闲产业发展，打造"近郊游、周边游、乡村游"休闲旅游体系，推动一二三产业融合发展。

科技创新是发展新质生产力的核心要素。近年来，广东大力培育现代农民，不断加速科技成果转化。2023年，全省农业科技进步贡献率超过72%，居全国前列。同时，广东积极推动农业科技推广服务体系创新，打造"输血+造血"一体化的湾区新模式。例如，建设农技推广服务驿站，构筑起农业人才交流、农技推广培训、直播带货助农等平台；创建"广东精勤农民网络培训学院"，将农业营销、种植养殖技术、科学加工等类型的课程内容通过手机精准推送给有需求的农民；组建"广东农技服务轻骑兵"，开展农技服务乡村行，深入田间地头，"点对点"解决农民生产实际遇到的技术难题。

本书紧紧围绕广东省现代农业产业发展实践，在梳理现状、分析成效的基础上，探讨广东农业产业发展存在的问题，并提出了具有针对性的政策建议，以期为政府决策提供参考依据。

　　本书的出版，得到了广东省教育厅和华南农业大学科学研究院的大力支持，是广东省教育厅"广东现代农业产业集群发展理论与实践创新团队"的阶段成果。创新团队的老师们多年来一直致力于农业产业发展的研究，本书也是在团队长期研究的基础上形成的，倾尽了团队各位老师的心血；我的博士研究生李丛希、杨世龙、陈丽如、李嘉熙担任了本书的修改、校对工作，在此一并感谢。在本书出版之际，感谢所有支持、关心我们团队研究的各部门、各单位领导和各位专家、企业家以及农民朋友，希望未来在你们的支持下，我们会取得更丰硕的成果。

谭砚文

2024 年 8 月

摘　要

　　实现农业农村现代化是全面建设社会主义现代化国家的重大任务。近几年来，广东省通过坚持绿色引领，持续推进"三品一标"行动，不断深入推进乡村产业体系建设，推动农业优质高效发展，突出特色发展，推动产业集聚、品牌提升和数字赋能；强化县域在要素资源有效利用与优化配置中的基本功能定位，不断完善"跨县集群、一县一园、一镇一业、一村一品"的现代农业产业体系，加快农业高质量发展步伐；把实施"百县千镇万村高质量发展工程"作为建设农业强省、推动城乡区域协调发展的重大战略。广东省作为改革开放和与世界经济、文化、科技交流对话的窗口，既是中国总量第一的经济大省，也是全国人口大省、消费大省、资源大省与农业大省，在全国农业中的地位显著。

　　党的二十大报告强调，要"全面推进乡村振兴""加快建设农业强国，扎实推动乡村产业、人才、文化、生态、组织振兴""发展乡村特色产业，拓宽农民增收致富渠道"。广东省委省政府高度重视"三农"发展，采取了一系列强农惠农措施支持农业农村经济发展，促进了农业增效、农民增收和农村稳定；农业生产方式加快转变，正由增产导向转向提质导向，引导经济作物产业集聚发展，打造优势产区、产业带，推进大湾区珠三角内地设施农业发展，深化产销对接合作，大力发展预制菜产业，培育壮大乡村旅游、数字农业等新业态，推动乡村一二三产业融合发展。

　　本书对2022~2023年广东省现代农业产业发展状况进行了分析，选取了水稻、蔬菜、水果、茶叶、陈皮、生猪、家禽、水产、饲料九大广东典型

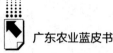
农业产业进行系统研究。研究发现，近年来，广东省深入贯彻党的二十大精神和习近平总书记视察广东重要讲话和重要指示精神，农业产业发展取得了显著成就，但是受多重因素影响，广东省农业发展的现代化水平还有待提高，仍面临着区域发展不均衡、空间布局零散、数字农业基础薄弱、农产品品牌优势不足等问题。因此，为加速广东农业现代化发展、全面实现乡村振兴，应进一步调整产业结构，不断优化空间布局，大力培育新型经营主体，加速构建支撑体系，实施特色优势农产品品牌战略，着力提升农产品国际竞争力。

关键词： 现代农业　产业发展　乡村振兴

Abstract

Achieving modernization of agriculture and rural areas is a major task in the comprehensive construction of a modern socialist country. In recent years, Guangdong Province has been promoting the construction of the rural industrial system by committing to developing green leadership, continuing to promote the "Three certificates plus one registration" initiative, and promoting the development of agriculture more efficiently and with higher quality. Guangdong province also has been promoting industrial agglomeration, brand enhancement, and digital empowerment by conducting characteristic development, strengthening the basic function of the county in the effective utilization and optimal allocation of factor resources, and improving the modern agricultural industrial system of "inter-county agglomeration, One county One park, One town One industry, One Village One Product", accelerating the pace of high-quality development of agriculture, regarding the "Hundred Counties Thousand Towns and Ten Thousand Villages High-Quality Development Project" as a major strategy for reinforcing the agricultural development of Guangdong province and promoting the coordinated development of urban and rural areas. Guangdong Province, as a frontier of reform and opening up and a window for introducing global economy, culture, science, and technology, is China's No. 1 province of economic aggregate, as well as the country' largest province in terms of population, consumption, resources, and agriculture, and plays a vital role in the agricultural development of China.

The report of the 20th National Congress of the CPC emphasizes the need to "comprehensively promote rural vitalization", "accelerate the construction of strong agricultural country, and solidly promote the revitalization of rural

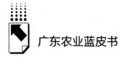
industries, talents, culture, ecology and organizations industries, and broaden the channels for farmers to increase their income and get rich". Guangdong provincial Committee of the CPC and government attach great importance to the development of the "agriculture, farmer and rural area", adopted a series of strong agricultural policies to support the development of agriculture and rural economic development, promoted agricultural efficiency, increased farmers' income and rural stability, accelerated the transformation of the agricultural production mode, shifting from the production-oriented to quality-oriented, guided the development of cash crop industry agglomeration, established advantageous production areas and industrial zones, promoted the development of facility agriculture in the Pearl River Delta, which belongs to the inland parts of the Greater Bay Area, deepened the cooperation between the agricultural production and marketing, developed the prefabricated dishes industry, cultivated new sectors such as rural tourism and digital agriculture, promoted the integration of the development for primary, secondary and tertiary sectors in the countryside.

This book analyses the development of modern agricultural industries in Guangdong Province in 2022/2023 and selects nine typical agricultural industries in Guangdong including rice, vegetables, fruits, tea, Chenpi (dried tangerine peel), hogs, poultry, fodder, and aquatic products for systematic study. The research has found that in recent years, Guangdong Province has deeply implemented the spirit of the 20th National Congress of the Communist Party of China and the important speeches and instructions of General Secretary Xi Jinping during his inspection in Guangdong. Significant achievements have been made in the development of the agricultural sector. However, due to multiple factors, the modernization level of agricultural development in Guangdong Province still needs to be improved, and it still faces problems such as uncoordinated regional development, the scattered spatial layout of agriculture, the weak foundation of digital agriculture, and insufficient brand advantages of agricultural products. Therefore, accelerating the modernization of agriculture in Guangdong and comprehensively achieving rural revitalization requires adjustments to the industrial structure, continuously optimize the spatial layout of the agricultural sector, cultivating new business entities, accelerating the construction of supporting systems, implementing the strategy of developing the characteristic-advanced agricultural product brands, and focusing on enhancing the international competitiveness of agricultural products.

Keywords: Modern Agriculture; Industrial Development; Rural Revitalization

目　录 ◣

Ⅰ　总报告

Ⅱ　分报告

皮书数据库阅读**使用指南**

CONTENTS ⟩

I General Report

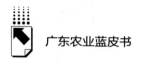

Ⅱ Sub-reports

总 报 告

B.1

广东现代农业产业高质量发展
现状分析与路径优化建议

蔡 键 黄梓濠 陈佳婷*

摘 要： 广东省作为改革开放前沿阵地和引进全球经济、文化、科技的窗口，既是中国总量第一的经济大省，也是全国人口大省、消费大省、资源大省与农业大省，随着"百县千镇万村高质量发展工程"深入推进，广东现代农业产业体系加快构建。然而，受多重因素影响，广东省农业发展的现代化水平还有待提高，仍面临着区域发展不平衡、空间布局零散、数字农业基础薄弱、农产品品牌优势不足等问题。本文梳理了21世纪以来广东现代农业产业发展概况、发展基础和发展特点，厘清了制约农业产业发展的因素，总结提炼了促进广东农业产业现代化发展的对策建议，以期加快广东特色农业农村现代化进程，实现广东现代农业发展走在全国前列的目标。

关键词： 现代农业 产业化发展 数字农业 农产品品牌 广东

---

* 蔡键，博士，华南农业大学经济管理学院副教授，主要研究方向为农户行为、农村金融与农业社会化服务；黄梓濠，华南农业大学经济管理学院硕士研究生，主要研究方向为农林经济管理；陈佳婷，中国人民大学农业与农村发展学院硕士研究生，主要研究方向为农林经济管理。

一　绪论

（一）研究背景

实现农业农村现代化是全面建设社会主义现代化国家的重大任务。《中华人民共和国国民经济和社会发展第十四个五年规划和 2035 年远景目标纲要》提出，要全面推进乡村振兴，加快中国特色农业农村现代化进程。2023 年中央一号文件进一步指出，必须坚持不懈把解决好"三农"问题作为全党工作的重中之重，举全党全社会之力全面推进乡村振兴，加快农业农村现代化。具体而言，在推进乡村振兴的过程中，产业兴旺是重点，要不断深化农业供给侧结构性改革，强化农村改革创新，围绕农村一二三产业融合发展，为建设现代化经济体系奠定坚实基础。此外，在新发展阶段强调"强国必先强农，农强方能国强"，就是要立足国情农情，体现中国特色，建立包含农业的现代化、农村的现代化、农民的现代化的多维度农业强国。

广东是中国总量第一的经济大省，也是人口最多的省份。党的十八大以来，广东省委省政府全面贯彻落实历年中央农村工作会议和中央一号文件精神，逐步推进乡村振兴战略，成效显著。农业经济发展质量不断提升，农业经济实力不断增强，产业竞争力不断提高，农民收入不断增加，农村社会经济发展取得了巨大成绩。

然而，受多重因素影响，广东省农业发展的现代化水平还有待提高，仍面临着区域发展不平衡、空间布局零散、数字农业基础薄弱、农产品品牌优势不足等问题。与发达的兄弟省份相比不难发现，广东省的农业现代化建设水平仍不高，与农业农村高质量发展要求之间仍存在差距，这与产业融合不足、产品竞争力低、地区差异大等诸多因素有关。

（二）问题的提出

推进农业农村现代化，必须立足国情农情特点、农业产业特性和乡村地域特征。广东省人均水土资源匮乏、土地细碎化等基本特征决定了要实现稳产丰产就必须加快发展社会化服务，培育壮大新型农业经营主体；必须强化农业科技和装备支撑，扩大数字技术、金融服务在农业领域的覆盖面，促进农业提质增效。此外，农业生产过程受资源禀赋和自然条件的影响较大，只有合理开发利用地域特色资源，充分了解地貌地形和气候条件，才能因地因时制宜地进行高效稳定的农业生产。因此，在推进广东省现代农业产业发展的过程中，有必要梳理21世纪以来广东现代农业产业发展概况，了解其发展基础和现状特点，厘清制约农业产业发展的因素，总结提炼促进广东农业产业现代化发展的对策建议，方能为进一步推动产业化发展指明方向，实现广东现代农业发展走在全国前列。

二 广东现代农业产业的发展基础

（一）经济基础

广东省是我国经济最为发达的省份之一，经济发展水平在全国一直处于领先地位。2022年，广东经济总量逼近13万亿元，同比增长1.9%，经济总量位居全国第1。

1. 经济总量保持中高速增长

广东承改革开放之先河，经济在40余年的时间里中高速发展，党的十八大以来，广东经济总量逐年攀升。2013年，广东实现地区生产总值62503.41亿元，突破6万亿元；2015年突破7万亿元，2019年突破10万亿元，2021年，广东实现地区生产总值124369.67亿元，成为全国首个经济总量突破12万亿元的省份。2022年，广东省的地区生产总值达到129118.58亿元，经济总量连续34年位居全国第1。2013~2022年，广东地区生产总值年均增长8.4%，经济保持中高速发展。[①]

2. 人均经济发展指标持续增长

第一，人均地区生产总值稳步提升。广东人均地区生产总值从2012年

---

① 《广东统计年鉴》（2014~2023年）。

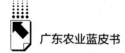

的 52308 元提升至 2022 年的 101905 元，年均增长 6.9%。值得注意的是，2015 年，广东人均地区生产总值为 64516 元（约合 10358 美元），首次突破 1 万美元，接近高收入经济体水平；2021 年，广东人均地区生产总值为 98205 元，突破 1.5 万美元，达到高收入国家或地区收入标准。[①]

第二，居民可支配收入稳步增长。从 2013 年到 2022 年，全省居民人均可支配收入从 23421 元增加至 47065 元，年均名义增长率达 8.5%，城镇居民人均可支配收入从 29537 元增加至 54854 元，年均增长 8.0%，农村居民人均可支配收入从 11068 元增加至 22306 元，年均增长 9.2%，城乡居民收入比由 2013 年的 2.67：1 缩小至 2022 年的 2.46：1。[②]

3. 居民消费能力逐步提升

第一，社会消费动能不断增强。2015 年和 2019 年，广东社会消费品零售总额分别突破 3 万亿元和 4 万亿元大关，达到了 30326.76 亿元和 42951.75 亿元，2022 年则达到了 44882.92 亿元。从增速看，2013～2021 年社会消费品零售总额年均增长 8.1%，除 2020 年出现负增长以外，其他年份增速稳定在 8.0%～12.0% 区间；2022 年，广东省社会消费品零售总额增速有所下降，同比增长 1.6%，按经营单位所在地分，城镇市场消费品零售额增长 0.9%，乡村市场增长 6.3%。[③]

第二，居民消费水平不断提高。全省居民人均消费支出从 2013 年的 17421 元增加至 2022 年的 32169 元，年均增长 7.05%。全省居民人均住房建筑面积从 2013 年的 31.81 平方米增加至 2022 年的 42.62 平方米，年均增长 3.3%，其中，2022 年城镇居民人均住宅面积为 39.20 平方米，年均增长

① 《党的十八大以来广东经济社会发展成就》，广东统计信息网，http：//stats. gd. gov. cn/tjkx185/content/post_ 1427945. html。

② 《党的十八大以来广东经济社会发展成就》，广东统计信息网，http：//stats. gd. gov. cn/tjkx185/content/post_ 1427945. html。

③ 《党的十八大以来广东经济社会发展成就》，广东统计信息网，http：//stats. gd. gov. cn/tjkx185/content/post_ 1427945. html。

1.35%，农村为 50.75 平方米，年均增长 4.9%。[①]

第三，物价水平总体保持稳定。2013 年以来，广东省物价保持在合理区间，消费者价格指数（CPI）除 2019 年上涨 3.4% 外，其他年份均控制在 3% 以内，年均增长 2.09%，其中，城市消费者价格指数年均增长 2.12%，农村年均增长 2.01%。[②]

（二）资源禀赋

2022 年，全省农林牧渔业总产值 8890.56 亿元，同比增长 5.4%。在农业发展的进程中，自然资源禀赋的丰裕程度直接影响了区域农业发展的比较优势。在资源总量上，截至 2022 年，广东全省陆地面积为 17.98 万平方公里，其中耕地 189.97 万公顷、林地 1074.23 万公顷、园地 131.66 万公顷。广东省农业农村厅资料显示，2022 年，全省粮食播种面积 3345.43 万亩，比 2021 年增加 25.9 万亩，增长 0.8%，全省粮食产量达 1291.5 万吨，比 2021 增加 11.7 万吨，增长 0.9%，粮食产量实现"四连增"，为近 10 年来最高水平，为确保广东粮食安全、应对各种风险挑战提供了有力支撑。[③]

广东的气候条件优越，适合蔬菜的生长，一直以来都是中国蔬菜生产的重要地区。同时，广东全力抓好蔬菜生产供应，把"菜篮子"牢牢抓在自己手里。广东省蔬菜种类繁多、品质优良，目前已实现了 70% 以上的蔬菜良种覆盖。广东省农业农村厅资料显示，2022 年，全省蔬菜及食用菌播种面积 2142.56 万亩，单位面积产量为 1867 公斤/亩，总产量 3999.11 万吨，同比分别增长 2.59%、1.14% 和 3.72%。[④]

同时，园林水果等果品类特色产品也是广东大力推广的产品。广东全省多种水果扩产增效。全省园林水果 2022 年末实有面积 1603.68 万亩，同比

---

① 《党的十八大以来广东经济社会发展成就》，广东统计信息网，http：//stats. gd. gov. cn/ tjkx185/content/post_ 1427945. html。

② 《党的十八大以来广东经济社会发展成就》，广东统计信息网，http：//stats. gd. gov. cn/ tjkx185/content/post_ 1427945. html。

③ 《广东农村统计年鉴（2023）》，中国统计出版社，2023。

④ 《广东农村统计年鉴（2023）》，中国统计出版社，2023。

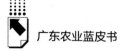
增长1.75%；园林水果产量1895.18万吨，增长3.75%。此外，广东特色经济作物也保持快速增长，区域特色明显。2022年，全省茶叶实有面积和产量分别为149.19万亩和16.08万吨，同比分别增长11.42%和15.27%；全省中草药材播种面积102.74万亩，同比增长21.5%；产量49.15万吨，同比增长18.3%。①

总的来说，广东省依靠科学技术进步，不断推进农业产业结构优化升级，实现了农村地区经济平稳持续增长、农民增产增收和农村生产生活条件持续改进的新局面，并利用区域资源的比较优势，大力发展名牌产品和特色产品。

（三）自然条件

广东省坐落于我国南端，是我国的南大门，东部与福建接壤，西部与广西相邻，北接江西和湖南，珠江口东西两侧分别与香港、澳门特别行政区接壤，与海南隔海相望。广东省由山地、丘陵、盆地和平原构成，分为四大地形区，分别是珠江三角洲平原、粤东山地丘陵、粤北山地和粤西山地台地。地势总体上北高南低，从粤北山地逐步向南部沿海递降。粤北群山连绵，是南岭的组成部分，其间夹有南雄盆地、英德盆地、韶关盆地和一些南北向的切谷；粤东山地有三列东北—西南走向的中低山，分别为莲花山脉、罗浮山脉和九连山；粤西山地包括东北—西南走向的三列山脉，分别为天露山、云雾山脉和云开大山，地形以山脉和丘陵为主；平原以珠江三角洲平原面积最大，潮汕平原次之。

1.矿产方面：条件优越，种类较多

广东省地处欧亚板块与太平洋板块交界处，地貌形态复杂，基岩岩石种类多样，其中以花岗岩最为普遍，砂岩和变质岩次之，石灰岩大多分布在粤西北。成矿地质条件优越，矿产资源种类较多，优势矿种集中度高。截至2016年底，广东省矿产资源储量简表的矿产有90个矿种、1120处矿区、

---

① 《广东农村统计年鉴（2023）》，中国统计出版社，2023。

1859 处矿产地。截至 2019 年底，全省已有矿山 1342 个，其中，大中型矿山有 352 个，占比 26%。2019 年，广东矿山工业总产值超过 200 亿元，从业人数超 4 万人。此外，还有韶关丹霞山和金鸡岭等景色奇特的红色岩系地貌，同时还有肇庆岩溶地貌、西樵山火山岩地貌、汕头海蚀地貌等奇特风景。

2. 气候方面：长夏无冬，降水丰沛

气候条件方面，广东省属于东亚季风区，从北向南分别为中亚热带、南亚热带和热带气候，广东省年平均气温为 19℃~24℃。南岭北部的典型植物类型是亚热带的常青落叶乔木，中段是常青季的热带雨林，而在南边则是热带雨林。冬季受西伯利亚寒潮影响，多数地区出现霜冻，特别是粤北山区，年年有霜。广东是全国降水量最丰富的省份之一，降水主要集中在 4~9 月，降水空间分布呈南高北低的趋势，年平均降水量大于 2200 毫米，且雨热同季，是中国光、热和水资源最丰富的地区之一，适合农作物生长。

3. 水源方面：水系发达，资源丰富

广东江河密布，水资源丰富。广东地处珠江流域下游，境内水系发达、江河密布，包括东江、西江、北江、韩江、珠江三角洲、粤东、粤西沿海诸河七大流域片区。全省流域面积在 100 平方公里以上的各级干支流共 614 条（其中，集水面积在 1000 平方公里以上的有 60 条）。独流入海河流 52 条，较大的有韩江、榕江、漠阳江、鉴江、九洲江等。广东的河流受降水量大的影响，河流流量大、汛期长、枯水期短、含沙量少，水力资源非常丰富，大中小型水电站共 9715 座。

广东还拥有漫长的海岸线和辽阔的海域，大陆海岸线长达 4084.48 公里，居全国首位，海域总面积 41.9 万平方公里，拥有岛屿个数达 1963 个，海岛面积 1513.17 平方公里，居全国沿海省份第 2 位。沿海港湾众多，适宜建港的有 200 多个，拥有众多的优良港口资源，其中的广州港是中国最早对外的通商口岸，也是"海上丝绸之路"的起点。

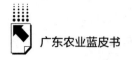

（四）交通区位

广东是祖国的南大门，毗邻港澳，是我国通往东南亚、南亚、大洋洲、中东和非洲等地区的最近出海口。广东的交通发展一直走在全国前列，交通领域中拥有多项全国第 1，高速公路总里程在全国率先突破 1.1 万公里，连续 9 年居全国第 1 位；2021 年末，城市轨道运营 1137 公里，居全国第 1 位。[①]

1. 公路网络越织越密

近年来，广东省新建成港珠澳大桥、南沙大桥和汕昆、汕湛、武深高速公路等多个重大项目，高速公路总里程在全国率先突破 1.1 万公里，高速公路网全面完善；2020 年，除港澳台外，广东省高速公路里程密度居全国第 4 位，每百平方公里有 5.56 公里高速公路。此外，按 2022 年广东省常住人口数据和里程来计算，人均高速拥有量为每千人 88.58 米。公路四通八达，普通国省道完成新改建和路面改造约 8000 公里，普通公路质量有效提升；实现 20 户及以上规模自然村 100% 通硬化路，路面铺装率提升至 100%。[②]

2. 铁路布局不断完善

截至 2022 年末，广东铁路运营里程 5158 公里，其中 200 公里/小时以上标准高快速铁路运营里程 2367 公里。2015 年以来，广东铁路运营里程呈持续增长态势，城市轨道运营里程 1137 公里，居全国第 1 位；2021 年 12 月赣深高铁开通后，全省实现"市市通高铁"。[③]

3. 港航建设取得突破

2023 年，全省亿吨大港达到 6 个，完成港口货物吞吐量 22.15 亿吨，同比增长 8.1%；完成港口集装箱吞吐量 7209.26 万标箱，同比增长 2.0%，

① 《非凡十年 交通非凡》，广东省交通运输厅网站，https：//td. gd. gov. cn/dtxw_ n/gdjrxw/content/post_ 4025262. html。

② 《非凡十年 交通非凡》，广东省交通运输厅网站，https：//td. gd. gov. cn/dtxw_ n/gdjrxw/content/post_ 4025262. html。

③ 《非凡十年 交通非凡》，广东省交通运输厅网站，https：//td. gd. gov. cn/dtxw_ n/gdjrxw/content/post_ 4025262. html。

深圳港、广州港分别居于世界集装箱吞吐量的第 4 位和第 6 位；2023 年佛山港完成货物吞吐量 1.02 亿吨，同比增长 19.2%，成为广东首个内河"亿吨大港"。至 2021 年底，广东内河航道通航总里程达 12266 公里，居全国第 2 位，其中高等级航道里程 1402 公里，已形成以西江干流和珠三角"三纵三横三线"高等级航道网为核心，以地区重要航道为依托，以其他航道为基础的内河航道体系。[①]

三 广东现代农业产业的现状及特点

（一）产业结构

1. 一二三产业结构变化情况

自改革开放以来，广东省利用地理区位优势以及国家政策倾斜的优势，经济实现快速发展，产业结构日益优化。2000 年以来，广东经济总量逐年攀升，一二三产业迅猛发展，从第一产业的产值增长上来看，2000 年仅为 986.32 亿元，2022 年已经上升到 5340.36 亿元，增幅达到 441%；从第二产业的产值增长上来看，2000 年仅为 5042.75 亿元，2022 年已经上升到 52843.51 亿元，增幅达到 948%；第三产业经济总量增长幅度最大，从 2000 年的 4781.15 亿元上升到 2022 年的 70934.71 亿元，增幅逼近 14 倍（见图 1）。从产业结构看，2013 年，广东第三产业增加值占地区生产总值的比重上升到 48.5%，超过第二产业成为国民经济中比重最大的产业；2015 年，第三产业比重达 50.3%，首次突破 50%。

2022 年，广东省第三产业产值占比已达 54.9%，随着三次产业产值的增长和三次产业结构的优化，广东省形成了以农林牧渔业为代表的第一产业，以电器机械业、石油化工业、纺织服装业等为代表的第二产业，以电子

---

① 《党的十八大以来广东交通运输和邮电通讯业发展成就》，广东统计信息网，http://stats.gd.gov.cn/tjkx185/content/post_1427960.html。

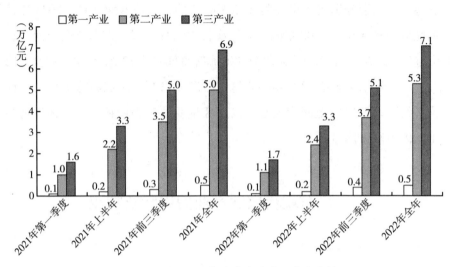

图 1　2021~2022 年广东省分产业生产总值

资料来源：《广东统计年鉴》（2022~2023 年）。

信息业、服务业、金融业等为代表的第三产业的经济体系，其中第三产业产值和比重一直在不断地增加。"三二一"的经济产业结构已经形成并不断巩固。

2. 农林牧渔业结构情况

近年来，广东省的农林牧渔业经济实力不断增强，2022 年，广东省的农林牧渔业总产值为 8890.56 亿元，占全国的比重约为 5.97%，比上一年增加了 0.32 个百分点。从广东省农林牧渔各分类结构来看，2022 年，广东省农业产值为 4302.70 亿元，占农业总产值的比重为 48.4%；林业产值为 558.63 亿元，占比 6.3%；牧业产值为 1681.32 亿元，占比 18.9%；渔业产值为 1892.21 亿元，占比 21.3%；辅助性活动产值为 455.70 亿元，占比 5.1%（见图 2）。

3. 种植业内部结构情况

2022 年，广东省农业总产值为 4302.70 亿元。其中，粮食作物以水稻为主，兼有部分的薯类和鲜食玉米，水稻种植面积和产量均占全部粮食作物种植面积和产量的 85% 以上。2022 年，全省粮食作物播种面积 3345.43 万

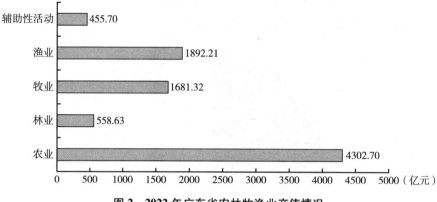

图 2　2022 年广东省农林牧渔业产值情况

资料来源：《广东统计年鉴（2023）》。

亩，比上年增加 25.87 万亩，增长 0.8%，超额完成国家下达广东的粮食播种面积任务；粮食产量 1291.54 万吨，增加 11.67 万吨，增长 0.9%，实现"四连增"，为近 10 年来最高水平；粮食单产 386.1 公斤/亩，同比增加 0.5 公斤/亩，增长 0.1%。粮食产量、面积、单产增幅均高于全国平均水平。2021 年，全省经济作物播种面积为 3427.98 万亩，相比 2010 年的 2814.67 万亩，扩大了 21.8%。①

（二）空间布局

1. 区域结构

广东农业区域结构一般划分为珠三角核心区、东翼、西翼和北部生态发展区四个地区。改革开放以来，全省范围内种植业的产值比重逐渐下降，畜牧业、渔业的产值比重不断提升。从农业区域结构来看，珠三角核心区、东翼、西翼形成了种植业、畜牧业和渔业协同发展的农业结构，北部生态发展区则是以种植业和畜牧业为主。2022 年，珠三角核心区、东翼、西翼和北部生态发展区农林牧渔业总产值分别为 3151.57 亿元、1131.06 亿元、

①《广东农村统计年鉴（2023）》，中国统计出版社，2023。

2651.68亿元和1956.25亿元,同比分别增长5.6%、5.7%、4.9%和5.4%。2022年农林牧渔各地区总产值占比如图3所示。

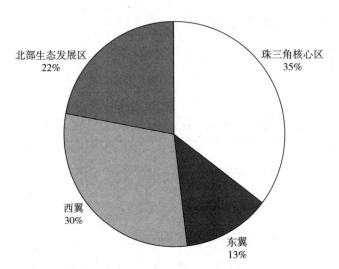

图3 2022年农林牧渔各地区总产值占比

资料来源:《广东统计年鉴(2023)》。

2.农业产业集群发展情况

农业产业集群的形成和发展,将挖掘有发展前景的农产品,推动农产品品牌化建设,提高农产品附加值,为产业发展带来广阔的发展空间,有助于引领乡村产业高质量发展。广东省各级政府围绕当地特色支柱农副产品,逐步引导农业产业集群发展,建立一批在全国有影响力的农业企业,打造一批有影响力的农业知名品牌。广东省统计局数据显示,截至2022年,全省已建设16个高水平现代农业产业集群,其中,国家级优势特色产业集群7个、省级跨县集群产业园9个。与现代农业产业园相比,这些高水平现代农业产业集群正在实现跨区域"纵向"产加销贯通和"横向"产业融合,与农民利益联结更加紧密,农民增收更为显著。

3.农业产业园建设发展情况

2021年广东省现代农业产业园在带动产业发展、联农带农方面成效显著,全省农业产业园平均产值达19.9亿元,平均带动农户7910户,平均带动农民年收入增长 3700 元，品牌建设对产业园三次产业融合发展起到了重要作用。经广东省政府批准，2022 年省级现代农业产业园建设名单 53 个，其中广东省海洋渔业跨县集群产业园（阳江市）等 4 个产业园入选 2022 年跨县集群现代农业产业园建设名单，广州市南沙区预制菜产业园等 10 个产业园入选 2022 年珠江三角洲地区自筹资金建设省级现代农业产业园名单。截至 2023 年 1 月，全省共创建了 18 个国家级现代农业产业园，已公示认定的有 14 个，正在创建的有 4 个，创建数量和认定数量居全国前列，率先构建了"跨县集群、一县一园、一镇一业、一村一品"现代农业产业体系。据统计，已认定通过的 14 个国家级产业园规划总面积 1649.47 万亩，完成项目总投资约 586.72 亿元，带动农户数量超过 46 万户，带动就业人数 36.5 万人。

（三）经营主体

1. 新型农业经营主体数量大幅增加

2006 年以来，广东省农地流转规模不断扩大，农业产业蓬勃发展，也促进产生了一大批农业新型经营主体。2016 年广东省第三次全国农业普查结果显示，广东省新型农业经营主体数量大幅增加，农业生产经营向规模化和专业化方向发展，机耕、机播、机收等农业机械化水平不断提高，2016 年广东省有农业经营户 896.74 万户，其中规模农业经营户 15.88 万户，农业经营单位 8.08 万个，农业经营单位数量较十年前的第二次全国农业普查数据增加了 2.62 倍。2016 年全省以农业生产经营或服务为主的农民合作社数量达 3 万个，占农业经营单位的四成左右。2016 年，广东省规模农业经营户和农业生产经营单位实际耕种的耕地面积占全省实际耕种的耕地面积的 20.1%，标志着广东省农业生产逐步向规模化和专业化方向发展。[1]

---

[1] 《广东省第三次全国农业普查主要数据公报》，广东省农业农村厅网站，https://dara.gd.gov.cn/nyyw/content/post_1480245.html。

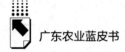

2. 农业生产经营人员的结构不断优化

广东省第三次全国农业普查结果显示，2016 年全省在农业经营户或农业经营单位中从事农业生产经营活动累计 30 天以上的人员数 1233.35 万人，比 2006 年第二次农业普查时的数量下降了 13.6%。[①]

从性别年龄看，男性人数多于女性，35 岁以上人员占八成以上。2016 年，全省农业生产经营人员中，男性占 52.2%，女性占 47.8%，和十年前相比，男性农业生产经营人员比重有所上升，女性占比则有所下降。从年龄分布看，36~54 岁农业生产经营人员数量最多，占农业生产经营人员的 47.7%；其次为 55 岁及以上年龄段，占比 34.1%；35 岁及以下年龄段占比 18.2%。

从受教育程度看，农业生产经营人员素质有较大幅度提高。2016 年的调查数据显示，初中程度的农业生产经营人员最多，占农业生产经营人员的 55.3%，比 2006 年提高 5.3 个百分点；高中或中专程度的占比 10.3%，比 2006 年提高 4.8 个百分点；大专及以上程度的占比 1.1%，比 2006 年提高 0.9 个百分点。随着广东省教育事业的发展和农村地区义务教育的普及，农民受教育程度和文化水平有了明显的提高。

3. 农业龙头企业发展迅猛

农业龙头企业是引领农业农村现代化的生力军，是推动农业产业化与专业化发展、构建现代乡村产业体系的中坚力量，也是促进农民就业和增收的重要主体。2021 年，广东省有国家级农业龙头企业 87 家，较上年增加 20 家；省级以上农业龙头企业 1292 家，较上年增加 166 家；国家、省、市、县四级农业龙头企业总数稳定在 5000 家左右，其中多渠道挂牌、上市融资企业超 150 家。[②] 全省农业龙头企业各专所长、梯次发展，为推动乡村产业兴旺、促进乡村全面振兴提供了强有力的支撑。2022 年 4 月，广东在全国

---

① 《广东省第三次全国农业普查主要数据公报》，广东省农业农村厅网站，https：//dara.gd.gov.cn/nyyw/content/post_ 1480245. html。

② 《新增国龙 20 家、省龙 166 家！广东发布 2021 年农业龙头企业名单》，《南方农村报》2022 年 2 月 18 日。

率先出台《关于探索建设农业龙头企业总部基地的指导意见》，再次为农业龙头企业集聚联动发展创造新机遇，催生一批分工协作、利益联结紧密的产业化联合体。近年来，广东省农业企业国际化进程加快，在"一带一路"、RCEP 等的加持下，未来将有更多的农业龙头企业走出国门，开展全球产业链、供应链布局建设，深入参与国际市场竞争合作。

（四）支撑体系

1. 数字农业建设持续推进

"三农"领域已经成为广东发展数字经济的新舞台，依托优越的产业资源和数字技术，广东正在建设农业现代化的高级阶段——数字农业。2020年 5 月，《广东省贯彻落实〈数字乡村发展战略纲要〉的实施意见》公布，指出到 2025 年数字乡村建设将取得重要进展。与此同时，广东省农业农村厅印发实施了《广东数字农业农村发展行动计划（2020~2025 年）》，提出了"三个创建、八个培育"的目标；在 2021 年出台的《广东省推进农业农村现代化"十四五"规划》中，提出了要创新驱动发展，全面推进科技助农强农，全面实施数字农业建设行动。此外，广东省举办了 2022 世界数字农业大会，打造全球首个数字农业线上发布厅，推进农业农村"一网统管"与大数据应用服务工作建设，实现农业农村数据可视化分析展示和拓宽数字农业农村应用场景，2020 年广东建设开通 5G 基站超过 11 万个，数字经济规模超 4 万亿元，其中农产品网络零售额超 750.6 亿元。[①] 政府在政策支持和技术支持上都不遗余力地促进数字农业在广东的土地上生根发芽。

2. 农机装备情况持续向好

近年来，广东省加大农机化新技术新装备推广力度，积极推动特色农机装备产业转型升级，加快绿色农机化技术的推广应用。2021 年，广东省农业机械总动力 2524.5 万千瓦，比上年增长 1.2%，其中大中型拖拉机

---

① 《广东数字农业探索走在全国前列，农产品网络零售额超 750 亿元》，《南方农村报》2022 年 12 月 22 日。

2.74 万台、耕整机 13.39 万台（套）、水稻插秧机 1.45 万台、水稻直播机141 台、谷物联合收割机 2.96 万台、谷物烘干机 3405 台。水稻耕种收综合机械化率为 77.5%，畜牧水产养殖、设施种植、农产品初加工机械化率逐年提升。另外，广东省加强农业机械化和农机装备产业转型升级经费保障，支持开展农机作业补助，全年受理申请农机购置补贴资金 1.43 亿元，补贴各类机具 13.74 万台（套），其中拖拉机 1345 台、插秧机 405 台、微耕机 15556 台、谷物联合收割机 737 台，受益农户 4.26 万户，带动农民直接投入 6.57 亿元。2022 年，广东省机械动力增长至 2556.34 万千瓦，同比增长 1.26%。①

3. 农业品牌建设取得明显成效

广东省以市场需求为导向，以提高农业质量效益和竞争力为核心，不断创新农业品牌建设思路方法和工作机制，持续开展特色鲜明的品牌推介活动，在农业品牌建设上取得了成效。为了积极营造品牌建设氛围，广东接连举办多项大型农产品品牌活动及农业博览会，如广东省"十大名牌"系列农产品宣传推介活动。同时，广东省不断创新品牌评选推介的标准、方法和机制，全省入库的"名、特、优、新"农产品品牌超过千个，基本形成了以"区域公用品牌""经营专用品牌"为类别，按"十大名牌系列""广东名牌""广东名特优新"农产品三级品牌划分的广东现代农业"两类三级"品牌发展新模式。

4. 金融支农体制机制不断完善

广东省农业农村厅和各金融机构始终扎实稳定地推进乡村振兴工作，2019 年 8 月，广东省创立全国首个省级金融支农联盟——"广东金融支农联盟"，现为"广东省金融支农促进会"，其围绕"金融汇聚、服务'三农'、信息共享、合作共赢"的核心宗旨，目前已经吸纳包括省内主要涉农金融机构、科研单位、企业在内的共 89 家首批会员，聚焦拓宽金融支农领域、高效发挥金融支农平台作用，推动金融机构"四个走进"等系列活动，

---

① 《广东农村统计年鉴（2022）》，中国统计出版社，2022。

统筹推动打造"政银保担基企"全方位金融支农大格局。截至 2022 年 8 月，全省涉农贷款余额超过 2 万亿元，同比增长 12.8%，为农业生产提供了 2000 亿元风险保障。

（五）优势特色农产品

近年来，一大批"粤字号"农产品品牌来到粤港澳大湾区、走向全国、奔往世界，带动农民脱贫增收，如"广东荔枝""梅州柚""新会陈皮""遂溪火龙果"等。广东通过打造省级现代农业产业园主导产业品牌，推动"一村一品、一镇一业"特色农产品品牌建设，深化"12221"农产品市场体系建设，锤炼农业"新名片"，助力农业高质量发展。

1. 广东荔枝：彰显内涵和品牌价值

荔枝是广东最具特色且最具优势的农产品之一，2022 年，广东荔枝投产面积达到 406.85 万亩，占全国的 51.56%，产量 146.74 万吨，超过 1.5 万吨的荔枝出口到 20 多个国家和地区。在不断推动广东农产品由产品生产向品牌塑造的转变过程中，广东通过文化赋能等举措，在满足国内消费的同时，也积极链接海外市场，让广东荔枝在全球持续擦亮品牌。惠州镇隆将荔枝与文化相结合，打造高端品牌"东坡荔"，力推"文化味+美味"，并发挥传统媒体和新媒体的矩阵合力，帮助农户打开荔枝销路，让惠州荔枝闻名于世；高州市在贡园还原"一骑红尘妃子笑，无人知是荔枝来"的历史场景，推动农旅融合、一二三产业融合发展；畅销书作家马伯庸受聘为"广东荔枝转运使"。广东各荔枝产地积极挖掘荔枝历史文化内涵，走出一条文化赋能、品牌增值的新路径。

2. 梅州柚子："幸福果"与"摇钱树"

梅州柚有着"天然水果罐头"之称，获广东十大最具人气土特产、岭南十大养生特产、国家地理标志保护农产品等多张名片。梅州，是广东最大的柚子产区，2022 年末，梅州柚子的种植面积达 65 万亩，总产量 95 万吨，产量占广东全省的 90%，占全国的 1/5，被誉为"中国金柚之乡""中国蜜柚之乡"。近年来，在乡村振兴"一县一园、一镇一业、一村一品"建设发

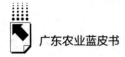

展推进下，梅州柚子已成为梅州农业支柱产业和带动千家万户增收致富的"幸福果"与"摇钱树"，高居"粤字号"区域公用品牌百强榜。2022年，广东省柚鲜果产值已达60亿元，其中梅州有483批共计8141.84吨柚类鲜果销往中亚、欧盟、美国等20多个国家和地区，实现外汇创收929.76万美元，香飘全球。

3. 新会陈皮："一块皮"成就"大产业"

新会陈皮是江门特色农产品的龙头，其产业链覆盖"药、食、茶、健、文旅、金融"六个领域，全产业链价值突破100亿元。2019年，江门市新会区成功创建新会陈皮国家现代农业产业园，立足新会陈皮的优势资源禀赋，加快新会陈皮一二三产业融合发展，形成"药、食、茶、健、文旅、金融"6大类100多种产品规模，实现陈皮种植"接二连三"蜕变"大产业"，产值从不足300万元发展到2020年的102亿元，带动全产业链超5万人就业，实现农民人均增收2万元，入选全国乡村产业振兴典型案例。2020年，新会陈皮以96.34分的影响力指数，位居中国区域农业产业品牌——中药材产业榜首。

4. 火龙果：小果实筑起大产业链

火龙果产业是遂溪县农业产业中最重要的组成部分之一。作为我国最早引入火龙果种植的地区之一，遂溪地处雷州半岛的北部，属于亚热带季风气候，这里阳光充足，雨量充沛，土壤肥沃，极为适合火龙果的生长。遂溪县年产火龙果40万吨，产值达30亿元。得益于优越的自然环境，遂溪火龙果品种齐全，多为红肉型火龙果，主要品种有金都一号、香蜜龙、玛珥红、桂红龙、台湾大红等。遂溪县以火龙果作为特色产业，引导企业、合作社、农民发展规模化种植基地，制定一系列政策鼓励龙头企业发展火龙果全产业链，按照农业标准化、生产集约化、经营产业化的要求，打造火龙果全产业链模式。

（六）进出口贸易

自2001年加入世界贸易组织以来，我国农产品对外出口成效显著，农产品的进出口贸易所占的比重不断攀升，现已成为世界农产品贸易大国。广东省是我国传统农产品出口大省，一直以来都鼓励特色优势农产品"走出去"，取得了不错的成绩。广东省农产品年出口额约占全国农产品出口总额的1/10，多年位居全国前3，全省21个地市均有农产品出口贸易业务，其中年出口额超过1亿美元的有17个。

2000~2020年，广东农副产品出口额大幅度增长。其中，蔬菜出口额从2000年的11284.00万美元增加到2020年的44281.00万美元，增加了近3倍；而谷物的出口额则从2000年的522万美元减少到2020年的3.13万美元，出口额大幅度减少。

2021年，广东农产品出口额达到105.98亿美元，较2020年的93.13亿美元增长13.8%。其中的特色农产品——广东荔枝，出口到五大洲20多个国家和地区，出口量9254.8吨，增长56.8%，出口额2796.0万美元，增长67.6%，创历史新高。[①] 2022年，广东省农产品出口额首次超过1000亿元人民币大关，达到1157.7亿元，同比增长69.1%，主要出口农产品包括烟草及其制品（含电子烟液）419.4亿元、水产品191.6亿元、不含可可的糖食52.1亿元、蔬菜及食用菌46.3亿元、干鲜瓜果及坚果40.0亿元、肉类（含杂碎）38.6亿元、调味品27.5亿元、罐头5.0亿元、茶叶4.7亿元等。[②]

但由于部分国家贸易保护主义政策的实施以及农产品供需的不断变化，目前农产品贸易市场的国际环境日益复杂。广东省农产品贸易一直呈现逆差状态，当前的逆差仍呈明显的扩大趋势。广东省农产品进口额远高于农产品出口额，2022年，广东省农产品进口额为2143.6亿元，是出口额的1.85倍。其中，鲜干果类、粮食类及其他杂类农产品占据了农产品进口总量的较大部分；而在农产品出口方面，除了水产品类出口增速比较明显外，其他农产品基本都呈现较为显著的下降态势，形成了较为明显的贸易逆差趋势，且逆差逐渐扩大。

---

① 《广东农村统计年鉴（2022）》，中国统计出版社，2022。
② 《广东农村统计年鉴（2023）》，中国统计出版社，2023。

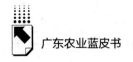
四　广东现代农业产业发展存在的问题

（一）空间布局

1.农业区域布局较为零散，区域发展不平衡

目前，广东省的农业区域布局较为零散，只有个别生产大宗农产品的地区分布相对集中连片，并形成了农产品商品基地，其他农产品生产区域是分散和相对集中并存的。以水稻种植为例，从事水稻规模经营的农户较少，且主要分布在一些经济较发达、能"以工补粮"的地区，或者是地多人少、边远田、低产田较多的乡村。土地细碎化、成片土地面积少的问题仍然存在，农户生产规模普遍较小，且多为"小而全"的农产品生产方式，户均产量和商品化率不高，不利于农业产业化、规模化发展。

此外，广东农业仍存在区域结构差异化、区域发展不平衡的问题。与珠三角地区相比，粤东、粤西、粤北地区许多乡村在生产组织化程度、农民增收、村集体经济等方面表现出显著差距。其中，经济发展已达到较高水平的珠三角地区与远低于全国平均水平的粤北地区的差距尤为明显，珠三角地区的第一产业增加值大于粤北地区，但第一产业所占比重却明显小于粤北地区（见表1）。可见，珠三角地区对周边粤北地区的辐射效应不明显，未能有效带动粤北地区经济发展，产业合作有待加强，农业区域布局有待完善。

表1　2022年广东各区域三次产业增加值及占地区生产总值的比重

单位：亿元，%

指标	第一产业		第二产业		第三产业	
	增加值	占比	增加值	占比	增加值	占比
珠江三角洲	1839.82	1.76	43432.38	41.49	59409.60	56.75
粤东	672.91	8.50	3356.46	42.41	3884.06	49.08
粤西	1633.23	17.85	3475.24	37.97	4043.73	44.18
粤北	1194.40	16.20	2579.43	34.99	3597.31	48.80

资料来源：《广东统计年鉴（2023）》。

2.产业园建设有待优化，联农带农作用受限

广东省现代农业产业园建设工作稳步推进，取得了显著成效。但在部分产业园建设过程中仍存在着一些突出问题。一是部分产业园项目建设进展较慢。由于部分地区企业利益与当地政府、有关部门的诉求不一致，工作缺乏沟通协调，建设用地难落实、土地流转慢，建设项目内容难以落实。二是部分产业园的省级财政资金使用率偏低，无法及时投入项目建设中。三是个别产业园仍存在未按照进度审批资金拨付的问题。这主要是因为当地地方政府和有关部门未能转变传统的管理观念，仍以行政管理思维替代市场运营思维。

此外，现代农业产业园在发挥联农带农作用的过程中，也面临着一些障碍。一是农户与实施主体二者对市场利益最大化的追求制约了联农带农发展。具体而言，农户为了获取市场利益，可能将农田用于其他无关的生产项目，或者失去原有作物生产的积极性；而实施主体与农户之间的利益竞争则可能对产业园的生产力与竞争力造成影响。二是合作履约监督执行成本高，违约成本较低。当受到市场利益诱导时，二者均易发生违约行为。

（二）经营主体

1.农村出现"空心化"现象，农业劳动力整体素质偏低

随着大量年轻人从农村进入城市就业并落户，农村出现"空心化"现象，老龄人口占比增加，而有效农业劳动力不足。《广东统计年鉴》数据显示，2016~2022年，无论是第一产业就业人员还是乡村就业人员，均呈现逐步减少的趋势，第一产业就业人数占三次产业总就业人数的比重由14.7%逐年下降至10.5%（见图4）。这不仅导致了农业就业人口不足、产业难以升级，更关系着粮食安全问题。

此外，广东农村掌握先进农业科技的人员数量较少，接受过高等教育的农业从业人员也较为有限，因此对种植技术的接受程度不高，最终产生的经济效益也较低，这对农业的现代化发展产生了阻碍。只有提高广东农村劳动力的整体素质，提升务农待遇，让更多年轻人和专业技术人员愿意留在农村，才能缓解农村产业发展过程中人力资本不足等问题。

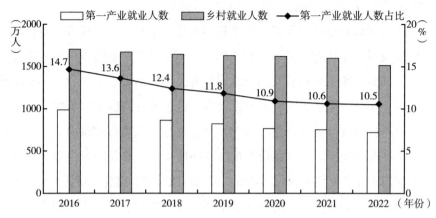

图4 2016~2022年广东省第一产业就业人数、占比与乡村就业人数

资料来源:《广东统计年鉴》(2017~2023年)。

2.农业社会化服务体系不够健全,资源供给与利用不足

构建农业社会化服务体系是农业现代化转型的关键环节,但随着农业组织形式和生产方式的转变,农机服务有效供给不足、政策支持力度不足和供需对接不畅等问题日益突出,迫切需要发挥政府的调控作用,健全农业社会化服务体系,弥补市场失灵。在资源利用方面,广东省由于缺乏配套和健全的农业社会化服务体系,农业生产难以与市场经济有效衔接。其一,政府对农业社会化服务体系的相关政策支持力度不够,对中小农业产业发展的资金扶持不足。其二,成熟、规模较大的农业合作社数量少,缺乏统一的管理。其三,由于缺乏有效专业的中介引导,农户与企业之间还没有形成良好合作,制约了农业社会化服务企业的发展。

(三)支撑体系

1.数字农业规划仍存不足,核心技术与产业基础薄弱

近年来,广东省致力于推动数字农业发展,以数字农业为代表的现代农业建设取得了新成效,但目前广东数字农业的发展仍存在以下问题。

一是农业核心关键技术发展相对滞后。当前智能化农业装备研发水平较低，数据获取、物联网传感器研发、智能决策的算法模型缺乏，技术积累不足，农业的新技术应用率不高，整体技术水平与发达国家存在一定差距。

二是顶层设计及统筹规划有待完善。首先，数字农业活动往往涉及多个政府管理部门，由于缺少专业的管理人才，缺乏明确的业务方向和必要的数据运营技能，这给统一协调推进带来了一定难度，难以形成统筹性纲领及举措。其次，数字农业建设中重复投资和不能互联互通等现象仍然严重，造成了资金的极大浪费，尤其是数字农业建设中，普遍出现重硬件轻软件、重第一产业轻第二和第三产业、重建设轻运营等问题。最后，受各方面因素影响，资源方普遍忽略了数据的核心资产价值，尚未将其有效应用于指导农业生产，造成极大的资源浪费。

三是产业基础薄弱，商品化能力弱。同国内大部分地区一样，数字农业的绝大部分应用还停留在生产环节，产业链其他环节的信息化和智能化程度较低，其应用程度也多停留在有限的数据采集与展示。总体而言，产业链中加工、贮藏及物流等其他环节的数字化程度较低，且各阶段数据互相脱节，信息难以互相支撑，从而制约了数字信息对"全产业链"的有效指导，导致农业生产经营主体的服务能力普遍不足，产品市场化困难。

2. 财政支农力度尚显不足，农业科研与技术开发投入较少

通过整理各省统计年鉴数据，对比广东省与各兄弟省份的财政支农力度，发现2015~2022年广东省政府的平均财政支农力度仅为5.79%，少于浙江的8.53%、江苏的8.59%和福建的8.84%。具体而言，虽然浙江、江苏、福建三省近年来财政支农力度呈下降趋势，广东省的财政支农力度波动相对较小，但广东省始终低于各兄弟省份（见图5）。可见，与东部省份相比，广东省的财政支农力度仍然处于相对较低的水平，不利于农业的发展与升级，需要进一步加大对农林牧渔业的投资力度。

此外，广东省农业科研与技术开发投入不足。2021年广东农业科研和技术开发支出总额为318829.3万元，仅占全省财政支出的1.75‰，这与广东经济第一大省的地位并不相称，仍需补充稳定支持农业科技创新的专项经费，尽可能缩小与其他省份的差距。

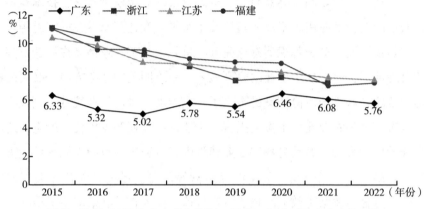

图5 2015～2022年广东省与浙江、江苏、福建财政支农力度对比

资料来源:《中国统计年鉴》(2016～2023年)。

3.涉农基础设施建设有待完善,机械化生产率较低

近年来,广东省农业农村地区基础设施建设条件在建设新农村的过程中虽然有了明显改善,但仍存在一定的不足,尤其是在粤西、粤北等经济欠发达的农村地区。欠发达地区的农村基础设施建设相对落后,其中乡村道路的硬化率不高阻碍了农机的运输,极大地限制了农业的生产和发展,同时还有农田水利设施建设相对滞后,电网的老化、损坏、电压不稳定等突出问题。另外,由于缺乏专业知识的农机培训,出现设备维护不到位、管理不善、更新缓慢等问题。落后地区的农业生产仍以人工为主,效率低、劳动强度大,从而制约了农业机械化、规模化、集约化发展。2013～2020年,广东省机械化生产率平均水平仅为1.44%,在全国排位相对靠后。

(四)优势特色农产品

1.部分特色农产品商品转化率低,销售收益不理想

近年来,广东省优势特色农产品发展速度显著提高,规模持续扩大。然而由于粤北、粤东和粤西地区经济和技术条件相对落后,基础设施不健全,农民发展意识薄弱等原因,大部分特色农产品呈现自给自足的特点,导致特

色农产品的商品转化率较低，市场空间狭小，难以实现高效益。此外，农产品滞销现象打击了农民的生产积极性，导致部分特色农产品只停留在粗加工阶段，技术含量低，产品品质差，缺乏竞争力和盈利能力，不利于产品推广与市场开拓。

2. 品牌优势不够明显，品牌建设有待加强

当前，"广东荔枝"等特色农产品已经初步实现了品牌塑造和文化价值挖掘，成功走向国内外广阔的消费市场。但广东仍存在很多同样具有发展潜力的特色农产品，由于缺乏品牌建设，市场体系建设不足，缺少有特色的营销手段，无法开拓更大的市场，难以获得更高的效益。

发展符合市场规律和消费者多元化需求的品牌农产品，往往需要达到较高的质量标准。然而，目前许多特色农产品以家庭式生产为主，缺乏规模化经营，且尚未形成统一的生产标准和质检体系，导致专业化水平较低，缺乏竞争力，许多优势特色农产品只在本地产销。

此外，目前广东省生产特色农产品的龙头企业数量较少，实力不强，缺乏科技型加工龙头企业，缺少政府的扶持与引导，难以形成庞大的规模，未能获得创建品牌、推广品牌的能力和引领行业的话语权。综上，目前广东省特色农产品的品牌优势不够明显，品牌建设有待加强。

3. 特色农产品科技含量不足，科技创新能力有待提高

农业技术的有效转化是优势特色农产品做优、做强的关键，但目前广东省特色农产品的科技含量不高。首先，由于大部分地区的农民受教育程度有限，同时缺乏科技人才的指导，难以将农业技术运用到特色农产品中。其次，科技创新能力有限导致新品种的研发率较低，技术成果的转化率有限，不利于特色农产品的长远发展。再次，现有的生产方式限制了农业技术的推广，导致先进技术在农业生产实践中的利用率不足，农产品难以实现技术更迭和价值增值。最后，当前农业科技体系不完善，农户与用户之间、农户与农业技术推广部门之间存在较严重的信息不对称，不利于农业技术在实际生产中的应用与推广。

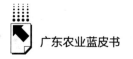

（五）进出口贸易

1. 农产品出口值增速放缓，国际竞争力呈现下滑趋势

广东省作为我国改革开放的先行地和重要支柱省份，农产品进出口贸易总额一直处于全国前列。广东省始终坚持农产品"走出去"的重要发展战略，然而近年来农产品出口难度不断增加，出口值增速放缓，呈现"衰退式增长"，农产品出口占广东全部商品出口的比重也逐年下降。广东省在谷物、植物油等土地密集型农产品以及肉、食用杂碎品等深加工产品方面表现出竞争劣势。2016~2022 年，广东省谷物的出口值大幅减少，由 2016 年的580 万美元减少至 2022 年的 11 万美元（见图 6）；动植物油脂及蜡的出口值虽然呈现上升趋势，但总体而言增速放缓，出口值持续增长的动力不足（见图 7）。

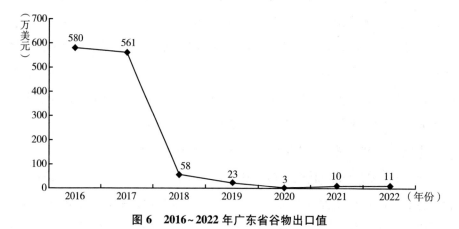

图 6　2016~2022 年广东省谷物出口值

资料来源：《广东统计年鉴》（2017~2023 年）。

总体看来，广东省农产品出口呈现"衰退式增长"主要有以下几个原因。

首先，受国际上严苛的技术贸易壁垒、生态安全壁垒等贸易规定的制约，广东省农产品出口压力增加。广东农地细碎，难以实现规模化和专业化经营，出口的农产品多为附加值低的初级农产品，因而难以满足欧美发达国

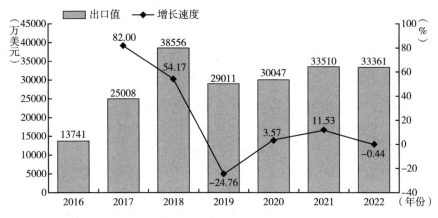

图 7　2016~2022 年广东动植物油脂及蜡出口值及增速

资料来源：《广东统计年鉴》（2017~2023 年）。

家不断制定的新法规和新标准要求，如自 2022 年 11 月起，欧盟国家对所有水产品中氯霉素含量的标准提高至原来的 50 倍。

其次，广东省农产品的国际竞争力相对较弱。大部分农产品由分散的农户进行生产，受规模制约难以进行标准化生产，组织化程度低。监管部门也难以对分散农户进行化肥、农药、兽药的生产、销售、使用等方面的管理，从而导致农产品的标准化程度低，质量和档次有待提升，缺乏国际竞争力。

最后，广东省大宗农产品优势品种较少，缺乏国际知名度。广东省山区多、平原少，难以进行大规模的大宗农产品种植，因而农产品出口量主要依靠品种多样化实现，真正具有优势的大宗出口农产品较少，仅在出口水产、生猪等畜牧渔产品方面具有一定的规模优势。此外，由于缺乏品牌建设和自主创新能力，许多特色农产品的知名度较低，在国际市场上的份额有限，农产品出口市场也主要依赖亚洲市场，与其他国家和地区的农产品贸易往来较少。

2. 农产品对外依存度高，国际贸易保持逆差状态

我国农业对外依存度较高，现已成为农产品第一大进口国，大豆、菜籽油、高粱等农产品对其他国家的依赖性尤为明显。而广东省又是全国稻谷、大米等粮食类农产品进口的主要省份，且鲜干果类、食用植物油等农产品的

对外依存度较高，尤其是水果和棕榈油在广东省进口农产品中占据了较大的比重。

2001 年加入世界贸易组织之后，农产品市场开放力度加大，大批有国际竞争优势的国外农产品占据了国内相当大的市场份额，广东省农产品进口额稳步增长，加之出口压力增加，导致进口额远高于出口额，广东省农产品贸易呈现明显的逆差状态，且预计这种不合理逆差将长期存在并持续扩大，不利于广东省农产品贸易的发展和农民的稳定增收。

五 广东现代农业产业高质量发展的路径优化与对策建议

（一）产业结构

1. 完善产业结构，探索三次产业融合新模式

针对三次产业融合不充分问题，应当结合各地区实际情况，探索多种产业融合方式。首先，构建农业全产业链，推进产业链延伸与三次产业融合。以农业龙头企业为依托，推动生产—运输—销售—品牌各环节相互连接，形成一二三产业互动发展的全产业链协同模式。其次，推进农业结构调整，实现农业内部融合，优化农产品结构，在稳定粮食产能的基础上，发展优质品种并均衡供应；深入实施农业标准化生产，培育更多绿色、有机农产品。最后，还可以通过功能拓展融合、科技渗透融合等多种方式促进一二三产业融合。除了创新产业融合方式外，还应支持各类服务主体与新型农业经营主体开展多种形式的联合与合作，建立紧密的利益联结和分享机制，培育壮大农村一二三产业的融合发展主体。

2. 深化农业结构调整，促进种植业多元化转型

当前广东省农业结构仍需要进一步调整。《广东省推进农业农村现代化"十四五"规划》指出，要立足战略需求、资源禀赋和市场发展，坚持"藏粮于地、藏粮于技"，深化农业结构调整，保数量、保多样、保质量，推进

农产品稳产保供。农业产业化经营被实践证明是行之有效的、能够与农业结构相适应的经营方式和运作机制。

此外，要适当调整粮食作物、经济作物、其他作物协同发展的农作物播种结构。对于粮食作物，在保障水稻种植的同时，还应适当增加其他品类的播种比重，形成多元化的内部结构。除种植粮食作物外，还应充分发挥荔枝、龙眼等特色热带水果的优势，逐步建成各具特色的农产品生产基地，进一步优化农产品结构，培育壮大农产品生产规模，促进农民增收。

（二）空间布局

1. 推动规模化布局，促进区域协调发展

针对农业区域布局零散问题，应制定市场培育政策，为农业生产经营者搭建信息交流平台，进而为农业生产者创造市场机会。同时，应出台各项激励政策，提供奖金奖励、税收优惠和政策倾斜等激励机制，鼓励区域分工与专业化生产。此外，还应不断完善农业社会化服务体系，鼓励土地流转，以提高农业生产的规模化、集约化程度。

针对区域发展不平衡问题，可通过产业合作推动珠三角地区的产业向粤东、粤西、粤北等地区转移，通过优势互补、资源互补，合力缩小区域发展差距。同时，继续优化全省农业区域结构，各区域各司其职。政府农业部门和发展规划部门也应切实了解省内各区域农业发展的资源禀赋，以市场化需求为方向，着力调整各区域农业发展方向和重点，共同推动农业产业化发展。

2. 改善产业集群形成环境，规范产业园合约内容

要解决产业园建设过程中进度慢、资金利用率低以及管理观念陈旧等问题，就需要政府调控与市场运作相结合。首先，政府要加强宏观调控手段，以市场化手段为主，加快推动产业基地的形成和发展。其次，通过合理规划，确定一批成长性好、带动性强的农业项目，从资金、技术和服务等多方面加大政策扶持力度，创造产业链上下配套的产业环境，以提高资金利用率。最后，积极了解相关企业的发展诉求，积极招揽专业管理人才，采用现

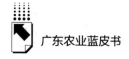
代化的管理观念提高生产效率。

在产业园发挥联农带农作用的过程中,制定合约时应以保证利益双方基本权益为前提,明确规定农户和实施主体的权利与义务,以清晰的利益分配和责任划分方案来规避不正当的利己行为,增加违约成本。同时,制定有效的监督管理制度和激励制度,提高农户的生产积极性。

(三)经营主体

1. 加大农村劳动力教育投入,提高农业从业人员素质

提高农业从业人员的素质,发展现代农业产业,具体而言可从以下三个方面着手。其一,要坚持完善机制、强化保障,从培养、引进、待遇和激励、信息技术使用等方面发力缓解人才短缺问题,拓宽乡村人才来源。其二,政府应重视农村教育,改善农村学校办学条件,提高教育质量,推进农村职业教育现代化,扩大人力资本,保证农村劳动力的数量和质量,为农业现代化提供人才支撑。其三,应积极开展农村劳动力培训,鼓励农民接受教育培训,由专业的农业生产技术人员进行指导,提高农民的专业知识水平。

2. 健全农业社会化服务体系,强化政策支持

一是培育优质的服务组织。逐步推进乡镇基层公共服务机构的全面建立,依托农民专业合作社,培育专业的大规模的农业合作服务网络,形成统一规范的管理;支持农民兴办专业农业服务公司,同时鼓励各级政府依托资源促进农民合作组织与大专院校、科研院所联合兴办科技型服务机构,形成各类主体相互竞争、相互合作的服务格局。

二是拓展服务范围。坚持需求导向,聚焦生产的关键薄弱环节,创新服务产品,探索开展社会化服务的有效方法路径,从产中向产前、产后等环节及金融保险等配套服务延伸,如畅通产前信息发布、种子种苗供应、资金信贷服务等通道;拓展产后农产品加工、仓储、冷链运输等服务。

三是强化政策支持。加大对社会化服务的引导支持力度,加大财政政策支持力度,争取安排专项经费,对设施农业用地、服务组织的设施建设、政策性保险和商业保险的应用、服务人员知识培训等方面给予政策支持。同

时，积极发挥政府的调控作用，搭建对接平台，畅通供需渠道，解决市场失灵问题。

（四）支撑体系

1. 发展数字农业核心技术，关注顶层设计整体规划

一方面，要推进核心技术的开发与产业应用。首先，要加强数字科技人才培养，发展数字农业核心关键技术，加强基础研究，逐步形成行业标准。其次，要大力发展数字农业深层次产业应用，构建农业产业大数据云平台，实现对标准化管理、智慧化生产、智能化供应、精准化营销的全产业链监控。

另一方面，应坚持顶层设计整体规划。大方向上坚持统筹规划，融合各级各类涉农相关业务系统，以方便实现业内资源共享，防止重复建设，提高资金利用效率。细节上做好总体规划，根据农业生产实际需求和农业信息化基础条件，构建数字农业综合服务平台和农业资源大数据管理与服务中心，建立健全信息服务制度和保障措施。

2. 加大财政支农力度，鼓励农业科研与技术开发

当前广东省财政支农力度有待提高，针对这一问题，首先，应结合省内各产业的发展需求，适当提高农林牧渔业投资支出在政府总资金支出中的比重，同时对较落后的粤东、粤西、粤北地区进行适当的财政投入倾斜，缩小与珠三角地区的差距。其次，为了提高广大农民对农业的投资积极性，政府还可以通过税收优惠、贷款贴息或扩大普惠金融覆盖面等方式予以支持。此外，还应加大政府对农业科研方面的资金投入，鼓励高校、科研机构、企业等对农业进行创新性研究与实践，增强农业发展创新的动力。

3. 加大农田水利设施建设投入，确保农机设备安全使用

首先，要加大对农田水利设施建设的投入，特别是对水库、水渠建设的投入。水利设施通过提供可靠的灌溉水源、改善土壤环境增强农作物抗旱能力以及提高农田水资源的利用率，对农业生产发挥着至关重要的作用。然而，由于农田水利设施具有明显的外部经济特征，私人投资主体往往没有投

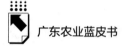

资积极性。因此，各级政府应增加对农田水利设施建设的投入，以减少农户农业生产的压力。

其次，要确保农机和电力设备的安全使用。随着农业机械化作业水平逐年提高，农机已成为农业生产的主力军，因此，应加强对农业机械的安全管理，深入开展农业机械安全专项检查工作，切实做好防范工作，提醒和引导农机操作人员进行安全作业。此外，应高度重视保护电力设施安全工作，要加强重点区域内电力设施的巡查巡视，有效预防、遏制发生农机破坏电力设施事故，确保人身安全、农机作业安全和电网安全。

最后，要重视相对落后地区的基础设施维护工作，落实好管理与更新责任，以解决设备破损或老化的问题。

（五）优势特色农产品

1. 加快产业化经营，提高农产品商品率

农业产业化经营有利于推动农业的发展，提高农产品的商品率，增加企业的经营收入。广东省特色农业产业化经营过程中，要发挥特色农业龙头企业的引领作用，鼓励农业产业生产基地和家庭农户进行专业化经营，改变大部分特色农产品分散经营、自给自足的现状。应在政府政策的支持与引导下，发挥农业专业生产合作社与企业的主体作用，依托乡村特色优势资源，打造农业全产业链，为农民的专业化生产提供产前预测、产中监控和产后加工等服务，推动人才、资金和科研的有效结合。

加快特色农业的产业化经营，建立利益分配和运转约束机制，规范行业行为，协调好产供销各个主体的利益。要充分发挥龙头企业作为沟通市场、企业和农户的纽带作用，形成工农贸一体化经营新机制，使分散的小农经济走向法人农户经济，促进农产品优质化、专用化，从而带动农产品的商品率提升。

2. 打造优质特色品牌，加大宣传推广力度

特色农业要以特色产品的开发为立足点，并在产品开发中树立品牌意识，打造优势品牌，实行有特色的"品牌经济"战略，不断提高产品的知

名度和影响力。要想让广东特色农业产业真正地走出去，关键是要重视质量，提高特色农产品的标准，加强对产品的科学管理，提高特色农产品的整体形象。政府也要建立规范合理的特色农产品质量标准，完善品牌申报认证体系以及监督检测机制，在制度上支持特色农产品的品牌化建设。

此外，要以文化内涵为切入点，对各种不同特色产业品牌的文化内涵进行深度挖掘，加大品牌的宣传和推介力度，准确地进行市场定位与宣传，提高市场知名度。在保证产品的高标准、高质量的同时，规范特色农产品的包装，体现农产品的独特之处，使其向商品化、品牌化和国际化发展，全面提高农产品的整体形象和市场竞争力。

3. 提高科技创新能力，完善科技管理体系

针对特色农产品科技含量较低的问题，首先，应开展多种形式的技术培训，提高特色农业工作者的科学文化素质，提高科学和技术的接受能力，使特色农产品生产者具备专业知识和行业技能，能够高效处理产业生产技术与创新的关系。其次，应密切关注技术创新和升级，走企业科技合作的道路，将研究成果转化为产品竞争力。再次，应鼓励家庭小农式的生产方式向规模化、专业化的生产方式转变，提高农业技术的利用率，并加强龙头企业和科研院所的长期合作，建立有效的技术创新激励机制。最后，要不断完善农业科技体系，发展高效的配套生产技术，在储藏、保鲜以及深加工技术等关键领域集中优势力量。

（六）进出口贸易

1. 培育优势出口品种，逐步形成出口优势

应利用广东省的自然资源、地理位置优势，努力挖掘和培育一批特色优势出口农产品。积极实施"种子工程"，提高自主创新能力，选育和种植优良品种。加大投入，建设一批特色农产品生产基地，推进规模化、专业化生产，提升国际竞争力。

要适当调整产品结构，继续发挥劳动密集型产品的竞争优势，同时给予竞争力薄弱的农产品一定的政策倾斜，培育农产品深加工企业，扩大精深加

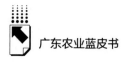

工规模，提高广东农产品的附加值，以形成出口优势。

2. 加强农产品质量监管，打破技术性贸易壁垒

为应对严苛的技术贸易壁垒，应加强对现有的农产品出口基地的监管，提高广东省出口农产品的品质。一是将质量安全作为遴选农产品出口基地的重要指标。二是在基地推行农产品标准化生产、无害化控制。三是建立出口农产品的质量安全追溯体系，落实农产品的质量安全责任。

针对出口农产品质量不过关的问题，应推行农产品标准化生产及管理，从种植、加工、运输等各个环节进行把控，保证种植出来的产品符合国际标准。政府和协会要定期举办相关讲座或技术培训，为农产品出口企业提供政策解读和技术指导，并视情况为遇到出口困难的企业提供必要的法律援助和政策支持。

3. 合理降低对外依存度，促进农产品进出口贸易平衡

为缓解广东农产品贸易的逆差问题，一方面，要降低部分农产品对单一国家的进口依赖，减小对国内相似农产品的竞争压力，促进互补型农产品的进口；另一方面，要适时改变农产品生产结构以满足消费者需求。具体而言，要持续推进农业供给侧结构性改革，提升农业供给侧体系的质量和效率，动态调整农产品供给结构以适应消费结构的改变。例如，针对消费者对于食品安全、多样、有机的市场需求，利用现代信息网络建立沟通平台和反馈机制，从而提升竞争能力，增加有效供给。

此外，还应增强应对突发情况的能力。针对不可控因素造成的农产品出口困难，以及突发性公共事件对农产品进口的冲击，政府、企业等应提前对风险进行评估，并做好防控措施。突发性公共事件一旦发生，政府应及时总结并调整，以保障农产品的稳定供给和顺利出口。

参考文献

［1］蔡惠钿、吴贤奇、田立、刘少群：《广东现代农业产业园现状和联农带农机制

创新研究》,《农村经济与科技》2019 年第 20 期。

[2] 陈敏锐:《"双轨制"助推新会陈皮产业做大做强》,《江门日报》2021 年 12 月 20 日。

[3] 冯大春、王明星、吴惠燊、张兴龙、刘双印:《从产业视角看广东省数字农业发展现状》,《安徽农业科学》2022 年第 23 期。

[4] 傅晨、项美娟、宋慧敏:《广东农业结构变迁》,《南方农村》2016 年第 5 期。

[5] 傅晨、项美娟、宋慧敏:《广东农业区域结构变迁:2000～2014》,《南方农村》2017 年第 1 期。

[6] 顾幸伟:《数字农业:在广东的实践与探索》,《大数据时代》2021 年第 10 期。

[7] 《广东:培育新型农业经营主体推进农业供给侧结构性改革》,《吉林农业》2017 年第 2 期。

[8] 广东省人民政府:《广东省推进农业农村现代化"十四五"规划》,2021。

[9] 郭栋梁、黄石连、向旭:《2020 年广东荔枝生产形势分析》,《广东农业科学》2022 年第 6 期。

[10] 何雯:《广东省区域农业竞争力评价研究》,硕士学位论文,华南农业大学,2020。

[11] 黄键裕、朱立学、张世昂:《深入推进农业供给侧结构性改革——促进广东农村一、二、三产业融合发展》,《湖北函授大学学报》2018 年第 3 期。

[12] 黎泽林、张弛:《广东农业专业分工与区域布局存在的问题与原因分析》,《惠州学院学报》(社会科学版)2012 年第 1 期。

[13] 李利:《百园强县 千亿兴农——广东将打造千亿产值的现代农业产业集群》,《广东饲料》2019 年第 4 期。

[14] 李满:《广东省农业现代化发展问题研究》,硕士学位论文,中共广东省委党校,2022。

[15] 李启华:《广东统筹实施区域协调发展战略和乡村振兴战略的策略建议》,《广东经济》2019 年第 8 期。

[16] 梁俊芬、林伟君、方伟、康艺之:《广东实现农业现代化的难点与策略选择》,《南方农村》2014 年第 2 期。

[17] 林健芳、林楚忠:《广东交通强省建设助力大湾区高质量发展》,《中国交通报》2022 年 10 月 10 日。

[18] 林健芳、林楚忠:《交通强省建设助力广东走在前列》,《中国交通报》2021 年 9 月 9 日。

[19] 刘丽辉:《发达国家或地区农业结构调整经验及其对广东的启示》,《广东广播电视大学学报》2014 年第 1 期。

[20] 邱丽娜:《"三方协同、四轮驱动、五技融合"立体化推进特色农产品网络营销的实践探索——以广东荔枝为例》,《商场现代化》2022 年第 9 期。

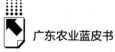
［21］史金善、高燕青：《广东省农产品出口竞争力分析》，《南方农村》2013 年第 8 期。

［22］宋亦心、李欢欢：《广东省农产品进出口商品结构分析》，《河南农业》2018 年第 35 期。

［23］苏柱华、李伟锋：《科技创新驱动广东现代农业发展现状分析与对策》，《广东农业科学》2018 年第 8 期。

［24］孙波：《珠三角与粤北地区产业结构差异与产业合作研究》，硕士学位论文，深圳大学，2018。

［25］孙灵伊、王思懿、陈朋：《广东省农产品进出口现状与分析》，《南方农机》2022 年第 2 期。

［26］王冰：《广东农业要素禀赋特征及其比较优势分析》，《广东农业科学》2010 年第 9 期。

［27］王晓燕、张宝婷：《广东省农产品出口促进体系中存在的问题及其对策》，《南方农业》2021 年第 26 期。

［28］杨志锐、赵阳：《广东农业产业集群现状及发展对策研究》，《广东农业科学》2010 年第 4 期。

［29］叶小丽：《广东省特色农业发展对策研究》，硕士学位论文，广东海洋大学，2017。

［30］张建武、钟晓凤、李楠：《广东农产品出口竞争力提升途径与对策——基于农业供给侧结构性改革的视角》，《南方农村》2018 年第 3 期。

［31］张敏、张时森：《地区产业结构失衡对贸易结构的影响——以广东省为例》，《中国经贸导刊》2010 年第 17 期。

分 报 告

B.2
2022年广东水稻产业发展报告

陈风波*

摘　要：　广东省是全国 13 个粮食主产省之一，水稻作为广东省最主要的粮食作物，年均产量占广东省粮食作物总产量的比重保持在 86% 以上。2022 年，全省各地高度重视粮食生产，层层压实粮食生产责任，积极落实各项补贴政策，全力推进撂荒耕地复耕复种，提高农户和各类农业生产经营主体种粮积极性，粮食播种面积保持恢复性增长态势。本文通过调查样本数据，在对水稻生产户基本特征和村级层面的水稻生产情况进行分析，了解当前水稻生产者的基本情况、耕地及劳动力等水稻种植投入要素的情况、粮食家庭消费及销售情况的同时，对调查地区农户水稻生产的成本收益情况和种植模式、技术采用、种植意愿、土地流转意愿和生产风险等进行详细分析，发现广东省耕地细碎化和租期短期化限制了大户种粮积极性，丘陵山区地形地貌限制和灌溉条件恶化限制了水稻生产，水稻种植户劳动力非农化和老龄

* 陈风波，农业经济管理专业博士，华南农业大学经济管理学院农林经济管理专业主任，副教授，硕士生导师，主要研究方向为农业产业经济、农村发展和农户经济学，长期关注中国南方稻农行为的研究。

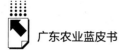

化现象普遍以及粮食生产以自给为主，土地流转市场的缺乏制约粮食生产等问题，并据此提出以下建议：持续完善农业支持政策；大力推动农田整理和完善基础设施；因地制宜地推动农业机械研发推广；推动土地流转和集体土地分配制度改革，推动粮食规模化生产；培育一批种粮大户和以粮食生产为主的家庭农场；做实丝苗米产业园，推广优质稻品种，改进种植模式提高单产，提升水稻生产整体效益；培育领军型的大米加工企业，做实丝苗米产业联盟，打响广东丝苗米品牌；等等。

关键词： 水稻产业　粮食生产　水稻品牌　产业发展

一　2022年广东水稻产业整体情况

广东省是全国13个粮食主产省之一，水稻作为广东省最主要的粮食作物，年均稻谷产量占粮食作物总产量的比例保持在86%以上。2022年，全省各地高度重视粮食生产，层层压实粮食生产责任，积极落实各项补贴政策，全力推进撂荒耕地复耕复种，提高农户和各类农业生产经营主体种粮积极性，在早稻面积因旱情影响减少的不利情况下，采取切实有效的措施落实"以晚补早"，粮食播种面积继续保持恢复性增长态势。根据广东省统计局数据，2022年全省粮食作物播种面积为3345.50万亩，比2021年增加25.9万亩，增长0.78%。全省稻谷播种面积为2753.70万亩，比2021年增加12.69万亩，增长0.46%。其中，早稻播种面积为1296.30万亩，比2021年增加8.46万亩，增长0.66%；中晚稻播种面积为1457.40万亩，比2021年增加4.23万亩，增长0.29%。

2022年，全省大部分地区农业气候条件基本正常，病虫害较轻，有利于粮食作物生长发育。尽管部分地区旱情和台风对生产造成一定影响，但各地加强田间管理，积极抗灾减灾，农业灾情对粮食生产影响有限。全省稻谷亩产402.59公斤，比上年减少0.33公斤，下降0.08%。其中，早稻亩产

401.22公斤，比上年减少5.78公斤，下降1.42%；晚稻亩产403.80公斤，比上年增加4.5公斤，增长1.13%。

2022年全省粮食总产量达1291.50万吨，比2021年增加11.6万吨，增长0.91%，连续三年增长，为广东粮食产量近十年来最高水平。稻谷产量为1108.60万吨，比上年增加4.2万吨，增长0.38%，在全国稻谷产量下降2%的大环境下广东牢牢扛稳了粮食安全重任。其中，早稻产量520.10万吨，比上年减少4.05万吨，下降0.77%。中晚稻产量588.50万吨，比上年增加8.25万吨，增长1.42%（见表1）。尽管部分地区旱情和台风对生产造成了一定影响，但各地加强田间管理，积极抗灾减灾，农业灾情对粮食生产影响有限，尤其是近年来建成的高标准农田对农业防灾减灾发挥了重要作用。

表1 2022年广东省粮食与水稻生产情况

	播种面积（万亩）	单产（公斤/亩）	总产量（万吨）
粮食	3345.50	386.04	1291.50
稻谷	2753.70	402.59	1108.60
早稻	1296.30	401.22	520.10
中晚稻	1457.40	403.80	588.50

资料来源：国家统计局、广东省统计局。

二 广东水稻产业长期变化

本节利用国家统计局宏观数据，从水稻种植面积、产量及单产的变化和水稻生产布局及变化两个方面对近40年来广东水稻产业长期变化趋势进行分析。

（一）广东水稻面积、产量及单产变化

自改革开放以来，广东省水稻产量总体呈下降趋势。其中，1979～1999

年，水稻产量总体较稳定，在1500万吨上下波动。但自2000年水稻产量开始大幅下跌（2000年产量下滑至1400万吨），并在2008年触底1003万吨。虽然此后产量略微回升，但整体涨幅不大，始终在1000万~1200万吨区间内徘徊。2020~2022年，广东水稻产量从1099.58万吨增长到1108.63万吨，增长0.82%（见图1）。1979~2022年广东省水稻种植面积和单产变化情况如图2所示。

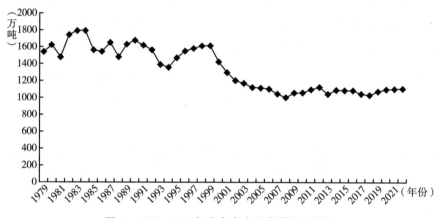

图1 1979~2022年广东省水稻产量变化趋势

资料来源：农业农村部、国家统计局。

（二）广东省水稻生产布局及变化

1. 广东省各地级市水稻布局情况

从2022年广东省水稻播种面积及产量在各地级市的分布来看，深圳市的播种面积最少，仅为1.15万亩。湛江市的播种面积最大，为338.15万亩，占全省总播种面积的12.28%。除湛江市外，播种面积在200万亩以上的地市还有茂名市（315.83万亩）、江门市（254.68万亩）、肇庆市（253.00万亩）、梅州市（243.79万亩）。湛江东西洋、茂名、阳江漠阳江流域、台山平原、梅州宁江盆地和河源灯塔盆地、韶关南雄、粤东潮汕平原是水稻主产区。

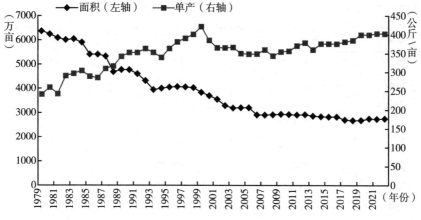

图2 1979~2022年广东省水稻种植面积和单产变化

资料来源：农业农村部、国家统计局。

　　而产量方面，在100万吨以上的依次有茂名市（133.77万吨）、湛江市（127.04万吨）、肇庆市（108.78万吨）、梅州市（105.72万吨），这四个地市稻谷产量总和占全省稻谷总产量的42.87%。在产量排名前四的地级市中，单产最高的为潮州市（469.69公斤/亩），其次是汕头市（467.69公斤/亩）和茂名市（444.04公斤/亩），与潮州市的差距不大，深圳市单产相对最低，为322.81公斤/亩（见表2）。

表2 2022年广东省各地级市水稻的播种面积与产量

地区	播种面积（万亩）	亩产（公斤）	总产量（万吨）
全省	2753.70	402.59	1108.60
广州	35.72	352.39	12.59
深圳	1.15	322.81	0.37
珠海	6.78	389.57	2.64
汕头	69.20	467.69	32.36
佛山	10.46	373.76	3.91
韶关	155.40	435.47	67.67
河源	184.44	420.07	77.48
梅州	243.79	433.65	105.72
惠州	127.70	373.45	47.69

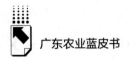
续表

地区	播种面积(万亩)	亩产(公斤)	总产量(万吨)
汕尾	104.25	368.58	38.42
东莞	2.18	367.41	0.80
中山	3.58	354.75	1.27
江门	254.68	361.86	92.16
阳江	161.29	361.53	58.31
湛江	338.15	375.69	127.04
茂名	315.83	423.56	133.77
肇庆	253.00	429.98	108.78
清远	182.69	348.43	63.65
潮州	48.18	469.69	22.63
揭阳	123.07	427.44	52.60
云浮	132.31	444.04	58.75

资料来源:《广东统计年鉴(2023)》。

2.广东水稻生产的空间区域分布变化特征分析

从广东全省区域划分①角度看,2005~2022 年水稻的播种面积分布的总体趋势表现为山区>西翼>珠三角地区>东翼。在产量方面,2005~2006 年水稻产量分布的趋势总体表现为山区>珠三角地区>西翼>东翼,而 2007~2022年水稻产量分布的趋势则总体表现为山区>西翼>珠三角地区>东翼。具体而言,第一,在 2016 年及以前,山区的水稻播种面积均在 975 万亩以上,2018 年下跌至 875.79 万亩;总产量 2006 年及以前均在 445 万吨以上,2007年后趋于稳定,在 370 万吨左右,直至 2018 年跌至 349.92 万吨,2021 年略有回升,但总体呈下降趋势。第二,珠三角地区水稻播种面积呈现总体下降、中间略有波动的趋势,2014 年以前均在 750 万亩以上,随后逐渐下跌至 2018 年的 672.62 万亩,2020 年回升至 691.62 万亩,至 2022 年增加到

---

① 根据《广东统计年鉴》,珠江三角洲包括广州、深圳、珠海、佛山、江门、东莞、中山、惠州和肇庆,东翼是指汕头、汕尾、潮州和揭阳,西翼是指湛江、茂名和阳江,山区是指韶关、河源、梅州、清远和云浮。

695.24 万亩；而总产量则在 2006 年达到最高值 326.49 万吨，2006 年后的 10 年间趋于稳定，在 260 万吨左右，但 2018 年较大幅度跌至 247.14 万吨，后有所回升，2022 年上升至 270.21 万吨。第三，西翼的播种面积总体略有增加，主要在 780 万亩左右徘徊，近些年播种面积小幅度上升至 810 万亩以上，总产量呈增加趋势。第四，东翼水稻种植面积和产量都是四个区域中最少的，且总体表现为逐年减少趋势，近几年波动不大，总体较平稳，播种面积由 2005 年的 398.26 万亩减少到 2019 年的 339.47 万亩，近几年略有回升（见表 3）。

表 3　2005～2022 年来广东四大区域水稻播种面积与产量

年份	面积（万亩）				产量（万吨）			
	珠三角	东翼	西翼	山区	珠三角	东翼	西翼	山区
2005	831.84	398.26	746.98	1063.37	313.97	171.08	296.84	446.21
2006	870.23	401.50	750.14	1072.20	326.49	162.08	302.88	451.87
2007	787.16	349.55	784.37	987.41	266.08	130.10	282.16	367.72
2008	784.61	351.40	792.57	991.77	253.48	126.40	257.64	365.78
2009	786.40	353.90	798.91	1000.35	265.28	132.01	285.87	374.94
2010	781.06	353.39	796.99	997.67	264.99	133.06	286.61	375.94
2011	774.94	351.12	792.38	992.95	275.21	138.79	295.84	387.05
2012	774.63	351.94	799.06	998.43	280.60	142.86	305.60	397.52
2013	757.67	345.01	778.72	981.79	264.13	127.09	281.18	372.60
2014	749.70	341.48	768.71	980.04	275.68	136.50	292.36	387.59
2015	744.18	339.46	767.98	979.33	274.19	136.13	288.74	389.36
2016	741.24	339.69	771.03	980.94	273.02	135.04	289.28	389.73
2017	684.18	341.36	803.60	878.99	254.66	138.53	302.78	350.37
2018	672.62	340.10	792.59	875.79	247.14	138.05	296.96	349.92
2019	675.04	339.47	797.99	878.00	256.02	142.71	314.39	361.93
2020	691.62	346.21	814.21	899.61	265.61	145.61	319.37	368.99
2021	689.62	341.44	813.49	896.58	268.33	143.79	318.22	374.07
2022	695.24	344.69	815.27	898.63	270.21	146.02	319.12	373.28

资料来源：历年《广东统计年鉴》。

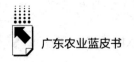

三 广东水稻生产基本特征——基于农户层面的调查分析

（一）调查样本选择及基本情况

广东现代农业产业体系水稻流通与产业团队对广东省水稻种植户进行了跟踪调研，其中本次调研地点包括 8 个地级市 10 个县 19 个调查村，以 2021 年广东水稻生产布局监测抽样选取的地级市选择调查地点。调查地点包括惠州龙门龙田镇、汕头潮阳西胪镇、梅州蕉岭三圳镇、清远连山福堂镇、肇庆高要大湾镇、云浮罗定华石镇、江门恩平牛江镇、江门台山白沙镇、茂名信宜金垌镇、茂名高州沙田镇。

农户调研名单以 2021 年受访农户为主，与调查村村委协调沟通其是否能够参与 2022 年的回访，若是最终调研名单不足 30 户，则通过随机抽样的方式补齐。

表 4 为农户调查问卷收集数与有效问卷数，调研团队在选点村中开展村委深度访谈、水稻种植户问卷调查等多种形式的实地调研，最终形成 19 份村委深度访谈记录和 508 份农户调查问卷，其中村级有效访谈记录 19 份、农户有效问卷 507 份。

表 4　农户调查问卷收集数与有效问卷数

单位：份

地区	市县（区）	镇	村	农户调查问卷	农户有效问卷
珠三角	惠州龙门	龙田镇	西埔村	23	23
			邬村村	29	29
	江门台山	白沙镇	下屯村	46	46
			江头村	5	4
	江门恩平	牛江镇	昌梅村	24	24
			黄泥坦村	32	32
	肇庆高要	大湾镇	小塘村	27	27
			古西村	24	24

续表

地区	市县(区)	镇	村	农户调查问卷	农户有效问卷
东翼	汕头潮阳	西胪镇	泉塘村	18	18
			波美村	24	24
西翼	茂名信宜	金垌镇	高车村	33	33
			良耿村	28	28
	茂名高州	沙田镇	赤坎村	27	27
山区	梅州蕉岭	三圳镇	芳心村	34	34
			河西村	31	31
	清远连山	福堂镇	太平村	14	14
			新联村	30	30
	云浮罗定	华石镇	大未村	31	31
			双豆村	28	28
合　计				508	507

资料来源：根据2022年广东水稻生产户调查问卷整理。

表5是调研村庄基本信息。从表5可以看出，所有样本所在地区中，广东地区总体呈现人多地少的特征，除珠江三角洲地区外，其他地区基本上以山地、丘陵为主，河流密布等自然因素，使得水田面积远远不及内陆平原地区；加之广东地区人口稠密，受到行政规划、包产到户的影响，水田支离细碎化程度较高。从人均水田面积的角度分析，珠江三角洲地区人均水田面积为0.76亩，东翼地区人均水田面积为0.10亩，西翼地区人均水田面积为0.29亩，山区人均水田面积为0.50亩，全样本中人均水田面积为0.37亩。其中东翼地区人均水田面积最小，仅为0.10亩。在调查中了解到，东翼地区水田少、细碎且分散，又加上传统思想观念的影响，人口数量众多，人均耕地面积少。从户均水田面积的角度分析，珠江三角洲地区户均水田面积为3.04亩，东翼地区户均水田面积为0.51亩，西翼地区户均水田面积为1.32亩，山区户均水田面积为2.10亩，大致情况与人均水田面积相似，东翼地区户均水田面积仍旧最少。

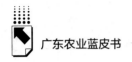

表5 调研村庄基本信息

	珠三角	东翼	西翼	山区	合计
人均水田面积（亩）	0.76	0.10	0.29	0.50	0.37
户均水田面积（亩）	3.04	0.51	1.32	2.10	1.66
从事水稻生产户均实际种植规模（亩）	6.57	4.15	4.02	4.11	5.14
劳动力外出务工比例（%）	42.96	37.93	48.41	46.70	42.32

资料来源：根据2022年村委调查问卷整理。

为了更清楚地了解各地区的实际种植情况，考虑到由种种原因导致水田的抛荒，本文从户均实际种植规模的角度进行考察。珠三角地区户均实际种植规模为6.57亩，东翼地区户均实际种植规模为4.15亩，西翼地区户均实际种植规模为4.02亩，山区户均实际种植规模为4.11亩，全样本地区户均实际种植规模为5.14亩。与之前相比，不同的是西翼地区的户均实际种植规模为全地区最低，为4.02亩，而东翼地区的户均实际种植规模较户均水田面积有较大的提高。西翼地区从事水稻生产的农户较多，因此户均实际种植规模较小。而东翼地区主要是从事水稻生产的农户大量减少，推动了户均实际种植规模的扩大。另外，东翼地区的农村劳动力外出务工比例与其他三个地区相比是最低的，为37.93%，因此农村劳动力外出务工并不是推动东翼地区户均实际种植规模扩大的最主要原因。

从农村劳动力外出务工的比例看，珠三角地区为42.96%，东翼地区为37.93%，西翼地区为48.41%，山区为46.70%，全样本地区平均为42.32%。主要外出务工的方向是，珠三角地区的人口主要前往珠三角核心城市，如深圳、广州、佛山等地区，而东翼、西翼、山区等外出务工主要是前往当地的县城以及珠三角地区。

表6为广东抽样地区水稻移栽与机械化采用情况比例均值。根据表6可知，在调研选取的所有地区中，从移栽模式的角度看，人工插秧的占比32.95%，抛秧占比35.41%，机插秧占比21.17%，直播占比0.07%。抛秧在水稻种植区中占据主流，主要原因是采用抛秧可以根据现实情况调整。一是水稻抛秧具有"一减四省两增"的优点，即减轻了劳动强度，省工、省

秧田、省种、省水,增产、增收。二是水稻抛秧栽培具有人工移栽同样的优点,如可以延长水稻生长季节、利用更多的光热资源、缓解前后茬作物的生长季节矛盾等。

表6 广东抽样地区水稻移栽与机械化采用情况比例均值

单位:%

		珠三角	东翼	西翼	山区	合计
移栽模式	人工插秧	17.27	75.00	0.00	61.00	32.95
	抛秧	24.75	0.00	100.00	27.86	35.41
	机插秧	47.63	0.00	0.00	0.00	21.17
	直播	0.04	0.50	0.00	0.00	0.07
机耕		100.00	100.00	100.00	100.00	100.00
机收		99.75	99.50	83.33	96.80	96.17
无人机打药		41.25	54.66	0.00	33.64	33.75
机械化采用情况		86.32	75.00	50.00	57.84	71.10

注:机械化采用情况为机插秧、机耕、机收和无人机打药采用情况的均值。
资料来源:根据2022年村委调查问卷整理。

从调研的地区分类看,珠三角地区主要采用抛秧与机插秧,采用人工插秧的占比17.27%,采用直播的占比0.04%。山区与东翼采用人工插秧占主流,西翼均采用抛秧。西翼的劳动力外出务工占比48%以上,由此可知,农村劳动力相对较为稀缺,更倾向于采用节省人工的耕作方式,而抛秧移栽方式相对于人工插秧,工作效率高,相对于机插秧,受到的地形地块特征约束较小,相对于直播,农户更易于操作与接受,因此农户更倾向于采用抛秧。

从机械化的角度分析,珠三角的平均机械化率为86.32%,东翼的平均机械化率为75.00%,西翼的平均机械化率为50.00%,山区的平均机械化率为57.84%,全省平均机械化率为71.10%。

从全程机械化的角度看,机插秧的平均值为21.17%,机耕的平均值为100%,机收的平均值为96.17%,无人机打药的平均值为33.75%。由此可知,机耕与机收的机械化水平高且普遍。然而,机插秧与无人机打药的机械化水平较低。无人机打药主要是在政府与市场的双重作用力下推广。

如图3所示，机耕与机收同时采用的比例基本相同，由此可知，机耕与机收的机械化受限制情况较小，农户对机耕机收的机械化认可度高。机插秧使用较少，主要原因如下。第一，采用机插秧对地块的要求高，需要大规模且平整的土地。第二，提供机插秧的社会化服务少。第三，大部分农户经营规模小，对插秧机的存有量少。无人机打药情况集中在粤东和珠三角地区，主要采用服务外包的形式。

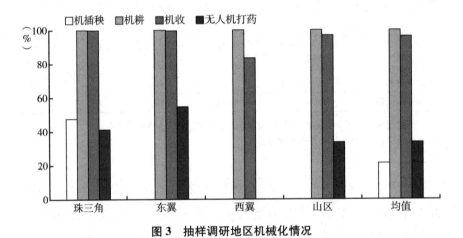

图3 抽样调研地区机械化情况

资料来源：根据2022年村委调查问卷整理。

（二）广东水稻生产户基本特征

从上文的分析已得知村级层面的水稻生产情况，本节主要从农户基本情况、劳动力及非农务工情况、耕地及土地流转情况、收入水平及收入构成、粮食自给率和销售情况以及农户家庭大米消费变化等方面分析广东水稻生产户的一些基本特征，通过对水稻生产户基本特征的分析，了解当前水稻生产者的基本情况、耕地及劳动力等水稻种植投入要素的情况、粮食家庭消费及销售情况等，对提高粮食产量、保障粮食安全具有重要意义。

1. 调查地区农户基本情况

从表7的全省情况来看，户均人口数为5.24人，其中户均劳动力数为3.52人，户均农业劳动力数仅1.64人，而务农农户的平均年龄达到58.44岁，整体上老龄化趋势明显，其受教育程度的均值为6.91年。总体而言，广东水稻生产户呈如下特点。一是50%以下的家庭劳动力参与农业生产，农户家庭可用劳动力较少。二是目前参与水稻生产的农户老龄化，文化程度整体上偏低，大多为小学、初中文化程度。三是从事农业生产的农户，农活普遍熟悉。由于这部分农户多年参与水稻生产，有丰富的种植经验，对农活的熟悉程度普遍较高。

表7 调查地区农户基本信息

	珠三角	东翼	西翼	山区	合计
户均人口数(人)	4.68	5.12	6.57	5.17	5.24
户均劳动力数(人)	3.23	3.05	4.23	3.57	3.52
户均农业劳动力数(人)	1.61	1.21	1.84	1.66	1.64
务农劳动力年龄均值(岁)	59.53	64.78	57.68	56.56	58.44
务农劳动力受教育程度均值(年)	6.78	3.47	7.15	7.55	6.91

资料来源：根据2022年广东水稻生产户调查问卷整理。

分地区来看，户均人口数最多的是西翼，为6.57人，最少的是珠三角，为4.68人，东翼和山区的户均人口数分别为5.12人和5.17人；其中户均劳动力数最多的是西翼，为4.23人，最少的是东翼，为3.05人，珠三角和山区的户均劳动力数分别为3.23人和3.57人，农户家庭可用劳动力受限。在户均农业劳动力数方面，最多的是西翼，为1.84人，最少的是东翼，为1.21人，山区和珠三角地区分别为1.66人和1.61人，户均农业劳动力数占户均劳动力数比例最高的为珠三角，为49.8%。务农劳动力平均年龄最小的是山区，为56.56岁，且受教育程度均值最高，为7.55年；东翼地区务农劳动力的平均年龄最大，已达到64.78岁，老龄化程度最高，且受教育程度均值最低，为3.47年；相比山区和东翼，西翼和珠三角地区处于两者的中间阶段，平均年龄分别为 57.68 岁和 59.53 岁，平均受教育程度分别为 7.15 年和 6.78 年。可见，广东省务农劳动力老龄化趋势明显，且文化程度在整体上较低。当前各地区从事农业生产的农户老龄化趋势普遍明显，文化程度整体上较低，仅山区和西翼地区的务农劳动力达到全省务农劳动力的平均文化程度。

从表 8 的全省情况来看，农户家庭户均总收入为 87388.33 元，户均农业经营性收入为 6706.68 元，户均种植业收入为 2642.49 元，户均养殖业收入为 3898.33 元，户均其他农业经营性收入为 1491.87 元，户均非农就业收入为 76637.13 元，户均财产或转移收入为 4044.52 元。整体而言，非农就业收入已成为农户家庭主要收入来源，农业经营性收入、种植业收入、养殖业收入、其他农业经营性收入等农业收入在家庭总收入的占比偏低。

表 8　家庭收入构成

单位：元

	珠三角	东翼	西翼	山区	合计
户均总收入	81460.31	75324.13	111736.16	81032.75	87388.33
户均农业经营性收入	9781.31	568.1	8494.92	7982.38	6706.68
户均种植业收入	6486.09	568.1	1261.74	2254.04	2642.49
户均养殖业收入	2927.34	0	7233.18	5432.8	3898.33
户均其他农业经营性收入	1904.75	161.9	1852.27	1192.11	1491.87
户均非农就业收入	66588.46	71901.2	99018.4	69040.54	76637.13
户均财产或转移收入	5090.58	2854.83	4222.84	4009.83	4044.52

注：户均农业经营性收入包括种植业、养殖业、农业务工、机械帮工，户均财产或转移收入包括养老金、退休金、集体分红、馈赠性收入、土地租金。

资料来源：根据 2022 年广东水稻生产户调查问卷整理。

分地区来看，农户家庭户均总收入最高的是西翼地区，为 111736.16 元；最低的是东翼地区，为 75324.13 元；珠三角地区户均总收入为

81460.31元，山区地区户均总收入为81032.75元。具体从各地区收入结构来看，一是农业经营性收入，户均农业经营性收入最高的为珠三角地区，为9781.31元，最低的为东翼地区，为568.1元，而山区和西翼地区的户均农业经营性收入分别为7982.38元、8494.92元。二是种植业收入，户均种植业收入最高的地区为珠三角地区，为6486.09元，最低的是东翼地区，为568.1元，而山区和西翼地区的户均种植业收入分别为2254.04元、1261.74元。三是养殖业收入，户均养殖业收入最高的地区为西翼，为7233.18元，其次是山区地区，为5432.8元，东翼地区没有养殖业收入。四是户均其他农业经营性收入，最高的是珠三角地区，为1904.75元，最低的则是东翼地区，为161.9元。五是非农就业收入，户均非农就业收入最高的是西翼地区，为99018.4元，其次是东翼地区，为71901.2元，而山区和珠三角地区的户均非农就业收入在6万~7万元范围内。六是户均财产或转移收入，最高的是珠三角地区，为5090.58元，最低的为东翼地区，仅2854.83元。调查表明，非农就业收入已成为全省各地区农户家庭收入的主要来源，相对而言，种植业收入、养殖业收入、其他农业经营性收入等农业生产收入偏低，已不再是农户家庭的主要收入来源。可见，农业生产收入在农户家庭总收入中的占比较低，农业收入副业化趋势明显，而非农就业收入已成为农户家庭的主要收入。

2. 劳动力及非农务工情况

从表9中的全省情况来看，户均非农务工数为2.08人，其中户均本省非农务工数为2.00人，户均外省非农务工数为0.08人，且人均非农务工时间为8.28个月。此外，户均迁移劳动力数为1.05人，其中户均男性迁移劳动力数为0.64人，占比60.95%，户均女性迁移劳动力数为0.41人，占比39.05%，迁移劳动力中的平均年龄仅为33.28岁，迁移劳动力平均外出时间为6.61年，表明男性劳动力在农村劳动力中的占比更高，留守农村参与农业生产的劳动力以女性为主。

表9 劳动力非农务工及迁移情况

	珠三角	东翼	西翼	山区	合计
户均非农务工数(人)	1.95	1.98	2.45	1.93	2.08
户均本省非农务工数(人)	1.82	1.98	2.34	1.87	2.00
户均外省非农务工数(人)	0.13	0	0.11	0.06	0.08
人均非农务工时间(月)	8.29	7.3	9.22	7.9	8.28
户均迁移劳动力数(人)	0.63	0.83	1.77	0.95	1.05
户均男性迁移劳动力数(人)	0.42	0.71	1.06	0.63	0.64
户均女性迁移劳动力数(人)	0.21	0.12	0.71	0.32	0.41
迁移劳动力年龄均值(岁)	34.54	33.03	33.56	32.16	33.28
人均迁移年数(年)	6.72	5.72	9.39	4.64	6.61

资料来源：根据 2022 年广东水稻生产户调查问卷整理。

总的来看，广东省劳动力及非农务工情况有如下特点。一是农村劳动力迁移趋势明显，省内非农务工已成为农村劳动力迁移的主要目的地。二是农村劳动力迁移以青壮年劳动力为主，且以农村男性劳动力居多，迁移劳动力外出年数较长。

分地区来看，在户均非农务工数方面，最少的是山区，仅为 1.93 人，珠三角地区为 1.95 人，东翼地区为 1.98 人，西翼地区为 2.45 人，50% 以上的户均劳动力数选择外出务工，农村劳动力迁移趋势明显。

（1）农村劳动力迁移地点

在农村劳动力迁移地点方面，各地区的户均本省非农务工数远远高于户均外省非农务工数，户均本省非农务工数占户均非农务工数的比例均超过 90%，其中占比最高的是东翼，达到 100%，省内非农务工已成为农村劳动力迁移的主流。此外，在人均非农务工时间上，各地区均在 7 个月以上，最长的是西翼地区，为 9.22 个月，最短的是东翼地区，为 7.3 个月，山区和珠三角地区分别为 7.9 个月和 8.29 个月，表明这一部分农村劳动力以非农务工为主，不参与或者极少参与到农业生产中。

（2）迁移劳动力数

在迁移劳动力数方面，珠三角地区的户均迁移劳动力数最少，为 0.63 人，其中户均男性迁移劳动力数为 0.42 人，户均女性迁移劳动力数为 0.21

人;而西翼的户均迁移劳动力数最多,为 1.77 人,户均男性迁移劳动力数为 1.06 人,户均女性迁移劳动力数为 0.71 人;山区的户均迁移劳动力数为 0.95 人,户均男性迁移劳动力数为 0.63 人,户均女性迁移劳动力数为 0.32 人;东翼地区的户均迁移劳动力数为 0.83 人,户均男性迁移劳动力数为 0.71 人,户均女性迁移劳动力数为 0.12 人。除西翼地区外,其他三个地区的户均男性迁移劳动力数占户均迁移劳动力数的比例均超过 60%,而西翼地区的户均男性迁移劳动力数占户均迁移劳动力数的比例也超过 50%,表明当前农村劳动力迁移以男性劳动力为主,女性劳动力也存在迁移现象,但其迁移劳动力数与男性劳动力相比较少。

(3)迁移劳动力年龄

各地区迁移劳动力的平均年龄均未超过 35 岁,其中迁移劳动力年龄均值最低的是山区,为 32.16 岁,最高的是珠三角地区,为 34.54 岁,农村劳动力迁移以青壮年劳动力为主,老年人留守家中从事农业生产。各地区迁移劳动力的人均迁移年数最短的为山区,为 4.64 年,人均迁移年数最长的为西翼地区,为 9.39 年,东翼地区、珠三角地区的人均迁移年数也均在 5 年以上,表明当前农村劳动力迁移的情况普遍存在,且迁移时间较长。

(三)耕地及耕地流转情况分析

从表 10 中的数据来看,全省的户均耕地面积为 4.48 亩,户均地块数量为 7.55 块,而耕地块均面积仅为 0.59 亩,耕地整体情况较为细碎化,户均撂荒耕地面积为 0.11 亩;在土地流转方面,户均耕地流转面积为 1.67 亩,户均耕地转入面积远远大于户均耕地转出面积,但亩均流转租金仅为 177.79 元。

表 10 耕地及耕地流转情况

	珠三角	东翼	西翼	山区	合计
户均耕地面积(亩)	5.24	1.35	4.76	4.31	4.48
户均地块数量(块)	5.77	1.69	14.05	7.5	7.55
耕地块均面积(亩)	0.91	0.8	0.34	0.57	0.59
户均耕地流转面积(亩)	2.24	0.23	1.41	1.57	1.67
户均耕地转入面积(亩)	1.56	0.11	1.08	1.21	1.22

续表

	珠三角	东翼	西翼	山区	合计
户均耕地转出面积(亩)	0.68	0.12	0.33	0.36	0.45
亩均流转租金水平(元)	219.3	127.27	63.28	124.39	177.79
户均撂荒耕地面积(亩)	0.03	0.02	0.14	0.21	0.11

资料来源：根据 2022 年广东水稻生产户调查问卷整理。

总体而言，广东省耕地及土地流转情况具有如下特点。一是耕地细碎化程度较高。二是土地流转情况普遍，户均耕地转入面积远大于户均耕地转出面积，但土地流转市场不完善。三是耕地撂荒情况普遍存在。现就耕地及土地流转情况的三个特点分地区、分内容来具体分析。

1. 耕地细碎化情况

分地区来看，除珠三角外，山区、西翼、东翼三地的户均耕地面积均在 5.00 亩以下，户均地块数量有些地区在 10 块以上，使得耕地块均面积小，除珠三角地区外，均在 0.9 亩以下，尤其是西翼，耕地均块面积仅为 0.34 亩，细碎化严重；而山区的户均耕地面积为 4.31 亩，且由于户均地块数量在 7.5 块，使得耕地块均面积为 0.57 亩，同样存在耕地细碎化。

2. 耕地流转情况

分地区来看，各地区都存在耕地流转现象，但户均耕地转入面积远远大于户均耕地转出面积，且各地区的亩均流转租金不同且差异较大，其中亩均流转租金最高的是珠三角地区，为 219.3 元，而西翼地区的亩均流转租金仅为 63.28 元，地区之间的亩均流转租金水平存在较大差距。可见，耕地流转现象普遍存在，但耕地流转市场发展却不完善，各地区存在较大差异，"零租金"的耕地流转情况在农村更为常见。全省及各地区的耕地流转具体情况需要通过调查数据进一步分析，主要从耕地流转对象、耕地流转时间及期限、耕地流转中介及合同形式、耕地流转后规模及用途四个方面进行具体阐述。

3. 耕地抛荒情况

各地区均存在耕地抛荒现象。全省调查地区的户均撂荒耕地面积为 0.11 亩，各地区的户均撂荒耕地面积在 0.02 ~ 0.21 亩，西翼地区、山区的户均撂荒耕地面积较珠三角、东翼地区大。耕地撂荒现象的出现，使得耕地种植面积进一步减少。农户家庭撂荒耕地的原因需要进一步深入了解，全省调研地区因"路途太远、太偏僻"而撂荒耕地的农户家庭户数最多，占比接近38%，原因为"其他""缺乏水源或容易涝灾"次之；"虫害、鼠害、野兽""土壤质量不好""种田没效益"等也是影响农户选择撂荒耕地的原因。分地区来看，各地区也多是由于"路途太远、太偏僻""缺乏水源或容易涝灾""其他"等自然条件影响选择耕地撂荒（见表11）；但调研发现，山区和西翼地区农户家庭耕地撂荒的户数远多于珠三角、东翼地区，这与广东各地区之间不同的自然条件相关。

表 11　农户家庭耕地撂荒原因

单位：%

耕地撂荒原因	珠三角	东翼	西翼	山区	合计
路途太远、太偏僻	53.33	0.00	28.95	38.62	37.26
虫害、鼠害、野兽	0.00	0.00	7.89	3.59	4.46
缺乏水源或容易涝灾	0.00	0.00	18.42	31.47	23.49
土壤质量不好	10.00	0.00	7.89	0.00	4.05
种田没效益	10.00	0.00	0.00	0.00	0.81
其他	26.67	100	36.84	25.71	29.84

资料来源：根据2022年广东水稻生产户调查问卷整理。

（四）农户粮食自给率、销售及家庭消费情况

1. 农户粮食自给率

从图4各地区粮食自给率情况来看，全省的农户家庭粮食自给率达到94.22%，各地区的粮食自给率除了东翼地区，其他地区均在90%以上，尤其是山区地区，粮食自给率达到97.59%。可见，农户种植水稻的主要目的之一是满足家庭口粮需求，且全省大部分农户种植水稻所得产出能够满足家庭需求。

2. 大米消费量变化情况

此外，全省调研地区过去10年家庭大米消费量不变的农户家庭为279

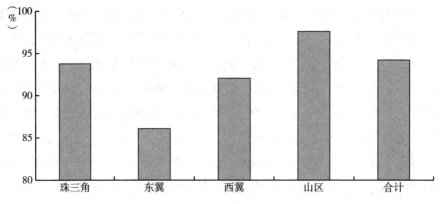

图 4 各地区粮食自给率情况

资料来源：根据 2022 年广东水稻生产户调查问卷整理。

户，占全部调研农户家庭的 58.61%，大米消费量减少的农户家庭为 113 户，占比 23.74%，而大米消费量增多的农户家庭为 84 户，占比 17.65%；从各地区来看，过去 10 年家庭大米消费量大多数不变或减少，少数农户的需求量有所增多（见表 12）。可见，广东各地区对大米的需求量基本保持不变，多数农户家庭的粮食生产能够满足家庭需要。

表 12 过去 10 年家庭大米消费量变化情况

单位：%

地区	增多	不变	减少
珠三角	11.86	67.80	20.34
东翼	14.63	58.54	26.83
西翼	27.27	53.41	19.32
山区	19.28	51.81	28.92
合计	17.65	58.61	23.74

资料来源：根据 2022 年广东水稻生产户调查问卷整理。

3. 稻谷销售情况

农户种植水稻所得的稻谷除了满足家庭口粮需求外，剩余稻谷一般通过销售以获得收益。从表 13 稻谷销售情况来看，全省多数农户家庭稻谷销售渠道选择商贩上门收购，占比 51.2%。除了东翼，各地区选择稻谷销售渠道为商贩上门收购方式的占比均在 40% 以上，商贩上门收购方式既节省了农户运输稻谷进行销售的运输费，又节省了农户选择自己碾米出售的加工费，是当前较多农户选择销售稻谷的较好渠道。此外，也有部分农户选择国营粮库、当地粮食加工厂、自己碾米出售、公司合同价收购、合作社销售等多种渠道进行稻谷销售，以此获得种植水稻的经济收益。而在选择稻谷是否进行销售时，全省调查地区农户家庭选择稻谷销售户数占比 47.1%，山区、西翼、珠三角地区稻谷销售户数占比分别为 44.24%、28.41%、65.54%，占比最小的是东翼，仅为 20.00%，这也与各地区的粮食自给率情况相符合，能够满足家庭口粮需求的农户家庭，则有剩余稻谷进行销售。在销售稻谷时，全省调查地区农户家庭选择湿谷销售的占比较小，仅为 4.91%。各地区农户选择湿谷销售占比最大的是珠三角，为 8.07%，东翼地区无农户选择湿谷销售，表明湿谷销售的市场无法与干谷销售相比，这也促使农户在稻谷晾晒环节需要付出劳力。

表 13 稻谷销售情况

单位：%

地区	稻谷销售渠道选择户数占比						湿谷销售占比	稻谷销售户数占比
	国营粮库	当地粮食加工厂	商贩上门收购	自己碾米出售	公司合同价收购	合作社销售		
珠三角	9.43	10.25	59.86	0.82	0.82	0.82	8.07	65.54
东翼	10.00	10.00	0.00	0.00	0.00	0.00	0.00	20.00
西翼	9.25	3.70	49.95	0.00	3.70	0.00	6.58	28.41
山区	0.00	9.68	44.82	2.7	0.38	0.00	1.09	44.24
合计	6.00	9.4	51.2	1.4	0.79	0.40	4.91	47.1

资料来源：根据 2022 年广东水稻生产户调查问卷整理。

四 广东水稻种植模式及技术采用特征

本节主要对调查地区水稻种植模式及技术采用进行分析，主要内容包

括水稻种植模式、品种采用情况、农业生产中的劳动力雇佣与机器烘干情况。

（一）水稻种植模式

表14为广东省水稻种植模式调查的情况。综合来看，珠三角地区的机械化率最高，其中机插秧种植占全省全部耕种土地面积的38.98%。

表14 广东省水稻种植模式调查情况

单位：%

种植模式	珠三角	东翼	西翼	山区	合计
机耕	91.62	92.43	61.42	75.10	92.06
机收	91.44	90.47	50.84	77.17	90.29
机插秧	38.98	5.31	0.55	0.00	20.09
飞防	25.86	0.00	0.00	5.59	15.27

资料来源：根据2022年广东水稻生产户调查问卷整理。

1. 机耕

机耕是通过机器进行翻耕，将压实板结的表层土壤连同地表杂草、残茬、虫卵、草籽、绿肥或厩肥等一起埋到沟底，起到松碎土壤，改善耕层结构，促进土壤中的水、肥、气、热相互协调，消灭杂草和病虫，提高土壤肥力的作用，为作物生长发育创造良好的土壤条件。

调查显示，广东省的机耕率为92.06%。其中东翼的机耕比例最高，为92.43%；珠三角地区次之，占比91.62%；山区机耕比例为75.10%；西翼机耕比例最低，为61.42%。本次调查的机耕率与往年相比略低，其原因可能与随机抽样调查有关，抽取的农户小农户占比大，且其中有部分农户以传统耕作为主。

2. 机收

机收的调查情况与机耕情况相似，总机收占比90.29%。其中珠三角地区的机收比例最高，为91.44%；东翼次之，占比90.47%；山区机收比例为 77.17%；西翼机收比例最低，为 50.84%。

3. 机插秧

机插秧的比例较低，在调查中只有珠三角地区以及东翼和西翼极小部分土地使用机插秧。总机插秧比例为 20.09%，其中，珠三角地区的机插秧占比 38.98%，东翼机插秧占比 5.31%，西翼机插秧占比 0.55%，山区机插秧占比为 0。

4. 播种方式

水稻种植中可采用的播种方式多样，本次调查分为五种播种方式，分别为机插秧、人工插秧、抛秧、机器直播以及人工直播。调查发现，珠三角是机插秧采用比例最高的地区，为 38.98%，部分采用人工插秧和抛秧的播种方式，直播面积较少；东翼是采用人工插秧比例最高的地区，为 87.13%，其余的一小部分土地采用机插秧；西翼是使用抛秧比例最高的地区，为 49.70%，其次是人工插秧，占比 14.97%，很小一部分土地采用机插秧和人工直播的方式；山区使用人工插秧比例最高，为 64.78%，其余多是采用抛秧的方式，同时有少量土地采用人工直播（见表 15）。

表 15　广东省水稻播种方式调查情况

单位：%

播种方式	珠三角	东翼	西翼	山区	合计
机插秧	38.98	5.31	0.55	0.00	20.09
人工插秧	25.47	87.13	14.97	64.78	43.80
抛秧	21.05	0.00	49.70	14.48	27.51
机器直播	8.23	0.00	0.00	0.00	4.18
人工直播	0.02	0.00	2.94	0.76	0.97

资料来源：根据 2022 年广东水稻生产户调查问卷整理。

5. 施药方式

本次调查水稻的农药施用方式包括手摇式施药、半自动施药（燃油或电动）和飞防（无人机施药）。由表 16 的施药调查情况统计可知，各区域

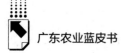
施药方式区别较大。珠三角采用手摇式施药的比例最高，为36.44%，其余采用飞防和半自动施药的比例接近1∶1；东翼大部分采用的是手摇式施药，占比87.52%，少部分采用半自动施药，仅占4.91%，飞防比例为0；西翼施药方式中手摇式施药最高，占比53.49%，其次为半自动施药，占比15.93%，飞防比例为0；山区采用手摇式施药占比40.85%，其余的土地采用半自动施药的比例为12.34%，飞防比例是除珠三角外最高的地区，为5.59%。

表16 广东省施药方式调查情况

单位：%

施药方式	珠三角	东翼	西翼	山区	合计
手摇式施药	36.44	87.52	53.49	40.85	49.00
半自动施药	26.07	4.91	15.93	12.34	21.73
飞防	25.86	0.00	0.00	5.59	15.27

资料来源：根据2022年广东水稻生产户调查问卷整理。

（二）品种采用情况

早中晚稻种植品种采用情况如表17所示。珠三角倾向于种植常规优质稻，东翼、西翼和山区的农户偏向于种植杂交优质稻，其中西翼有八成以上的农户会选择种植杂交优质稻。

表17 早中晚稻种植品种采用情况

品种采用情况			珠三角(%)	东翼(%)	西翼(%)	山区(%)	合计(亩)	占比(%)
早稻	杂交	优质	15.33	53.89	88.75	61.41	604.42	41.49
		普通	3.08	23.16	11.25	5.39	83.9	5.76
	常规	优质	52.83	15.09	—	29.18	527.18	36.19
		普通	28.75	7.86	—	4.02	241.22	16.56
	合计(亩)		772.36	47.06	253.39	383.91	1456.72	100

续表

品种采用情况			珠三角(%)	东翼(%)	西翼(%)	山区(%)	合计(亩)	占比(%)
中稻	杂交	优质	—	—	100	65.92	64.83	66.20
		普通	—	—	—	20.28	19.7	20.12
	常规	优质	—	—	—	13.80	13.4	13.68
		普通	—	—	—	—	—	—
	合计(亩)		—	—	0.8	97.13	97.93	100
晚稻	杂交	优质	20.11	43.51	90.35	79.41	349.86	48.64
		普通	5.21	31.77	9.65	4.22	46.97	6.53
	常规	优质	51.20	18.09	—	15.70	229.98	31.97
		普通	23.48	6.62	—	0.67	92.44	12.85
	合计(亩)		381.81	22.66	121.21	193.57	719.25	100

资料来源：根据 2022 年广东水稻生产户调查问卷整理。

（三）农业生产中的劳动力雇佣与机器烘干情况

表 18 是劳动力雇佣与机器烘干等的采用情况。调研的农户中有 12.29% 的农户选择雇佣劳动力，其中珠三角地区与山区的农户更需要雇佣劳动力来实现粮食生产。有 87.29% 的农户选择采用雇用机收服务进行收割，其中珠三角地区及山区机收比例达到 90% 以上。采用机耕服务的农户占 60.17%，其中东翼的占比最高，为 79.49%。采用统一育秧服务的农户比例极低，各地均在 2% 左右。烘干服务及粮食代存服务普及率不高，采用的农户占比均为 0。

表 18 劳动力雇佣与机器烘干等的采用情况

采用情况	珠三角(%)	东翼(%)	西翼(%)	山区(%)	合计(户)	占比(%)
雇佣劳动力	15.08	5.13	4.55	15.06	58	12.29
机耕服务	78.21	79.49	14.77	60.24	284	60.17
统一育秧服务	2.23	2.56	1.14	1.20	8	1.69
机插秧服务	28.49	5.13	1.14	0	54	11.44
无人机喷洒农药	34.08	0	0	36.75	122	25.85

续表

采用情况	珠三角(%)	东翼(%)	西翼(%)	山区(%)	合计(户)	占比(%)
机收服务	92.18	76.92	70.45	93.37	412	87.29
烘干服务	0	0	0	0	0	0
粮食代存服务	0	0	0	0	0	0
合计(户)	179	39	88	166	472	——

资料来源：根据 2022 年广东水稻生产户调查问卷整理。

五 农户水稻种植意愿、流转意愿和生产风险

随着农村劳动力的流失和农村人口老龄化的加剧，当前农村中农户种粮热情不断下降。另外，由于传统小农赋予土地极大的保险功能等原因，农村土地流转较为困难，不利于推进土地适度规模经营和发展大户经营。农户种植意愿和土地流转意愿关系广东省粮食安全保障，利用调研数据进行深入分析具有重要意义。另外，本节同样对调研地区在水稻种植过程中遇到的自然灾害及水稻保险情况进行了分析，自然灾害是影响水稻产量的关键因素，对自然灾害情况进行深入分析是了解农户水稻种植详情和制定稳产政策的重要前提。

（一）农户水稻种植意愿

1.农户水稻生产目的

农户从事水稻生产一般要么满足家庭粮食需求，要么用于销售，以获得收入。从表 19 可以看出，广东农户种植水稻的目的主要是满足口粮需求，比例达到 84.55%。农户观点如下："为了不让地荒掉，亏本都要种，要对得起良心"（清远市连山壮族瑶族自治县福堂镇新联村）、"喂养家禽"（茂名市高州市沙田镇赤坎村）、"不种的话田就浪费了，地荒了很难处理"（清远市连山壮族瑶族自治县福堂镇太平村）、"自己种的放心"（梅州市蕉岭县三圳镇河西村）、"锻炼身体"（云浮市罗定市华石镇双豆村）等。

表 19　水稻种植户种植水稻目的情况

种植水稻目的	珠三角(%)	东翼(%)	西翼(%)	山区(%)	合计(户)	占比(%)
满足口粮需求	80.90	82.86	87.36	87.35	394	84.55
没有其他就业	9.55	17.14	12.64	4.22	41	8.80
获得利润	7.87	0.00	0.00	4.22	21	4.51
以农为乐	0.56	0.00	0.00	1.20	3	0.64
其他	1.12	0.00	0.00	3.01	7	1.50
合计(户)	178	35	87	166	466	100

资料来源：根据 2022 年广东水稻生产户调查问卷整理。

表 20 表示的是主要目的为口粮需求的农户，不从市场上购买粮食代替家庭生产的原因，其中，自己种的粮食好吃和自己种的粮食安全的农户占比最高，分别为 48.64% 和 43.46%。其次是市场购买价格太高，自己种便宜，占比 28.15%。还有一部分农户考虑的是粮食安全性的问题，家里有粮食是十分重要的。此外，没有其他收入来源也是一部分农户自己种粮而不买粮的原因。其他的原因包括照顾老人小孩、家中有土地就种粮、劳动光荣、认为种田很光荣等。

表 20　为什么不从市场购买代替自己种粮的原因

自己种粮的原因	珠三角(%)	东翼(%)	西翼(%)	山区(%)	合计(户)	占比(%)
市场购买价格太高,自己种便宜	18.18	16.67	22.41	19.00	114	28.15
自己种的粮食安全	28.14	29.17	29.31	31.50	176	43.46
自己种的粮食好吃	35.93	35.42	32.76	29.50	197	48.64
家里有粮,心里不慌	7.79	4.17	6.03	6.50	40	9.88
没有其他收入来源	3.03	4.17	1.73	4.50	20	4.94
其他	6.93	10.40	7.76	9.00	48	11.85
合计(户)	231	48	116	200	405	—

资料来源：根据 2022 年广东水稻生产户调查问卷整理。

2. 农户种粮意愿

种植水稻的农户中，62.96% 的农户有剩余粮食，31.26% 的农户生产的粮食刚好满足家庭需求，还有 5.78% 的农户不能满足家庭粮食供给。针对未来家中年轻人是否会从事农业的问题，大多数被调查的种植户认为家中的年轻人以后不会再从事农业，占比 76.43%。17.62% 的种植户不能确定家中年轻人未来是否会从事农业。只有 5.95% 的农户认为家中年轻人未来会从事农业，与 2021 年调查问卷相比下降了 2.07 个百分点（见表21）。农业生产"后继无人"的情况越来越严重，种粮主体转型变得越来越重要。

表21 水稻种植户生产水稻满足口粮及从事农业情况

地区		口粮满足情况				年轻人未来是否会从事农业			
		有剩余（%）	满足（%）	不能满足（%）	合计（户）	会（%）	不会（%）	不确定（%）	合计（户）
珠三角		40.14	33.56	40.74	178	53.57	38.06	32.53	179
东翼		4.08	13.01	18.52	36	3.57	9.17	7.23	40
西翼		14.97	24.66	25.93	87	17.86	18.33	18.07	86
山区		40.81	28.77	14.81	166	25.00	34.44	42.17	166
合计	频数（户）	294	146	27	467	28	360	83	471
	占比（%）	62.96	31.26	5.78	100	5.95	76.43	17.62	100

资料来源：根据 2022 年广东水稻生产户调查问卷整理。

对未来 5 年水稻种植户是否还会从事水稻生产的调查显示，大多数农户表示会继续从事水稻生产，占比 64.76%，23.35% 的农户表示不确定，仅有 11.89% 的农户认为 5 年后不会继续从事水稻种植。与 2021 年农户调查问卷相比，5 年后继续从事水稻种植的农户下降 10.63 个百分点，5 年后不会从事水稻种植的农户上升 2.8 个百分点，短期内的种粮意愿有所降低。

对未来 10 年水稻种植户是否还会从事水稻生产的调查中，35.88% 的农户认为仍然会种植水稻，认为不确定的农户占比 44.59%，19.53% 的农户则认为不会从事种植水稻（见表22）。现在种粮的农户未来很可能继续种粮，但是随着年龄的增长，农户水稻种植意愿呈现下降的趋势，当期必须考虑未来谁来种粮的问题。

表22 未来5年和未来10年的种粮意愿

地区	未来5年				未来10年			
	会(%)	不会(%)	不确定(%)	合计(户)	会(%)	不会(%)	不确定(%)	合计(户)
珠三角	42.62	42.86	22.74	179	43.79	46.74	29.52	179
东翼	4.92	12.50	15.45	39	5.33	11.96	9.05	39
西翼	17.71	17.86	20.9	87	14.20	14.13	23.81	87
山区	34.75	26.78	40.91	166	36.68	27.17	37.62	166
合计 频数(户)	305	56	110	471	169	92	210	471
合计 占比(%)	64.76	11.89	23.35	100	35.88	19.53	44.59	100

资料来源：根据2022年广东水稻生产户调查问卷整理。

（二）农户土地流转意愿和规模化种植意愿

1.土地转出意愿

表23表示的是农户土地转出合意租金情况，5.76%的农户愿意以每年每亩100元及以下的价格转出土地，4.05%的农户愿意以每年每亩101~200元的价格转出土地，7.46%的农户愿意以每年每亩201~300元的价格转出土地，26.23%的农户愿意以每年每亩301~500元的价格转出土地，32.19%的农户愿意以每年每亩501~1000元的价格转出土地，24.31%的农户愿意以每年每亩1000元以上的价格转出土地。可见，市场经济的大背景下，只要价格合适，农户就会把土地流转出去。

表23 农户土地转出合意租金情况

土地转出合意租金	珠三角(%)	东翼(%)	西翼(%)	山区(%)	合计(户)	占比(%)
100元及以下	5.59	23.68	3.45	3.03	27	5.76
101~200元	4.47	13.16	3.45	1.82	19	4.05
201~300元	8.94	7.89	4.60	7.27	35	7.46
301~500元	25.70	2.64	28.73	30.9	123	26.23
501~1000元	34.63	7.89	25.29	38.79	151	32.19
1000元以上	20.67	44.74	34.48	18.19	114	24.31
合计(户)	179	38	87	165	469	—

资料来源：根据2022年广东水稻生产户调查问卷整理。

对于选择价格合适就会出租的农户而言,在考虑到土地租金要根据土地生产力和种植的作物、便利性和产生的利润,土地租金一般不能高于其他村民耕作土地的最高利润,太高可能租不出去的前提下,按照一般亩产水平土地为标准,转出土地用于水稻生产,每年一租,农户愿意接受的合意租金均值为601.44元/亩。在此租金水平下,愿意出租土地的面积均值为3.05亩(见表24)。

表24 农户转出的意愿租金与意愿亩数

具体意愿		珠三角	东翼	西翼	山区	合计
意愿租金	均值(元/亩)	614.30	287.5	617.41	609.57	601.44
	频数(户)	135	12	56	140	343
意愿亩数	均值(亩)	3.68	1.84	2.35	2.84	3.05
	频数(户)	133	12	56	140	341

资料来源:根据2022年广东水稻生产户调查问卷整理。

还有一部分价格再高也不愿意流出的农户,大部分都是因为自己有种粮需求,种植水稻能够满足家庭口粮需求。其他不愿流出的原因有自己要种、自己要靠土地维持生计、感觉自己种更划算等。农户对此表示"这是生产队的地,不能随便租出去"(肇庆市高要区大湾镇古西村)、"要维持生活所需"(清远市连山壮族瑶族自治县福堂镇新联村)、"自己要种"(江门市恩平市牛江镇昌梅村)、"自己要有田种米吃,不然要饿死,多少钱都不租"(汕头市潮阳区西胪镇波美村)、"租了地没有米吃"(茂名市高州市沙田镇赤坎村)等。

2. 土地转入意愿

表25表示的是农户土地转入合意租金情况,75.96%的农户愿意以每年每亩100元及以下的价格转入土地,6.17%的农户愿意以每年每亩101~200元的价格转入土地,5.53%的农户愿意以每年每亩201~300元的价格转入土地,8.30%的农户愿意以每年每亩301~500元的价格转入土地,2.98%的农户愿意以每年每亩501~1000元的价格转入土地,1.06%的农户愿意以每年每亩1000元以上的价格转入土地。

表25　农户土地转入合意租金情况

土地转入合意租金	珠三角(%)	东翼(%)	西翼(%)	山区(%)	合计(户)	占比(%)
100 元及以下	66.48	86.85	71.26	86.14	357	75.96
101~200 元	8.94	5.26	4.60	4.22	29	6.17
201~300 元	8.38	7.89	4.60	2.41	26	5.53
301~500 元	10.61	0.00	10.34	6.63	39	8.30
501~1000 元	3.91	0.00	6.90	0.60	14	2.98
1000 元以上	1.68	0.00	2.30	0.00	5	1.06
合计(户)	179	38	87	166	470	—

资料来源：根据 2022 年广东水稻生产户调查问卷整理。

对于价格合适就会租入土地的农户，给出以下前提"如果有人愿意租赁给您土地，按照一般亩产水平土地为标准，转出土地用于水稻生产，每年一租"，农户意愿租入的租金均值为 337.91 元/亩，意愿租入的耕地面积均值为 13.43 亩（见表26）。

表26　农户转入的意愿租金与意愿亩数

具体意愿		珠三角	东翼	西翼	山区	合计
意愿租金	均值(元/亩)	323.63	220	404.85	313.91	337.91
	频数(户)	59	5	27	23	114
意愿亩数	均值(亩)	19.49	1.58	11.19	3.61	13.43
	频数(户)	57	5	27	23	112

资料来源：根据 2022 年广东水稻生产户调查问卷整理。

没有转入意愿的农户最主要是因为年纪大了种不了（更多的土地），种粮的农户平均年龄为 56.74 岁，老龄化情况明显，这一部分的人没有大规模种植的能力，因此不愿意转入更多土地进行种植。此外，还有 17.08% 的农户表示自己种的粮食已经满足了家庭的需求，不愿意转入更多土地，也有 21.36% 的农户认为种田的成本高，种地不赚钱，种更多的田会亏本（见表27）。其他的不愿意转入的原因还有家中劳动力不足、不想种田没精力等。农户对此认为

"年纪大了种不了"（清远市连山壮族瑶族自治县福堂镇太平村）、"家里没人种"（江门市台山市白沙镇下屯村）、"自己的都不想种"（茂名市信宜市金垌镇良耿村）、"没时间，要带小孩"（梅州市蕉岭县三圳镇河西村）、"当地租土地不花钱的"（清远市连山壮族瑶族自治县福堂镇新联村）等。

表 27　不愿意转入的农户的原因

不愿转入原因	珠三角(%)	东翼(%)	西翼(%)	山区(%)	合计(户)	占比(%)
种地不赚钱	18.88	36.84	15.87	22.08	85	21.36
年纪大了种不了	50.35	52.64	44.44	50.65	198	49.75
种的粮食已经够吃了	18.88	5.26	20.64	16.88	68	17.08
其他原因	11.89	5.26	19.05	10.39	47	11.81
合计(户)	143	38	63	154	398	——

资料来源：根据 2022 年广东水稻生产户调查问卷整理。

表 28 表示转出与转入农户的意愿年限情况，有 48.82% 的价格合适就把土地租出去的农户认为可以设置流转年限为 5 年以上，而愿意短期出租的农户仅占 4.44%。对于意愿转入的农户来说，年限设置在每年一租的农户比例比转出户多，转入的农户要降低流转风险，因而更倾向于短期的流转。

表 28　转出与转入农户的意愿年限情况

地区		转出意愿年限				转入意愿年限			
		每年一租(%)	2~5 年(%)	5 年以上(%)	合计(户)	每年一租(%)	2~5 年(%)	5 年以上(%)	合计(户)
珠三角		29.41	40.78	38.50	150	42.42	49.38	45.24	73
东翼		5.88	2.79	5.88	17	3.03	4.94	7.14	8
西翼		5.88	18.44	18.72	69	45.45	22.22	28.57	45
山区		58.83	37.99	36.90	147	9.10	23.46	19.05	30
合计	频数(户)	17	179	187	383	33	81	42	156
	占比(%)	4.44	46.74	48.82	100	21.15	51.92	26.93	100

资料来源：根据 2022 年广东水稻生产户调查问卷整理。

3. 农户规模化种植意愿

如表29所示，在是否有计划发展规模化水稻种植的调查中，85.96%的种植户没有计划发展规模化的水稻种植，只有7.02%的种植户有此计划，7.02%的种植户不确定。

表29　水稻种植户是否计划规模化发展水稻种植

规模化种植意愿	珠三角(%)	东翼(%)	西翼(%)	山区(%)	合计(户)	占比(%)
是	7.30	2.56	6.90	7.83	33	7.02
否	84.27	97.44	89.67	83.13	404	85.96
不确定	8.43	0.00	3.45	9.04	33	7.02
合计(户)	178	39	87	166	470	100

资料来源：根据2022年广东水稻生产户调查问卷整理。

（三）水稻生产的灾害影响及保险

1. 2022年水稻生产受灾情况

表30描述的是2022年水稻生产灾害情况，珠三角、东翼、西翼、山区没有受到自然灾害影响的水稻种植面积分别占总面积的31.71%、81.08%、53.49%、37.93%，受到台风影响的种植面积分别占总面积的38.42%、1.65%、22.35%、31.61%；其中，珠三角受到的台风灾害最为严重，倒伏率均值为21.18%，自然灾害对水稻生产影响较为严重。

表30　2022年水稻生产的灾害影响情况

受灾情况	珠三角(%)	东翼(%)	西翼(%)	山区(%)	合计(亩)
没有影响	31.71	81.08	53.49	37.93	1278.58
水灾	17.29	2.35	8.98	11.82	471.39
旱灾	11.68	14.92	15.18	18.64	479.96
台风	38.42	1.65	22.35	31.61	1108.33
冻害	0.90	0.00	0.00	0.00	16.10
倒伏	21.18	2.52	11.82	14.21	16.97
总面积(亩)	1509.73	93.08	506.326	871.41	2980.546

资料来源：根据2022年广东水稻生产户调查问卷整理。

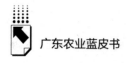

2. 水稻保险情况

表31表示的是水稻种植保险购买情况，从表37中数据可以看出，有79.62%的种植户知道水稻种植保险，72.82%的农户2021年购买了水稻种植保险。认为有必要购买水稻种植保险的农户占比32.23%，认为没必要的占比19.19%，认为无所谓的农户占比48.58%。

表31　2022年水稻种植保险情况

保险情况	珠三角（%）	东翼（%）	西翼（%）	山区（%）	合计（户）	占比（%）
知道水稻种植保险	81.01	43.59	80.46	86.14	375	79.62
有必要	63.33	17.95	80.23	65.06	298	32.23
没必要	24.45	53.84	11.63	24.10	115	19.19
无所谓	12.22	28.21	8.14	10.84	58	48.58
2021年购买水稻种植保险	74.86	18.92	73.56	83.13	343	72.82
合计（户）	179	39	87	166	471	—

资料来源：根据2022年广东水稻生产户调查问卷整理。

六　广东水稻产业存在的问题及建议

（一）广东省水稻产业发展存在的问题

1. 耕地细碎化和租期短期化限制了大户种粮积极性

粮食规模生产虽然存在一定的规模优势，但由于需要从不同农户来租赁土地，地块异常分散，田间作业成本较高，如无人机防治往往在连片10亩以上耕地作业。另外，他们租赁的土地多为短期，合同多为一年一签，经营期限不稳定，导致种植大户难以自己购置农机，需依赖于市场租赁，从而增加了经营成本。租期较短，也带来租金变动的问题，总体呈上涨趋势，特别是经济发达地区，租金涨得更快，相比较其他经济作物，粮食生产更加显得没有竞争力。

2. 丘陵山区地形地貌限制和灌溉条件恶化限制了水稻生产

广东绝大部分地区水田位于丘陵山区，地块小，缺乏机耕路，中型和大型机械难以进入耕地，而合适的小型机械又缺乏，插秧和收割环节依然要依赖人工。在劳动力迁移背景下，人工成本不断上涨，必然导致原来的生产方式难以为继，从而在丘陵地区，农田抛荒现象很普遍。抛荒之后，杂草生长和水路不通导致周边农田进一步抛荒。笔者调查中在部分地区看到连片土地抛荒，重要的原因在于农田周边水利年久失修，导致耕地容易被淹或灌溉用水难以保证。

3. 水稻种植户劳动力非农化和老龄化现象普遍，粮食生产以自给为主

和全国类似，农村家庭劳动力多外出务工经商，家庭收入的75%以上依赖非农收入，留在家务农的多为老人，从事水稻生产的平均年龄在55岁左右，老龄化现象普遍。调查户种植水稻主要为家庭内部消费，满足家庭粮食供给即可，并不特意追求产量，由于主要依靠家庭老人经营，粗放式管理现象普遍，打药靠水枪、耕田靠锄头、插（抛）秧靠人力的现象还比较普遍。

4. 土地流转市场的缺乏制约粮食生产

广东地处经济发达地区，人均耕地较少，农户普遍重视土地承包权经营权，在较多地方出现宁可将土地抛荒也不愿意将土地流转的现象。土地细碎化也限制了耕地的流转。当前粮食生产必须有规模才能有效益，如果土地流转受到限制，大户难以发展，粮食生产势必受到影响，耕地流转需求不足反过来也限制土地流转。

（二）稳定广东粮食生产的主要政策建议

一是持续完善农业支持政策。推动种粮大户补贴和土地流转补贴，使土地流转起来，让种粮的人得到补贴，提高大户种粮积极性。

二是大力推动农田整理和完善基础设施。修建机耕路，改善灌溉设施，实现土地的连片经营，降低作业成本和田间管理成本。

三是因地制宜地推动农业机械研发推广。增加丘陵山区小型农机推广，

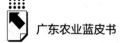

推动插秧机在平原地区的应用，适宜地区发展推广直播稻技术，降低成本，大力发展农业服务市场，特别是产中的无人机喷洒农药服务的推广，在粮食主产区，鼓励建立粮食加工企业购置稻谷烘干设备，解决产后稻谷晾晒难的问题。

四是推动土地流转和集体土地分配制度改革，推动粮食规模化生产。韶关始兴马市镇部分调查村实现土地连片竞标，极大地提高了农户经营规模和经营效益；台山普遍采用连片承包和租赁，土地五年调整一次，家庭人口的份地和流转土地都分配在一起，形成土地的连片经营，极大地推动了水稻生产的规模化和全程机械化；肇庆怀集采用供销合作成立公司整村承包土地，经过整理之后进行规模化生产，也推动了当地的粮食规模化生产，提升了粮食生产效益。这些模式值得在其他地区推广。

五是培育一批种粮大户和以粮食生产为主的家庭农场。随着农村老年人在农业生产中的退出，未来专业化的生产者必将成为粮食生产的主体。需要对他们在生产技术上进行培训，提高他们农场管理的水平，在农机购置补贴上进行倾斜、资金上进行扶持，解决生产过程中资金不足的问题，为土地向他们集中创造条件。

六是做实丝苗米产业园，推广优质稻品种，改进种植模式提高单产，提升水稻生产整体效益。广东水稻产业与国内其他地区相比最大的优势是有一批优质稻品种和以优质为育种目标的育种专家，优质稻品种种植面积最广，广东市场上优质米比例最高。进一步推动优质稻，如美香占 2 号、19 香、象牙香占等一批优质稻品种的普及，通过推广"三控"技术减少倒伏的影响，提高优质稻的单产，通过发展富硒米和推广水稻增香种植技术，提升稻米品质，将可以极大地提升广东水稻产业效益，稳定广东的粮食生产。

七是培育领军型的大米加工企业，做实丝苗米产业联盟，打响广东丝苗米品牌。当前大米市场总体还是完全竞争市场，大米产品同质化严重，产品质量和价格之间的关系没有完全构建起来。构建大米品牌（企业品牌和区域性农产品品牌）、大米品种、大米加工工艺和产地环境的大米质量控制衡量体系，让优质大米卖出好的价钱，提升各地大米产品附加值。

B.3
2022年广东蔬菜产业发展报告

郑 晶 郑欣祺*

摘 要： 广东是蔬菜种植大省，蔬菜产业是广东省最大宗的经济作物和特色产业，已成为农民增收的重要支撑。本文在对广东省蔬菜产业发展现状进行梳理的基础上，利用波特钻石模型理论，从影响广东省蔬菜产业竞争力的四个主要因素深入剖析广东省蔬菜产业竞争优势。研究发现，从全国层面来看，广东蔬菜产业竞争优势逐步下降，2020年广东省蔬菜播种面积高达136.35万公顷，蔬菜总产量达到3706.85万吨，但全国占比较低。从需求层面来看，广东人均蔬菜消费量位列全国第一，供需缺口较大。广东蔬菜产业发展存在冷链物流建设水平有待进一步提升、生产农机农艺结合度有待进一步增强、工厂化育苗能力和品种结构有待进一步优化、产品加工能力与品牌建设有待进一步加强等问题。为促进广东蔬菜产业高质量发展，建议深化提升蔬菜产业储运加工能力，适时提高蔬菜产业机械化水平，加大蔬菜品牌培育力度，着力打造粤港澳大湾区蔬菜产业联盟。

关键词： 蔬菜产业 产业竞争力 品牌建设 产业链

一 引言

蔬菜是关系国计民生的重要农产品，也是我国主要种植的经济作物，在

---

* 郑晶，管理学博士，华南农业大学经济管理学院副教授，硕士生导师，主要研究方向为农业经济理论与政策、农产品国际贸易、农业技术经济；郑欣祺，华南农业大学经济管理学院硕士研究生，主要研究方向为农业经济管理与农村区域发展。

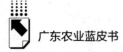

保障居民营养、重要农产品有效供给、平衡膳食等方面发挥着不可替代的作用。蔬菜产业更是农业和农村经济发展的支柱产业，具有很大的增值潜力和发展空间。近年来，广东省蔬菜产业迅猛发展，在大力发展蔬菜专业化生产的同时，深入推进农业供给侧结构性改革，在蔬菜新品种研发与推广、管理和生产现代化、产业组织形式多元化等方面走在了全国前列，全省蔬菜面积和产量连续多年保持"双增"势头，产出水平不断提高，产值连年提升，蔬菜产业竞争力不断增强，产业化水平和规模化水平显著提升，打造出具有全国竞争优势的现代化蔬菜产业。本文利用钻石模型，从生产要素、需求条件、相关产业、企业战略和结构等方面深入剖析广东省蔬菜产业竞争力情况，分析广东蔬菜产业发展现状和主要问题，提出增强广东蔬菜产业竞争力，促进蔬菜产业高质量发展的政策建议。

二 广东省蔬菜产业发展现状

（一）广东省蔬菜产业生产现状

1. 广东省蔬菜播种面积和产量变化特征

近5年来，随着田间管理及生产水平的提高，广东省蔬菜播种面积、总产量、单产呈现稳定增长趋势，生产形势整体向好，"菜篮子"保供能力逐渐增强。从播种面积来看，2017~2022年广东省蔬菜播种面积从1227.20千公顷增长到1423.30千公顷，年均增长2.96%。从蔬菜产量来看，2017~2022年广东省蔬菜总产量从3177.49万吨增长到3992.00万吨，年均增长4.57%（见图1）。

从广东省蔬菜种植的地级市分布情况来看，2022年，广东省蔬菜播种面积突破200万亩的地级市有4个，分别为广州市、湛江市、清远市以及潮州市，其中清远市的蔬菜播种面积最大，达245.65万亩，湛江市和潮州市分别以244.59万亩和240.16万亩位居第2和第3。从蔬菜产量的分布来看，受蔬菜种植技术推广的持续促进影响，2022年潮州市以570万吨位居第1，

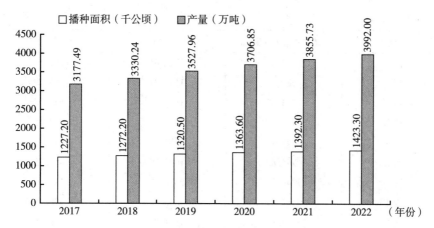

图 1   2017~2022 年广东省蔬菜播种面积及生产情况

资料来源：《广东统计年鉴》（2018~2023 年）。

湛江市、广州市和清远市分别以 453.93 万吨、411 万吨和 404.78 万吨位居第 2、第 3 和第 4。在蔬菜亩产水平方面，表现突出的是粤东三市，其中揭阳市以每亩 2630.32 公斤位居第 1，汕头市和潮州市分别以每亩 2586.34 公斤和 2373.42 公斤位居第 2 和第 3（见表 1）。

表 1   2022 年广东省各地级市蔬菜生产情况

地级市	播种面积（万亩）	亩产（公斤）	总产量（万吨）
广州	224	1834.82	411
深圳	13.33	1290.32	17.2
珠海	10.72	1305.97	14
汕头	69.84	2586.34	180.63
佛山	50.22	1695.74	85.16
韶关	93.64	1601.45	149.96
河源	61.17	1358.67	83.11
梅州	112.05	2313.52	259.23
惠州	186.4	1900.21	354.2
汕尾	84.06	1778.37	149.49
东莞	29.5	1392.88	41.09
中山	22.7	1642.73	37.29

地级市	播种面积(万亩)	亩产(公斤)	总产量(万吨)
江门	115.6	1707.61	197.4
阳江	85.1	1154.88	98.28
湛江	244.59	1855.88	453.93
茂名	191.57	2020.93	387.15
肇庆	144.13	2233.19	321.87
清远	245.65	1647.79	404.78
潮州	240.16	2373.42	570
揭阳	87.21	2630.32	229.39
云浮	41.62	1591.78	66.25

资料来源：广东省各地级市统计公报。

2. 广东省蔬菜生产的区域分布

广东省地理条件优越，自然资源丰富，地形条件多样，各地形成了具有不同区位优势的蔬菜产区，广东省主要的蔬菜生产区域集中在珠三角、粤东、粤西、粤北这四个地区，不同地区形成了以各地城镇为中心的城郊商品蔬菜基地，如以珠江三角洲为龙头的优质、高档蔬菜出口基地，以粤西地区为主体的冬种北运菜基地，以粤东地区为核心的蔬菜加工基地，以粤北高寒山区为依托的夏秋反季节蔬菜生产基地。四大蔬菜产区特色鲜明，以推进蔬菜省级现代农业产业园建设为牵引，大力推进蔬菜产业规模化、栽培设施化、生产标准化、经营产业化，全力推动蔬菜产业高质量发展。

2022年，广东四大区域蔬菜播种面积和蔬菜产量由高到低依次为珠三角地区、粤北山区、粤西地区、粤东地区。其中，珠三角地区是广东蔬菜的主要产区，2022年的蔬菜播种面积和蔬菜产量均最高，分别为796.60万亩和1479.21万吨。粤北山区和粤西地区总体的蔬菜种植规模也较大，如粤西地区，包括茂名、湛江、阳江、云浮四个地级市，四市四季阳光充足，雨量充沛，夏长冬短，特别适合冬种蔬菜生产，是我国知名北运菜生产基地之一。总体来看，粤东地区的蔬菜产业种植规模相对较小，但其单产水平最

高，2022 年粤东地区的亩产达到 2325.35 公斤，比全省平均亩产水平高
20.34%，竞争力相对较强（见图 2）。

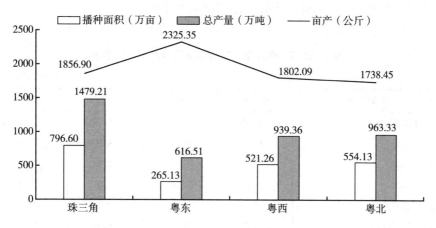

图 2　2022 年广东省四大蔬菜产区生产情况

资料来源：广东省统计局。

3. 广东省蔬菜生产的产品结构

在蔬菜供给方面，广东省主要有三个供应渠道。一是广东省内生产，广
东省除了供应本省和全国北方蔬菜的需要之外，还向国外出口了大量的蔬
菜，其中，广东省在 2022 年蔬菜出口总额达 6.5 亿美元。二是从云南、山
东、湖南等其他省份外运至广东，缓解了广东省蔬菜生产与消费的季节性矛
盾。三是进口供应，广东省 2022 年的蔬菜进口额为 2.95 亿美元。从供应种
类上来看，广东省的蔬菜供应以大白菜、叶菜为主，约占全部蔬菜的 1/2，
茄果、瓜类次之。

从蔬菜种植品种来看，广东省蔬菜种植以叶菜类、白菜类、瓜菜类和茄
果类为主，其中叶菜类在种植结构中占比最大，产量占比常年超过 30%，
2022 年产量超过 1300 万吨。叶菜类以及白菜类因其清淡鲜美的口感深受广
东消费者欢迎，如菜心、菠菜以及生菜等几乎是广东人餐桌上的常客，市场
消费潜力较大，在蔬菜生产中占据较大的生产比重。而茄果类蔬菜和瓜菜类
蔬菜因其耐高温的生长特性，近年来的产量也逐渐上升，2022 年的产量超

过 500 万吨。除此之外，甘蓝类、根茎类、葱蒜类以及食用菌类（干鲜混合）的产量呈现一个平稳的增长态势，2022 年的产量占比分别为 2.09%、9.31%、4.39%、0.41%，产量占比变化不大（见表 2）。

表 2　2019~2022 年广东省各类蔬菜产量占比情况

单位：%

蔬菜品种	2019 年	2020 年	2021 年	2022 年
1. 叶菜类	31.74	32.14	35.33	32.67
2. 白菜类	16.12	15.93	14.97	15.34
3. 甘蓝类	2.10	2.04	1.97	2.09
4. 根茎类	9.30	9.30	8.91	9.31
5. 瓜菜类	12.89	12.80	12.14	12.68
6. 豆类（菜用）	6.32	6.27	5.98	6.12
7. 茄果类	12.42	12.34	11.86	12.73
8. 葱蒜类	4.41	4.42	4.24	4.39
9. 水生菜类	2.03	2.05	1.99	2.20
10. 其他蔬菜	2.33	2.29	2.16	2.08
11. 食用菌类（干鲜混合）	0.36	0.43	0.44	0.41

资料来源：广东省统计信息网。

（二）广东省蔬菜产业进出口贸易现状

1. 广东省蔬菜出口情况

广东省地处沿海，与港澳接壤，交通方便，是蔬菜出口的重要省份。但随着绿色贸易壁垒、技术性贸易壁垒增多，广东省蔬菜出口呈缓慢下降态势，出口量从 2016 年的 69.53 万吨下降至 2021 年的 50.66 万吨，降幅高达 27.14%。从鲜蔬菜和蔬菜加工制品来看，鲜蔬菜出口量也从 2016 年的 63.82 万吨下降至 2021 年的 46.25 万吨，降幅为 27.53%，蔬菜加工制品从 2016 年的 5.71 万吨下降至 2021 年的 4.41 万吨，降幅为 22.77%（见图 3）。

图3 2016～2021年广东省蔬菜出口量情况

资料来源:《广东农村统计年鉴》(2017~2022年)。

2. 广东省蔬菜进口情况

近年来,广东省蔬菜进口呈现波动增长态势,进口国家(地区)主要有印度、美国、越南、新西兰、土耳其、泰国、印度尼西亚、丹麦、日本、智利等。据中国海关总署数据,广东省蔬菜进口金额从2015年的0.45亿美元跃升至2018年的1.81亿美元,到2021年则下降至1.05亿美元,占全国蔬菜总进口额的28.01%,居全国第1位(见图4)。

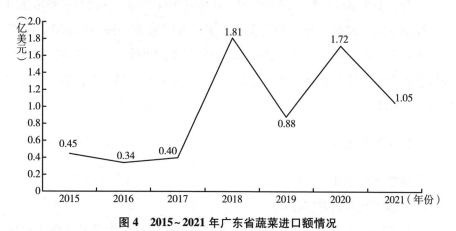

图4 2015～2021年广东省蔬菜进口额情况

资料来源:《广东统计年鉴》(2016~2022年)。

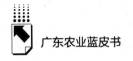
三 基于钻石模型的广东省蔬菜产业竞争力分析

（一）波特钻石模型

波特钻石模型又称波特菱形理论、钻石理论及国家竞争优势理论，于1990年由美国哈佛商学院著名的战略管理学家迈克尔·波特提出，用于分析一个国家如何形成整体优势，因而在国际上具有较强竞争力。

波特认为一个国家的竞争力集中体现在本国某一特定产业在国际市场的竞争情况，主要取决于四个主要因素，即生产要素、需求条件、相关和支持性产业、企业战略与企业结构，再加上机会、政府两个辅助要素。这六大要素共同构成了波特的钻石模型，即波特—国家竞争力模型。①生产要素：是指一个国家的生产要素状况，生产要素可划分成初级要素和高级要素两大类，前者包括自然资源、气候、地理位置、土地等，后者包括基础设施、劳动力、科研设施以及专业技术等。②需求条件：是指对某一特定产业中的一种商品或服务的国内需求。③相关和支持性产业：是指主导产业在国内是否存在具有国际竞争力的供应商和关联辅助行业。④企业战略与企业结构：此类因素包括企业战略目标、组织管理、竞争对手等方面。⑤机会：特指超出企业控制范围、波及全行业的突发性因素，有时候是一种双向选择。⑥政府：政府直接投入的主要是外部成本，如发展基础设施、开放资本渠道、培养信息整合能力等，政府可以通过自己的行为影响钻石模型中任意一个决定因素（见图5）。

（二）生产要素

1. 资源禀赋方面

（1）效率优势指数（EAI）

效率优势指数（Efficiency Advantage Indices，EAI）主要是从资源内涵生产力的角度来反映作物的比较优势，体现的是农业生产的效率，效率优势

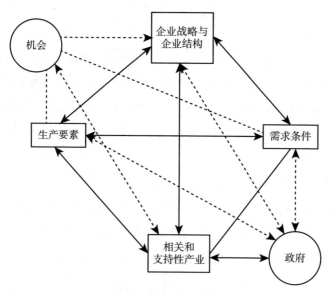

图5　波特钻石模型

指数的计算公式如下：

$$EAI_{ij} = \frac{AP_{ij}/AP_i}{A_i/AP} \tag{1}$$

式（1）中，EAI_{ij}为i区蔬菜的效率优势指数，AP_{ij}为i区蔬菜的平均单产，AP_i为i区全部农产品的平均单产，A_i为全国蔬菜的平均单产，AP为全国全部农产品平均单产。$EAI_{ij}>1$，表明与全国平均水平相比，i区蔬菜生产具有效率优势，EAI_{ij}值越大，说明该地区生产蔬菜的效率优势越明显；$EAI_{ij}<1$，表明i区蔬菜生产与全国平均水平相比生产效率处于劣势。

（2）规模优势指数（SAI）

规模优势指数（Scale Advantage Indices，SAI）反映一个地区某种农作物生产的规模和专业化程度，它是市场需求、资源禀赋、种植制度等因素相互作用的结果，在一定程度上可以反映作物生产的比较优势状况。规模优势指数的计算公式如下：

$$SAI_{ij} = \frac{GS_{ij}/\ GS_i}{GS_j/GS} \qquad (2)$$

式（2）中，SAI_{ij} 为 i 区蔬菜的规模优势指数，GS_{ij} 表示 i 区蔬菜的播种面积，GS_i 表示 i 区所有农作物的播种总面积，GS_j 表示全国蔬菜的播种面积，GS 表示全国所有农作物的播种总面积。$SAI_{ij}>1$，表明与全国平均水平相比，i 区蔬菜生产具有规模优势；$SAI_{ij}<1$，表明 i 区蔬菜生产处于劣势，SAI_{ij} 值越小，劣势越明显。

（3）综合优势指数（AAI）

综合优势指数（Aggreg-ated Advantage Indices，AAI）是效率优势指数与规模优势指数综合作用的结果，能够更为全面地反映一个地区某种农作物生产的综合比较优势。综合优势指数的计算公式如下：

$$AAI_{ij} = \sqrt{EAI_{ij} \times SAI_{ij}} \qquad (3)$$

式（3）中，AAI_{ij} 为 i 区 j 种农产品的综合优势指数，SAI_{ij} 表示 i 区蔬菜的规模优势指数，EAI_{ij} 为 i 区蔬菜的效率优势指数。$AAI_{ij}>1$，表明与全国平均水平相比，i 区蔬菜生产具有综合比较优势，AAI_{ij} 值越大，比较优势越明显；$AAI_{ij}<1$，表明 i 区蔬菜生产与全国平均水平相比无优势。

为了更好地对比广东省蔬菜生产的区域优势，确保相关数据的可获得性和完整性，以及考虑不同地区的经济发展水平的影响，选取了我国蔬菜生产十大省份中的山东、河南、江苏、河北、四川、湖南、贵州、浙江和山西等省份的数据来进行比较优势指数的测算。经过数据整理计算，2017~2021 年河北、山东、湖南、四川、广东、山西、浙江、贵州、江苏以及河南的比较优势指数如表 3 所示。

表 3　2017~2021 年十大蔬菜省份比较优势指数

省份	指数	2017 年	2018 年	2019 年	2020 年	2021 年
河北	EAI	0.86	0.74	0.78	0.85	0.76
	SAI	0.74	0.78	0.78	0.77	0.77
	AAI	0.8	0.76	0.78	0.81	0.76

续表

省份	指数	2017 年	2018 年	2019 年	2020 年	2021 年
山东	EAI	0.76	0.77	1.06	0.93	1.02
	SAI	1.1	1.09	1.07	1.06	1.07
	AAI	0.92	0.91	1.06	1	1.05
湖南	EAI	0.59	0.59	0.78	0.8	0.8
	SAI	1.27	1.27	1.29	1.26	1.26
	AAI	0.86	0.86	1	1	1
四川	EAI	0.61	0.61	1.04	1.03	1.03
	SAI	1.15	1.16	1.16	1.14	1.14
	AAI	0.84	0.84	1.1	1.08	1.08
广东	EAI	0.78	0.77	1.22	1.21	1.21
	SAI	2.42	2.42	2.41	2.39	2.37
	AAI	1.37	1.37	1.71	1.7	1.7
山西	EAI	1.42	1.37	1.77	1.71	1.64
	SAI	0.4	0.41	0.41	0.42	0.46
	AAI	0.75	0.75	0.85	0.84	0.87
浙江	EAI	0.33	0.34	0.25	0.26	0.27
	SAI	2.71	2.63	2.57	2.55	2.53
	AAI	0.95	0.94	0.8	0.81	0.82
贵州	EAI	0.52	0.5	1.47	1.45	1.47
	SAI	1.84	2.09	2.08	2.15	2.14
	AAI	0.98	1.02	1.75	1.76	1.77
江苏	EAI	0.57	0.56	0.59	0.57	0.56
	SAI	1.54	1.54	1.52	1.5	1.48
	AAI	0.93	0.93	0.95	0.92	0.91
河南	EAI	0.72	0.72	0.76	0.74	0.74
	SAI	0.98	0.95	0.94	0.93	0.92
	AAI	0.84	0.83	0.85	0.83	0.83

资料来源：根据 2018~2022 年《中国统计年鉴》整理计算。

在效率优势指数（EAI）方面，广东省 2017~2018 年的效率优势指数小于 1，表明与全国平均水平相比，广东蔬菜生产不具有效率优势。2018~2021 年 EAI 指数则呈总体上升趋势，从 2018 年的 0.77 上升到 2021 年的 1.21，表明广东蔬菜的生产效率有所提升。但总体来看，EAI 仍在 1 附近徘徊，且与山西省相比还是存在着一定的差距，可能的原因主要包括，第一，受疫情影响，广东菜农种植积极性不高，部分菜地出现撂荒现象，生产效率降低。第二，广东省农业基础设施水平滞后，难以满足蔬菜生产的高质量发展，包括一些地方高标准农田建设标准低、工程类型单一、后期管护缺失等问题突出，导致广东农业灌溉渠系水有效利用系数多年处于全国偏低水平。[①] 第三，广东农业社会化服务水平整体发展较为滞后，农业社会化是实现小农户与现代农业相结合的一条有效途径，尤其是在产中环节成效更为明显。

规模优势指数（SAI）方面，2017~2021 年广东省蔬菜生产 SAI 指数处在 2.4 左右，表明与全国平均水平相比，广东省蔬菜生产具有规模优势，整体的规模优势比较突出，蔬菜生产的产业规模较大。同时也应注意到，这期间广东的规模优势指数呈总体下降趋势，从 2017 年的 2.42 下降到 2021 年的 2.37。因此，要进一步提高广东省蔬菜产业的竞争力，迫切需要提高蔬菜播种面积，保持蔬菜播种面积稳中有增，减少菜地撂荒率，大力推动蔬菜产业现代化、生产标准化，推动全省蔬菜生产快速发展与规模不断扩大。

从综合优势指数（AAI）来看，2017~2021 年，广东省蔬菜生产的规模优势指数均大于 1，且总体呈上升态势，说明广东省蔬菜生产具有综合比较优势。整体的规模优势比较突出，远远大于除贵州以外的其他省份，广东省的蔬菜生产与全国平均水平相比具备较大优势。因此，广东可从提升蔬菜生产的规模化水平入手，推行规模生产以及绿色生产，大力推广高效生产技术以提高单产水平，维持蔬菜生产的综合优势。相对来说，河北省、山西省、浙江省、江苏省以及河南省蔬菜生产的综合优势指数则低于 1，说明其蔬菜生产的综合优势低于全国平均水平。

在各地级市的蔬菜生产效率方面，2017~2021 年，广东省各地级市在蔬

---

① 张磊、万忠、方伟等：《广东省粮食生产现状、制约瓶颈及突破路径》，《南方农村》2022 年第 1 期。

菜生产的效率优势方面并不突出，与全国平均水平相比广东省各地级市蔬菜生产不具有效率优势。经数据整理计算，各地级市在 2017~2021 年的效率优势指数均小于 1，其中，韶关市、梅州市、肇庆市、云浮市、潮州市、揭阳市的效率优势指数相对来说比较高，平均都超过 0.6，说明这些地级市蔬菜生产相比于其他地级市的生产效率更高，蔬菜单产水平相对较高。此外，云浮市的效率优势指数上涨得较快，从 2017 年的 0.596 上升到 2021 年的 0.67，说明其蔬菜生产的效率优势逐渐增强，政府对其进行的产业帮扶发挥了较大作用。其中，云浮市云安区通过完善蔬菜产业基础设施建设，立足资源优势，优化产业布局，通过政策扶持、资金补贴等一系列优惠政策，重点扶持一批经济效益好、辐射作用强的标准化生产基地，助推全区蔬菜产业规模化、标准化、产业化发展，引领全区蔬菜产业加速提质增效、农民增收致富，实现了让"菜篮子"成为百姓的"钱袋子"。据统计，截至 2023 年 2 月，云安区已打造了粤港澳大湾区"菜篮子"生产基地 2 个、省级"菜篮子"基地 1 个、市级"菜篮子"基地 4 个、区级蔬菜基地 10 个。①

在规模优势方面，广东省各地级市的规模优势多数较为显著。广州市、深圳市、珠海市、汕头市、佛山市、惠州市、汕尾市、东莞市、中山市以及清远市的 SAI 指数都大于 1，与全国平均水平相比具备一定的规模优势。其中，广州市、深圳市以及东莞市的 SAI 指数均超过 2，在蔬菜生产方面表现出强劲的规模优势。在综合优势方面，广东省各地级市并不突出，与全国平均水平相比，广东省各地级市蔬菜生产不具有综合优势。经数据整理计算，各地级市在 2017~2021 年的综合优势指数均小于 1，其中，广州市、深圳市、佛山市、惠州市、珠海市、中山市以及东莞市的综合优势指数相对来说比较高，平均都超过了 0.8，说明这些地级市蔬菜生产相比于其他地级市的生产效率更高，种植规模较大，综合优势比较突出（见表 4）。

---

① 《云安发展蔬菜特色产业，鼓起群众"钱袋子"》，南方+，https：//static. nfapp. southcn. com/content/202302/12/c7350846. html。

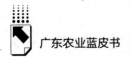

表4 2017~2021年广东省各地级市 EAI、SAI、AAI 指数

省份	指数	2021 年	2020 年	2019 年	2018 年	2017 年
广州	EAI	0.341	0.343	0.34	0.34	0.333
	SAI	2.271	2.287	2.316	2.321	2.394
	AAI	0.88	0.886	0.887	0.889	0.893
深圳	EAI	0.294	0.294	0.301	0.296	0.294
	SAI	2.641	2.644	2.554	2.619	2.644
	AAI	0.881	0.881	0.877	0.881	0.881
珠海	EAI	0.436	0.437	0.437	0.425	0.423
	SAI	1.522	1.546	1.575	1.685	1.689
	AAI	0.815	0.822	0.83	0.846	0.845
汕头	EAI	0.51	0.508	0.505	0.511	0.507
	SAI	1.251	1.265	1.268	1.256	1.267
	AAI	0.799	0.801	0.8	0.801	0.801
佛山	EAI	0.436	0.437	0.423	0.429	0.412
	SAI	1.743	1.762	1.825	1.814	1.914
	AAI	0.872	0.877	0.879	0.883	0.888
韶关	EAI	0.658	0.662	0.643	0.649	0.641
	SAI	0.729	0.723	0.711	0.703	0.695
	AAI	0.693	0.692	0.676	0.675	0.667
河源	EAI	0.596	0.594	0.589	0.593	0.59
	SAI	0.615	0.609	0.603	0.593	0.579
	AAI	0.605	0.601	0.596	0.593	0.584
梅州	EAI	0.709	0.718	0.707	0.703	0.689
	SAI	0.741	0.733	0.736	0.739	0.747
	AAI	0.725	0.726	0.721	0.721	0.717
惠州	EAI	0.432	0.436	0.432	0.433	0.428
	SAI	1.534	1.53	1.546	1.548	1.553
	AAI	0.814	0.816	0.817	0.819	0.815
汕尾	EAI	0.522	0.528	0.524	0.528	0.523
	SAI	1.126	1.115	1.116	1.108	1.11
	AAI	0.767	0.767	0.765	0.765	0.762
东莞	EAI	0.296	0.293	0.284	0.28	0.27
	SAI	2.657	2.724	2.842	2.896	3.028
	AAI	0.887	0.894	0.898	0.9	0.904

省份	指数	2021 年	2020 年	2019 年	2018 年	2017 年
云浮	EAI	0.67	0.664	0.637	0.618	0.596
	SAI	0.497	0.495	0.486	0.49	0.493
	AAI	0.577	0.573	0.557	0.55	0.542
中山	EAI	0.545	0.398	0.38	0.369	0.351
	SAI	1.42	1.974	2.011	2.098	2.246
	AAI	0.88	0.886	0.874	0.88	0.887
江门	EAI	0.641	0.618	0.599	0.572	0.578
	SAI	0.767	0.782	0.787	0.815	0.805
	AAI	0.701	0.695	0.687	0.683	0.682
阳江	EAI	0.53	0.528	0.521	0.522	0.515
	SAI	0.848	0.845	0.847	0.844	0.838
	AAI	0.67	0.668	0.664	0.664	0.657
湛江	EAI	0.274	0.267	0.256	0.254	0.254
	SAI	0.777	0.755	0.748	0.739	0.732
	AAI	0.462	0.449	0.437	0.433	0.431
茂名	EAI	0.567	0.568	0.561	0.561	0.552
	SAI	0.875	0.877	0.876	0.871	0.869
	AAI	0.705	0.706	0.701	0.699	0.693
肇庆	EAI	0.664	0.671	0.661	0.664	0.65
	SAI	0.797	0.791	0.793	0.785	0.78
	AAI	0.727	0.729	0.724	0.722	0.712
清远	EAI	0.461	0.465	0.464	0.466	0.464
	SAI	1.325	1.305	1.3	1.282	1.271
	AAI	0.781	0.779	0.777	0.773	0.768
潮州	EAI	0.664	0.668	0.669	0.665	0.662
	SAI	0.807	0.802	0.794	0.799	0.79
	AAI	0.732	0.732	0.729	0.729	0.723
揭阳	EAI	0.645	0.646	0.661	0.663	0.659
	SAI	0.899	0.894	0.855	0.846	0.838
	AAI	0.761	0.76	0.752	0.749	0.743

资料来源：根据《广东统计年鉴》（2018~2022 年）整理计算。

2. 基础设施方面

蔬菜是含水量很高的作物，在生长过程中需水量较大，因此大部分蔬菜在生长期间都需要频繁地浇水灌溉和精细地田间管理,灌溉的时间和效果对蔬菜的产量和质量都有明显影响①,采用更加现代化、科学化的灌溉方式十分必要。并且广东省降水时空极不均匀,不可支配水资源达75%～90%,加上水质性、工程性缺水等原因,全省可用水资源比较缺乏,农业用水得不到保障和农业季节性、区域性干旱缺水问题日益突出。② 近年来,广东省以提升现有灌溉保障水平和增加有效灌溉面积为目标,大力推进农田水利建设,夯实农业生产根基。2016～2021年,广东省耕地有效灌溉面积从2016年的1771.7千公顷缓慢增长到2021年的1776.5千公顷。节水灌溉面积从2016年的301.5千公顷增加到2021年的430.7千公顷,年均增长7.4%,节水灌溉工程卓有成效。此外,除涝面积、新增水土流失治理面积也呈总体增加态势,给蔬菜种植带来了极大的生产优势,水力设施发挥作用显著(见表5)。

表5 2016～2021年广东省农田水利情况

项目	2016年	2017年	2018年	2019年	2020年	2021年
耕地有效灌溉面积(千公顷)	1771.7	1774.6	1775.2	1773.4	1776.5	1776.5
节水灌溉面积(千公顷)	301.5	326.2	418.2	425.1	428.8	430.7
除涝面积(千公顷)	542.7	545.5	541.2	541.9	543.8	552.7
新增水土流失治理面积(千公顷)	78.7	102.5	119.2	110.9	95.6	80.8
堤防长度(米)	28338.1	28475.4	28500.5	32135.5	31929.1	31910.8
堤防保护耕地面积(千公顷)	1152.5	1156.7	1128.8	1132.7	1135.3	1136.6
节水灌溉类机械(万台)	13.82	14.67	13.88	14.06	13.09	13.31

资料来源:《广东统计年鉴》(2017～2022年)。

2021年,广东省农业机械总动力为2524.48万千瓦时,同比增长1.2%,其中大中型拖拉机2.74万台、耕整机13.39万台(套)、水稻插秧机1.45万台、水稻直播机141万台、谷物联合收割机2.96万台、谷物烘干机3405台。水稻耕种收综合机械化率为77.5%,畜牧水产养殖、设施种植、

① 《蔬菜需水量与灌溉》,土木工程网,http://www.civilcn.com/shuili/lunwen/ntsl/1336443890162791.html。
② 潘光辉:《广东节水农业的制度保障》,《南方农村》2004年第4期。

农产品初加工机械化率提升。全年受理申请农机购置补贴资金 1.43 亿元，补贴各类机具 13.74 万台（套），其中拖拉机 1345 台、插秧机 405 台、微耕机 15556 台、谷物联合收割机 737 台，受益农户 4.26 万户，带动农民直接投入 6.57 亿元。截至 2021 年底，全省拥有农机服务组织 2323 个、农机合作社 958 家，农机合作社作业服务面积 589.3 万公顷。农机服务收入超 140 亿元，其中，农机作业服务收入 107.5 亿元。

蔬菜产业属于第一产业中的劳动密集型产业，随着农村劳动力外出务工增多，农业劳动力兼业化现象突出，老龄化水平不断提升，因此，加大农业机械代替人工劳动力已成为当前蔬菜产业发展的关键突破点。由表 6 可以看出，广东省农业机械作业情况在不断好转，农业机械总动力逐年递增，广东省蔬菜产业的机械使用率正在不断提高，成为提升广东蔬菜产业竞争力的重要推动力。其中，机播面积从 2017 年的 342.21 千公顷增长到 2021 年的 616.27 千公顷，果蔬烘干机从 2017 年的 600 台增长到 2021 年的 3400 台，果蔬初加工机械从 2017 年的 1.19 万台增长到 2021 年的 1.24 万台，机械保质蔬菜数量从 2020 年的 117.54 万吨增长到 2021 年的 149.15 万吨（见表 6）。

表 6　2017~2021 年广东省农业机械化以及蔬菜机械化情况

项目	2017 年	2018 年	2019 年	2020 年	2021 年
农业机械总动力(万千瓦)	2410.77	2429.94	2455.79	2495.43	2524.48
机耕面积(千公顷)	4014.05	3614.85	3724.21	3825.98	3877.57
机播面积(千公顷)	342.21	368.28	404.32	504.99	616.27
蔬菜收获机(万台)	<0.01	<0.01	<0.01	<0.01	<0.01
果蔬烘干机(台)	600	600	700	700	3400
果蔬初加工机械(万台)	1.19	1.21	1.23	1.25	1.24
油菜机耕面积(千公顷)	—	7.04	4.06	3.15	2.93
油菜机播面积(千公顷)	—	0.03	<0.01	<0.01	0.04
油菜机收面积(千公顷)	—	<0.01	<0.01	<0.01	0.46
机械清选蔬菜数量(万吨)	—	234.82	236.58	265.18	272.97
机械保质蔬菜数量(万吨)	—	—	—	117.54	149.15

资料来源：《广东统计年鉴》（2018~2022 年）、《中国农业机械工业年鉴》（2018~2022 年）。

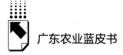

3. 技术标准方面

2013 年，针对各种蔬菜种类的营养生理特点和根系构型，广东省制定了养分综合高效管理方案，并制定了广东省地方标准《DB44/T 1247—2013 叶菜类蔬菜氮肥施用技术规程》，在珠江三角洲及华南地区应用获得良好效益。2017 年，广东省针对蔬菜水肥一体化技术应用过程中灌溉量和水肥耦合方法不容易掌握的问题制定了广东省地方标准《DB44/T 1245—2013 蔬菜水肥一体化技术操作规程》，在生产实施应用中效益显著提高。以产业兴旺、节本增效为目标，立足广东省资源禀赋，坚持绿色生产，提升产品品质，注重科技支撑，针对不同类别蔬菜，广东省又陆续研发推出春季冬瓜化肥减量关键技术、露地苦瓜氮营养高效调控关键技术、叶菜类蔬菜健康栽培法、辣椒轻简化高效栽培关键技术、黑皮鸡枞菌大棚覆土栽培技术等。这些蔬菜栽培技术标准的制定与推广，不仅促进了广东省蔬菜产量的提高，也进一步提升了蔬菜品质，丰富了蔬菜品种，满足了消费者的多样化需求，推动了广东省从农业大省向农业强省转变。

（三）需求条件

1. 国内需求

市场需求是影响广东蔬菜行业生产的一个重要因素。随着现代工商业和城市化的迅速发展，广东蔬菜市场需求逐渐增加，消费者对于蔬菜的品种、数量、质量、供应周期等方面都有很高的要求。因此，蔬菜生产须按市场需求，以适应市场并取得良好的经济效益，提升蔬菜产业的竞争力。

2022 年广东省内大型批发市场绿叶蔬菜交易量明显增加，同比增长 31.94%，根菜类蔬菜交易量小幅增长。分品种来看，交易量增幅明显的是空心菜、大番茄和芥蓝。交易量减少的是茄果类、豆类、白菜类和瓜类蔬菜，同比分别下降 16%、8.89%、8.70% 和 4.76%，其中辣椒、白萝卜和大白菜交易量降幅较大。

根据国家统计局数据，广东省居民人均蔬菜和食用菌消费总量连续4年（2017~2020年）高于全国平均水平。如图6所示，2014~2021年广东省人均蔬菜消费量总体呈递增趋势，这不仅代表着广东省城乡居民收入的不断提高，也代表着消费者对于高品质蔬菜、绿色安全型蔬菜的需求也越来越强烈，蔬菜种类以及消费结构日益呈现多样化。据调查，广东省蔬菜消费主要种类有菜心、芥蓝、普通白菜、苋菜、蕹菜、莴苣、芥菜、西洋菜、生菜、花椰菜、茄子、辣椒、番茄、苦瓜、丝瓜、冬瓜、芋头等。但受限于蔬菜供给缺乏弹性，广东居民蔬菜消费的主要品种仍以种植面积大、产量高的30种常见蔬菜为主，主要包括白菜、甘蓝、生菜、菠菜、莜麦菜、莲藕等。2021年，广东居民人均蔬菜消费量为97.86公斤，蔬菜消费总量达1423.8万吨。近年来，随着城乡居民收入的不断提高和生活观念的转变，居民对蔬菜消费愈加追求高质、多样、营养、安全。①

图6　2014~2021年广东省以及全国人均蔬菜消费量

资料来源：《广东统计年鉴》《中国统计年鉴》。

---

① 储霞玲、刘小茜、郑林秀等：《广东蔬菜产业发展概况分析》，《中国蔬菜》2022年第11期。

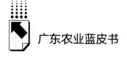

2.国外需求

(1) 显示性比较优势指数（RCA）

显示性比较优势指数（RCA）能够定量地描述一个国家或地区蔬菜相对出口的表现，这一指标可以用来反映蔬菜在国际市场的相对比较优势，从而反映其国际竞争力水平。其计算公式为：

$$RCA_{it} = \frac{X_{it}/\sum X_{it}}{X_{wj}/X_{wt}} \tag{4}$$

式（4）中，RCA_{it} 表示 t 时期 i 地区蔬菜的显示性比较优势指数，X_{it} 表示 i 地区在 t 时期出口蔬菜的总额，$\sum X_{it}$ 表示 i 地区在 t 时期的出口总额，X_{wj} 表示全球所有国家在 t 时期出口蔬菜的总额，X_{wt} 表示 t 时期全球所有国家所有商品的出口总额。该指标的取值范围介于 0 到 $+\infty$，数值越低，意味着蔬菜越不具有比较优势；反之，蔬菜的比较优势越明显。一般认为，当 RCA 大于等于 2.5 时，说明蔬菜的贸易竞争力极强，当 RCA 介于 1.25 和 2.5 之间时，说明蔬菜的贸易竞争力较强，当 RCA 介于 0.8 和 1.25 之间时，说明蔬菜的贸易竞争力中等，当 RCA 低于 0.8 时，则说明竞争力较弱。

由表 7 所示，山东省、湖北省的 RCA 指数远高于 2.5，可以判断出两省的蔬菜出口竞争力均处于极强的状态。而相比之下，广东省的蔬菜出口 RCA 指数低于 0.8，整体指数在其他主产区中处于中下游水平，远低于山东、湖北、河南等省份，说明广东省的蔬菜出口不具有显性比较优势，与山东省、湖北省、河南省相比出口竞争力较差。但是值得注意的是，湖南省的 RCA 指数呈现显著上升趋势，从 2017 年的 1.15 跃升至 2021 年的 4.41，说明其蔬菜出口贸易状况逐渐好转并且呈现强劲的竞争优势。随着绿色贸易壁垒、技术性贸易壁垒的出现，广东省农产品出口不断遭遇打击，蔬菜出口价格上涨，出口增长速度放缓。但是广东省蔬菜出口的 RCA 指数整体呈波动上升态势，说明其蔬菜出口竞争力稳步提升。相对的，山东省和河南省的 RCA 指数则呈显著下滑趋势，其蔬菜出口逐渐失去竞争力，提升蔬菜产业竞争力迫在眉睫。

表 7　2017~2021 年部分省份蔬菜出口的 RCA 指数

省份	2017 年	2018 年	2019 年	2020 年	2021 年
山东省	6.20	5.73	3.64	4.32	2.91
湖北省	6.92	7.73	7.07	4.71	10.99
广东省	0.10	0.11	0.10	0.16	0.13
河北省	1.07	1.22	0.97	1.21	1.06
湖南省	1.15	2.11	2.01	3.75	4.41
浙江省	0.20	0.22	0.17	0.21	0.19
福建省	1.40	1.80	1.01	0.98	0.70
江苏省	0.39	0.31	0.28	0.31	0.26
河南省	4.96	0.62	4.03	2.01	1.72

资料来源：根据相关省份统计年鉴、中国海关数据整理计算而来。

（2）贸易竞争力指数（TC）

贸易竞争力指数又称净出口比率，是衡量国际竞争力的重要指标。它表示一国或地区某商品进出口贸易的差额占该商品进出口贸易总额的比重，能够用来反映某国家或地区某商品的净出口实力。其计算公式为：

$$TC_{it} = \frac{X_{it} - M_{it}}{X_{it} + M_{it}} \tag{5}$$

式（5）中，TC_{it} 表示某国 i 商品的贸易竞争力指数，X_{it} 和 M_{it} 分别表示某国家或某地区 t 时期 i 商品的出口总额和进口总额。该指标的取值范围介于-1 到 1 之间，TC_{it} 越接近-1，说明该国家或地区 i 商品的出口越多或进口越少，竞争力较弱；TC_{it} 越接近 1，则说明该国家或地区 i 商品的进口越多或出口越少，竞争力较强。一般认为，TC 指数介于 0.8 和 1 之间时，该商品的竞争优势非常明显，介于 0.5 和 0.8 之间时，则说明竞争优势较明显，介于 0 和 0.5 之间时，说明有竞争优势但并不明显，介于-1 和-0.8 之间时，说明该商品竞争劣势非常明显，介于-0.8 和-0.5 之间时，说明竞争劣势较明显，介于-0.5 和 0 之间时，说明处于竞争劣势，但不明显。①

由表 8 可知，中国整体和各省份蔬菜出口的贸易竞争力指数都在 0 以上，这表明无论是从总体上还是从各个省份来说，中国蔬菜出口都具备了较强的竞争优势。一方面与我国在蔬菜种植上的规模效应有关，另一方面也与各省份在蔬菜生产上的优势有关。其中，湖北省、湖南省和河南省的贸易竞争力指数处于 0.8~1 之间，说明其竞争优势较为显著，具有较强的竞争力。广东的 TC 指数在 0.2 和 0.8 之间波动，并且总体呈现下滑趋势，表明蔬菜出口虽有一定的竞争优势，但并不显著，与河南省、湖北省以及湖南省相比还存在一定的差距，处于下游水平。

表 8　2017~2021 年全国及部分省份贸易竞争力指数

	2017 年	2018 年	2019 年	2020 年	2021 年
全　国	0.70	0.70	0.68	0.74	0.82
山东省	0.78	0.77	0.50	0.62	0.56
湖北省	0.95	0.96	0.97	0.95	0.96
广东省	0.78	0.24	0.58	0.38	0.56
河北省	0.94	0.85	0.73	0.66	0.61
湖南省	1.00	0.97	1.00	1.00	1.00
浙江省	0.49	0.55	0.85	0.87	0.59
福建省	0.82	0.89	0.74	0.64	0.58
江苏省	0.23	0.24	0.44	0.33	0.92
河南省	0.99	0.99	0.99	0.97	0.90

资料来源：根据相关省份统计年鉴、中国海关数据整理计算。

（四）相关和支持性产业

在蔬菜产业中，蔬菜产业的发展不仅包含了蔬菜的种植采摘，还包括衍

---

① 侯妙然、杨莉萍：《广东省蔬菜出口竞争力分析》，《绿色科技》2021 年第 20 期。

生出来的蔬菜加工业、蔬菜冷链物流业等。

1.蔬菜加工业

蔬菜加工主要是以蔬菜为原料,经清洗、去皮、切分和热烫等预处理后,应用脱水、干制、冷藏、冷冻、腌制等物理方法对蔬菜进行加工的过程。蔬菜加工产品主要包括生鲜蔬菜、腌制蔬菜、脱水蔬菜、速冻蔬菜、蔬菜汁、蔬菜罐头等类别。在加工技术及装备方面,我国蔬菜加工行业已经形成了一批具有较强竞争力的企业,产业集聚地逐渐显现,如西北番茄酱加工基地,东南沿海干制、罐头、速冻、腌制蔬菜加工基地等,产业格局基本形成。[①] 在蔬菜加工制品方面,《中国农产品加工业年鉴(2021)》显示,2020 年我国果汁和蔬菜汁饮料类产量达 1693.59 万吨,蔬菜罐头达 337.3 万吨,干制蔬菜出口量达 36.86 万吨;蔬菜加工、果蔬罐头制造、食用菌加工营收增速由负转正,同比分别增长 6.6%、6.3%、1.5%。

企查查数据显示,2022 年我国蔬菜加工相关企业数量达 155656 家,其中广东省蔬菜加工相关企业数量有 4648 家,占比不足 3%,说明广东省蔬菜加工企业仍然十分匮乏。广东省农业农村厅于 2018 年印发了《广东省农产品加工业发展规划(2018~2025 年)》,提出在蔬菜加工业方面,重点在鲜食和北运菜产地重点推广蔬菜采后处理、保鲜贮运及鲜切蔬菜生产等产地初加工技术与装备,发展果蔬冷链物流系统;开发蔬菜生物转化、高效腌制、节能干制等加工新技术,发展休闲蔬菜食品、腌制蔬菜和方便菜等加工。同时,根据全省蔬菜产业发展布局,加强城郊型商品蔬菜基地、粤西北运蔬菜基地、粤北夏秋蔬菜基地、粤东汕头和梅州等地区精细及加工型蔬菜基地的蔬菜初加工与贮运保鲜的装备水平建设,发展田头冷库、预冷和冷链物流网络,完善冷链物流基础设施。城市周边蔬菜基地发展净菜、鲜切蔬菜初加工,揭阳、潮州、惠州、云

---

① 《我国蔬菜加工行业起步较晚　蔬菜加工市场未来发展趋向分析》,中研网,https://www.chinairn.com/hyzx/20230615/170250341.shtml。

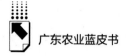

浮、茂名、广州和梅州等地提升脱水蔬菜、腌制蔬菜和方便菜制品的加工技术水平和装备，开展蔬菜皮渣综合利用技术研究，开发蔬菜功能产品，以此来整体升级广东省蔬菜产业，提升蔬菜产品竞争力，促进农业增效和农民增收。①

2. 蔬菜冷链物流业

由于蔬菜产品的易腐性以及消费者对其新鲜度的高要求，蔬菜产品的采收、贮藏、包装、运输、销售都需要冷链物流的支持。当前，广东果蔬、水产品、肉产品的腐损率分别达到了 25%、15%、10%，仅是果蔬广东每年损失就达到上百万吨。因此，广东迫切需要加大农产品冷链物流的发展力度，显著降低农产品储存与运输的损耗率。② 作为蔬菜进出口规模居于首位的省份，目前广东省冷链物流行业的主要企业共有 1681 家，其中以 2020 年为主要注册热潮，当年企业注册数量为 332 家，2022 年注册企业数量为 138 家。目前，广东冷链物流行业的存续企业 623 家，占总企业数的 37%；在业企业数占比 48%。根据中国企业数据库，目前广东冷链物流企业主要分布在深圳和广州等地，截至 2023 年 1 月底，深圳共有相关冷链物流企业 699 家，广州则有 472 家。在冷库方面，中国冷库总容量为 1.3 亿立方米，广东冷库容量为 1138 万立方米，拥有的冷库数量为 149 个，居全国第 2 位。广东目前有 20 多家达到国家级别的物流重点龙头企业，达到省级别的有 160 家，市县级别的有 600 家，这些企业对广东果蔬冷链物流的发展有着重大意义，可以促进广东果蔬农产品生产经营实现专业化、标准化、集约化以及规模化，能够产生示范效应，起到带动作用，促进广东省果蔬冷链物流的发展。由此可见，广东省冷链物流业的发展前景良好，不仅将流通成本降低 20%~30%，大大促进了果蔬农产品的高效流通，而且有利于提高农户的经济

---

① 《广东省农产品加工业发展规划（2018~2025 年）》，广东省农业农村厅网站，http：// dara. gd. gov. cn/zcwj/content/post_ 2164326. html。

② 曾艳英、陈涛：《广东省农产品冷链物流技术改进分析》，《农业与技术》2015 年第 16 期。

效益。①

为了进一步推进冷链物流建设，促进蔬菜产品的流通，实现农产品的跨级均衡销售，转变农业发展模式，2022年，广东省政府办公厅印发《广东省推进冷链物流高质量发展"十四五"实施方案》，推动构建以国家骨干冷链物流基地为核心，以产销冷链的集配中心为重要节点，以两端冷链物流设施为末端网点的干支仓配一体、产销协同的现代冷链物流设施网络。进一步提高冷链运输服务质量，完善销地冷链物流网络，优化重点品类冷链物流服务，增强果蔬产地商品化能力。例如，在粤西的南菜北运核心区、特色经济作物主产区、果蔬进出口示范基地建设一批仓储保鲜设施，加强冷链物流标准化建设。②

（五）企业战略与企业结构

1. 企业战略

截至2023年5月，广东省共有省级农业龙头企业1403家③，涌现了惠州市四季绿农产品有限公司、湖尔美农业科技有限公司、东升农业集团、梅州市乐得鲜农业开发有限公司等优秀的蔬菜龙头企业。这些蔬菜公司都在不断扩大出口销售外还致力于拓展国内市场，在果蔬行业具有举足轻重的地位，助力广东省蔬菜产业竞争力的提高。

在企业战略方面，广东省农业农村厅与阿里巴巴社区电商淘菜菜签订合作协议，将共同探索利用社区电商平台优势进一步拓展广东农产品的销售渠道，协力打造24小时配送体系，通过产业融合切实提升农产品分配、流通、消费等环节效率，稳定价格，共同推进农产品上行，丰富线上场景

---

① 李小玲、闻铭、梁美静：《广东省果蔬冷链物流发展现状及对策研究》，《中国储运》2021年第9期。

② 《广东省人民政府办公厅关于印发广东省推进冷链物流高质量发展"十四五"实施方案的通知》，广东省人民政府网，http://www.gd.gov.cn/zwgk/jghg/content/post_ 4024510.html。

③ 《广东省重点农业龙头企业名单公布！1403家企业入选！》，揭阳市乡村振兴局网站，http://www.jieyang.gov.cn/fpb/fpyw/gzdt/content/post_ 766625.html。

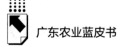

运营，让市城居民受益，促进农民稳定增收。依托多年数字化销售的丰富经验，淘菜菜结合广东省农业农村厅的重点活动安排，集中推介广东省特色或应季的农产品，打造丰富的线上营销场景。双方将共同打造"淘菜菜直采基地"，加强源头品控。由广东省农业农村厅推荐省内优质的生鲜基地与淘菜菜对接，支持在源头引入淘菜菜果蔬生鲜分级评价机制，数字化赋能提升基地运营管理水平。[①] 依托于阿里巴巴体系提出直供直销的助农模式，构建从田头到餐桌的农产品采销网络。目前，淘菜菜已经直连近万个农产品基地，并与数字农业产地仓、销地仓以及自身的加工仓、中心仓、网格仓、百万社区小店全面打通，持续推进农产品仓储冷链保鲜加工体系建设。

2.企业结构

近年来，广东省蔬菜产业化经营迅速发展。广东省坚持把培育新型经营主体作为重大战略，实施龙头企业培优工程、农民合作社升级工程、家庭农场示范工程，蔬菜新型经营主体不断增多，社会化服务体系进一步完善。《广东工业统计年鉴（2020）》显示，2019 年全省规模以上农副食品加工企业 1017 家，销售产值达 307.96 亿元。其中，蔬菜、菌类和坚果加工企业工业生产总值 180.68 亿元。截至 2020 年底，全省有 500 亩以上的菜篮子蔬菜基地 143 个，总面积达 1.8 万公顷。其中，占地面积为 500~1000 亩的有 40 个，1001~2000 亩的有 66 个，2000 亩以上的有 37 个。全省 1183 家重点农业龙头企业中，有 108 家为蔬菜产业龙头企业。[②] 截至 2021 年，全省共有 21545 家蔬菜相关企业，其中广州市、湛江市、茂名市、肇庆市的蔬菜相关企业类数量均超过 2000 家（见表 9）。

---

① 《广东省农业农村厅与淘菜菜签订战略合作协议，供港蔬菜龙头企业就近平价保供广东全省绿叶菜》，广东省农业农村厅网站，http://dara.gd.cn/%E6%8A%A5%E9%80%81%E5%86%9C%E4%B8%9A%E5%86%9C%E6%9D%91%E9%83%A8%E6%8E%A5%E5%8F%A3/content/post_3617018.html。

② 储霞玲、刘小茜、郑林秀等：《广东蔬菜产业发展概况分析》，《中国蔬菜》2022 年第 11 期。

表9　广东省各地级市蔬菜相关企业数量

单位：家

地级市	数量	地级市	数量
广州	2204	中山	204
深圳	331	江门	736
珠海	107	阳江	347
汕头	437	湛江	3516
佛山	474	茂名	2005
韶关	1360	肇庆	2474
河源	985	清远	1591
梅州	850	潮州	311
惠州	1452	揭阳	615
汕尾	412	云浮	779
东莞	355	总数	21545

资料来源：企查查。

根据十大品牌网整理评估，目前，我国蔬菜十大品牌有七彩庄园、乐义、星辉蔬菜、银龙蔬菜、燎原果蔬、东升农场、从玉 CY、绿富隆、宏辉果蔬、多利农庄 Tony's Farm，其中东升农场、从玉 CY、宏辉果蔬均为广东省品牌，也显示了广东省在蔬菜品牌建设方面较为强大的竞争力，助力广东省进一步开拓国内外蔬菜市场。例如，广东东升农业集团主要从事农副产品、蔬菜水果等种植、加工、贸易，在全国各地拥有多个绿色、有机种植的大型农场，实现了新鲜蔬果的周年供应，构建了优势互补的大型蔬果种植基地，被评为广东省农业龙头企业，成为广州亚运会蔬菜供应商。东升集团拥有 ISO、GAP、绿色有机认证，同时建立了网络信息化的安全和质量追溯体系，使产品达到了国际水平的质量要求。多年来，东升集团产品除了供应珠三角、港澳地区外，同时也远销海外市场。[①] 这三家广东蔬菜公司都在不断扩大出口销售并致力拓展国内市场，在果蔬行业具有举足轻重的地位，助力

---

① 《蔬菜十大品牌，十大新鲜蔬菜—大棚蔬菜—有机蔬菜品牌排行榜，青菜哪个牌子好（2024）》，十大品牌网，https://www.cnpp.cn/china/list_ 1317.html。

广东省蔬菜产业竞争力不断提高。

在蔬菜交易市场方面，2020 年，广东省有 11 个蔬菜交易市场，居全国第 5 位，山东省以 36 个市场数量稳居全国第 1 位。截至 2020 年，广东省蔬菜总摊位数有 5827 个，年末出租摊位数有 5315 个，居于全国中游水平。2020 年，广东省蔬菜市场营业面积有 528017 平方米，居全国中上游水平，但与山东等蔬菜生产大省相比还存在较大差距。在蔬菜成交额方面，2020 年广东省为 192.38 亿元，在全国占比 5%（见表 10）。目前，广东省交易量较大的蔬菜批发市场有广州江南果菜批发市场、深圳海吉星国际农产品物流园、珠海农副产品批发物流中心、汕头市农副产品批发中心、中山农产品交易中心、白云山农产品综合批发中心等，这些蔬菜批发市场规模较大，功能齐全，配套完善，为广东扩大蔬菜市场规模作出了较大贡献。

表 10　2020 年全国蔬菜市场交易情况

地区	市场数量（个）	总摊位数（个）	年末出租摊位数（个）	营业面积（平方米）	成交额（万元）
全国	224	195007	172658	14928770	38797972
北京	2	1753	1711	340000	2271500
天津	6	6995	4282	538630	872007
河北	28	59646	50441	2357356	3368056
山西	3	2208	2026	206200	622699
内蒙古	4	5484	5322	274104	700652
辽宁	7	1678	1608	309660	527032
吉林	1	395	367	28000	77477
黑龙江	4	1934	1708	300000	1612884
上海	2	467	467	52110	872413
江苏	11	4208	3996	344170	1874957
浙江	21	12402	9992	742278	2967768
安徽	11	6896	6497	564506	1113100
福建	5	1677	1601	229758	669142
江西	6	2336	2215	325636	790340
山东	36	41316	38140	4422910	8847582
河南	14	5888	5051	425884	877022
湖北	3	521	487	53200	69948

续表

地区	市场数量 （个）	总摊位数 （个）	年末出租摊位数 （个）	营业面积 （平方米）	成交额 （万元）
湖南	8	3689	3584	156232	542007
广东	11	5827	5315	528017	1923793
广西	3	2123	2047	305000	702077
海南	1	435	435	49284	216060
重庆	6	1941	1938	77879	445965
四川	4	2699	2599	311800	1775428
贵州	3	2610	2601	121558	662360
云南	2	563	563	116000	381900
陕西	4	2555	2353	298000	1364368
甘肃	7	7728	6913	314249	404559
青海	2	2414	2414	277000	857679
宁夏	3	3349	2950	629206	178670
新疆	6	3270	3035	230143	1208527

资料来源：《中国商品交易市场统计年鉴》。

（六）政府力量

1. 相关政策

当前，广东省已逐渐发展成为我国蔬菜大省之一，蔬菜播种面积和产量均不断增长，蔬菜加工初步形成了区域特色，蔬菜贸易稳中有升。2019年8月，在广东省农业农村厅的积极推动和指导下，广东率先在全国成立了首家省级金融支农联盟，着力解决农业农村"融资难""融资贵""融资慢"等突出问题，广东金融业服务"三农"、服务乡村振兴取得突出成绩。2019年，广东省涉农贷款余额1.39万亿元。其中，金融精准扶贫贷款余额229.39亿元，同比增长32%；发放农业再贷款40亿元。全省农业保险保费收入18.8亿元，同比增长22%，为农业生产提供782亿元风险保障。[①]

---

① 《广东：多措并举创新金融支农》，中国农村网，http://journal.crnews.net/ncpsczk/2021n/
d8q/nynctz/935195_20210512105104.html。

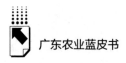

2018 年以来，国家及地方政府相继出台了一系列政策对农业进行大力扶持，针对产业发展的政策规划不断出炉，为蔬菜产业持续发展提供了良好的政策环境（见表11）。

表 11　近年来国家及广东省出台的蔬菜产业相关政策

年份	颁布部门	政策
2017	广东省农业厅、广东省财政厅	关于印发 2018 年省级乡村振兴战略专项资金（构建现代农业体系）第一批项目申报指南的通知
2018	广东省农业厅	关于广东省级示范家庭农场认定管理的办法
2018	广东省农业农村厅	广东省现代农业产业园建设指引（试行）
2018	中共中央、国务院	乡村振兴战略规划（2018~2022 年）
2019	农业农村部办公厅	关于种子法有关条款适用的意见
2019	广东省农业农村厅	关于印发《广东省农业农村厅"一村一品、一镇一业"建设工作方案》的通知
2019	广东省农业农村厅办公室	关于 2019 年广东省名牌产品（农业类）申报和复审的通知
2019	国家质量监督检验检疫总局	供港澳蔬菜检验检疫监督管理办法
2019	自然资源部、农业农村部	关于设施农业用地管理有关问题的通知
2020	中共中央、国务院	关于抓好"三农"领域重点工作确保如期实现全面小康的意见
2020	广东省农业农村厅	农作物品种审定与评定办法
2020	广东省农业农村厅、广东省财政厅	2020 年广东省家禽水产品收储和蔬菜瓜果收购、贮藏应急补贴方案
2021	广东省人民政府办公厅	关于金融支持全面推进乡村振兴的实施意见
2022	广东省农业农村厅	关于印发《广东省农业机械化"十四五"发展规划（2021~2025 年）》的通知

资料来源：广东省农业农村厅。

2. 科技支撑

蔬菜育种育苗是蔬菜产业升级，提升蔬菜产业竞争力的关键环节。2019~2022 年，广东省累计推介农业主导品种 344 个，主推技术 427 项，其中，蔬菜主导品种 36 个，主推技术 22 项，分别占比 10.47% 和 5.15%，现已形成黑皮冬瓜、节瓜、苦瓜、丝瓜、芥蓝和菜心等岭南特色优势蔬菜品种。在蔬菜育种技术方面，广东省农业科学院通过国家和广东省品种审定农作物新品种146个。目前，已形成了完善的科技推广服务体系，与国内多家企业紧密合作，"铁柱"冬瓜、"雅绿"丝瓜、"丰绿"苦瓜、"夏冠"节瓜、"蜜本"南瓜、"粤椒"辣椒、"秋盛"芥蓝以及"粤丰"紫红茄等系列优良新品种，在国内同类品种中表现突出，许多品种已成为华南地区甚至全国主产区的主栽品种。在蔬菜加工技术方面，广东省农业科学院蚕业与农产品加工研究所建有省部共建国家重点实验室培育基地、农业农村部功能食品重点实验室、热带亚热带果蔬加工技术国家地方联合工程中心、广东省农产品加工重点实验室、广东省农产品加工技术研发中试公共服务平台等多个农产品加工创新平台。截至2021年，获批农产品食品化加工实用技术达100项，其中果蔬加工与保鲜技术最多，为38项。在蔬菜科技平台支撑方面，广东省建设了广东省农业科学院蔬菜研究所及下设广州粤港澳大湾区"菜篮子"研究院、广东省蔬菜重点科研基地、广东省蔬菜种质资源库、广东省蔬菜新技术研究重点实验室、农业农村部华南地区蔬菜科学观测实验站等科研平台，并与华南农业大学、华南理工大学、仲恺农业工程学院等高校结合，为广东蔬菜产业提供了重要的科技平台支撑，为推进新时代农业高质量发展提供技术典范。

3. 品牌建设

农业农村部农产品质量安全中心分批公布了2022年全国名特优新农产品名单，广东省共有85种农产品入选。其中，广东省蔬菜产品入选的有均安大头蒜、雷州番薯、梅江白宫芋头、陆丰碣石甘薯、新垦莲藕、罗坝南瓜、桑麻黑毛节瓜、大鳌慈姑、廉江番薯、丰顺金针菇、揭西菜心、花都西洋菜、澄海南瓜、徐闻韭菜、德庆小黄瓜、大埔板栗等多个名特优新农产品。这些入选全国名特优新农产品名录的农产品，都是广东各地依托资源禀赋发展富民兴村产业，着力加强广东农产品品牌建设，提升广东农产品的影响力和竞争力，最终实现将资源变产品、产品变商品、商品变名品。

无公害农产品、绿色食品、有机农产品和农产品地理标志统称"三品一标"，"三品一标"是政府主导的安全优质农产品公用品牌。发展"三品一标"是践行绿色发展理念的有效途径，是实现农业提质增效的重要举措，

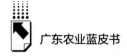

是适应公众消费升级的必然要求，是提升农产品质量安全水平的重要手段，对实施乡村振兴战略具有推动作用。广东省按照全国农产品质量安全监管工作及"三品一标"工作会议的总体部署，紧紧围绕推动农业转型升级，促进农业增效、农民增收的中心任务，有效地抓好了全省"三品一标"的认证申报、监督管理、基地建设、宣传培训、市场开拓等工作，较好地推动了全省"三品一标"产业发展，有力地促进了全省农产品质量安全水平的提高，推动了全省现代农业标准化进程。"三品一标"政策的实行为广东省蔬菜产业的发展提供了一个良好契机。①

4.现代蔬菜产业园

现代农业产业园，是按照"政府指导、多元投入、市场运作、统一安排、分期实施、整体推进"的思路建立起来的一种现代农业经营模式。现代蔬菜产业园是现代农业产业园的一种形式。2018年以来，广东把大力推进现代农业产业园建设作为实施乡村振兴战略、推动产业兴旺的重要抓手，以高位推动、强力投入、创新管理、多策扶持和激活投贷等举措推动省级现代农业产业园建设。目前，广东共创建288个省级现代农业产业园，实现主要农业县全覆盖，成为全省乡村振兴和县域经济发展的重要"引擎"。② 例如，2018年，澄海区蔬菜产业园凭借产业优势成功入选广东省第二批省级现代农业产业园建设名单。经过近几年的稳步建设，目前产业园的蔬菜已基本实现基地化、设施化、无公害化和反季节生产，每年可种植6~8造，生产效益水平日益提高。创建的"柴井韭菜""建阳芥蓝""海后苦瓜""兰苑空心菜"等蔬菜品牌驰名国内外。目前，澄海区蔬菜产业园各项创建基础较好，已集聚市级以上产学研平台2个，冷链仓储、市场物流、生产加工、电子商务、休闲旅游等相关企业近100家，其中龙头企业10家、农民专业合作社30家，专业种植户众多，具有较好的产业基础，并构建了种业

---

① 《广东："三品一标"助推省农业提质增效》，中国政府网，https：//www.gov.cn/xinwen/2017-12/27/content_5250666.htm。

② 许悦等：《做强特色农业产业，广东今年再建53个现代农业产业园》，《羊城晚报》2022年6月3日。

研发、净菜加工、示范推广、规模生产、物流批发、冷链仓储、电子商务、休闲旅游等功能板块，形成澄海蔬菜一二三产业协调发展的良好格局，为广东城市居民添满菜篮子贡献力量。[①]

5. 金融助力

作为现代经济的核心，金融在我国打赢脱贫攻坚战的过程中发挥了重要作用。尤其在新的发展阶段，全面推进乡村振兴同样离不开金融的有力支撑。党的十九大以来，广东把实施乡村振兴战略纳入"1+1+9"工作部署，全省"三农"工作迈上新台阶，乡村产业发展取得长足进步。广东的金融支持乡村振兴攻坚行动起了很大作用。在金融监管部门的指导下，广东金融系统持续加大对"三农"领域的支持力度，通过靶向施策，为乡村振兴战略在广东的落地实施提供了强劲的金融支撑。在多方合力下，2022年广东涉农贷款增长显著。央行广东省分行数据显示，截至2022年8月末，广东涉农贷款余额2.02万亿元，同比增长12.8%，比年初增加2164亿元，同比多增381亿元。[②]

在农业保险方面，2013年广东省试点推出蔬菜种植保险，标志着该险种在广东省正式破冰，2016年政策性蔬菜种植保险在广东省全面铺开，不仅增强了蔬菜基地和种植农户抵御自然灾害的能力，稳定蔬菜生产保供稳价，也为农民实现增产增收提供了保险保障。如今，广东抓住岭南农业产业特色，以特色险种的小切口做好农险服务的大文章，全省落地近200个地方特色险种，涌现了一批全国首创的创新险种，特色农险基本覆盖地方支柱型优势农产品，全省范围开办岭南特色水果、种植大棚、蔬菜、水产品养殖等特色农产品保险，由省级财政统一给予50%的保费补贴，形成了具有浓烈地方特色的农业保险体系。

6. 人才支撑

乡村振兴，人才是关键。2022年的中央一号文件明确，要加强乡村振兴

---

① 《重磅！澄海蔬菜产业园入选2021省级现代农业产业园建设（扩容提质）名单》，《南方农村报》2021年12月28日。

② 家俊辉：《靶向施策、"活水"润农　金融助力广东乡村振兴高质量发展》，《21世纪经济报道》2022年9月23日。

人才队伍建设，实施高素质农民培育计划、乡村产业振兴带头人培育"头雁"项目，培养乡村规划、设计、建设、管理专业人才和乡土人才。近年来，广东多措并举，将家庭农场经营者、农民合作社带头人、农业经理人等作为培训重点，开展了产业发展、农业技术应用等多个领域的技能培训，用技能助推产业。同时，将农业科技创新作为实施乡村振兴战略的重要任务，推动农业科技创新整体水平明显提升，为全面推进乡村振兴提供了重要动力。[①]

党的十八大以来，广东省共建立各类高素质农民培育基地554家，培育高素质农民115051名，高素质农民培育项目学员参评率达到96.4%，学员满意度达99.6%；大力加强农业科技人才对口帮扶，打造"1+51+100+10000"农技推广服务新体系，组建了农技服务乡村行"轻骑兵"，选派科技特派员1.4万余人。他们活跃于全省农业生产经营一线，成为广东特色现代农业发展的"主力军"，有效助推了乡村产业经济发展，有力地带动了各地农业产业转型升级。[①]蔬菜所与中国农业大学合作在佛山共建广东省第一家蔬菜"科技小院"，形成"地方农业部门协调+专家指导+企业参与+示范基地搭建+技术员跟进+多途径培训+回访调研"的创新型推广机制，这是一种"学校、基地、乡村"三位一体的专业人才培养模式。"科技小院"不仅使研究院所、高校科技成果可在基层精准应用，更成为吸引院校高层次人才下沉生产一线的专家引智平台，助力打造"粤"字号蔬菜产业品牌，以辐射大湾区，为湾区蔬菜产业做优、做强提供坚实的科技支撑。[②]

四　广东省蔬菜产业发展存在的问题

（一）冷链物流建设水平有待进一步提升

整体来看，广东省蔬菜流通渠道仍以批发市场为主，占比过半。近年

---

① 《广东紧抓人才振兴赋能乡村全面振兴》，广东省农业农村厅网站，http://dara.gd.gov.cn/mtbd5789/content/post_ 3886726.html。

② 《打造"粤菜科技强芯工程"，构筑湾区菜篮子新优势》，广东省农业科学院网站，http://www.gdaas.cn/mtjjn/content/post_ 998889.html。

来，电商、自营门店、农超对接等新型销售模式的占比虽逐渐增加，但是销售流通渠道仍有待进一步拓宽。同时，由于蔬菜产品的易腐性以及消费者对其新鲜度的高要求，蔬菜产品的采收、贮藏、包装、运输、销售也需要冷链物流的支持。数据显示，果蔬、水产品、肉产品腐损率分别达到了 25%、15%、10%，仅是果蔬一项，广东省每年损失就达到了上百万吨。[①] 目前，广东肉类冷链建设相对完善，而果蔬冷链设施的建设主要集中在运输环节，产地加工型冷库建设相对滞后。因此，还要进一步推进冷链物流建设，促进蔬菜产品的高效流通，显著降低了蔬菜产品储存与运输的腐损率，加强了市场有效供应，从而稳定了蔬菜市场价格。

（二）蔬菜生产农机农艺结合度有待进一步提升

广东省蔬菜生产环节还存在着农机、农艺结合欠佳的问题。农机、农艺技术融合是指在农业生产中，单项或者多项的生产技术集成配套。农机的设计制造要适应农艺技术的要求，另外农作物品种和种植模式也要方便农业机械作业，两者需相互适应和相互配合。[②] 广东省常年种植的蔬菜品种多达 100 多种，不同品种蔬菜其生产环节农艺要求不同，加之蔬菜种植面积小而散、规模化、集约化程度低，山区丘陵较多等因素，不同地区甚至不同农户对蔬菜种植的模式也不同，导致起垄、播种、移栽、收获等环节农艺种植标准无法统一，机械化配套和推广难度大，农机与农艺脱节严重。[③] 目前，广东省蔬菜生产机械化应用主要集中在耕整地、植保等生产环节，播种、移栽、收获等环节机械化应用均处于试验示范起步阶段。[④] 此外，广东省农机、农艺一体化专业人才也较为匮乏。蔬菜园区员工

---

① 张磊、万忠、方伟等：《广东省粮食生产现状、制约瓶颈及突破路径》，《南方农村》2022 年第 1 期。

② 《农机农艺技术融合概念是什么？》，农业种植网，https：//www.my478.com/question/20220203/546012.html。

③ 李展群：《广东蔬菜生产机械化发展现状与思考》，《农机科技推广》2020 年第 12 期。

④ 薛永成、聂虎子：《广东蔬菜生产机械化技术推广现状与策略》，《农机科技推广》2021 年第 7 期。

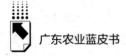

的流动性较大、熟练工人缺乏，导致园区生产效益不稳定，进而制约机械化的推广。

（三）蔬菜工厂化育苗能力和品种结构有待进一步优化

广东现有蔬菜工厂化育苗存在规模较小、品种有限、辐射面窄、装备偏差、配套不足、技术简陋等问题，大部分苗场年产能力基本在 500 万株以下，与广东省蔬菜生产和消费大省的地位不相匹配。此外，播种生产线等关键装备依然主要依赖进口，一次性投入较高，加之种植户对成品苗的时间、品种等需求不确定，在一定程度上制约了工厂化育苗技术的推广应用。[①]

同时，广东省是全国人口城镇化水平较高的省份之一，人口密度大、土地资源紧张、环境问题突出，迫切需要优质高效、周年供应能力强的设施农业技术和作物品种。但目前适合广东蔬菜设施的专用品种较少，仍以种植传统大宗蔬菜品种为主，如粤西冬种蔬菜仍以辣椒、黄瓜、菜豆、豆角和甜玉米五大主要品种为主，结构较为单一。南有福建、海南等同类产品争夺冬种市场，北有大棚蔬菜保障冬季供应，市场竞争激烈。此外，随着人们生活水平的提高，像口感番茄、香芋南瓜、优质西兰苔、富含花青素的紫色鲜食玉米等品质和功能型蔬菜越来越受到关注，广东省功能型蔬菜品种的开发速度和培育能力也需进一步提升。

（四）蔬菜产品加工能力与品牌建设有待进一步加强

广东省蔬菜以鲜销为主，从事果蔬加工的规模以上企业整体偏少，果蔬加工产品在流通过程中的腐败破损率达到 25%。省内蔬菜加工还是以传统的高盐腌制、日晒烘干加工方法为主，食品安全问题难以控制；冻干蔬菜、蔬菜汁、蔬菜粉、蔬菜脆片等创新产品加工的厂家还比较少；珠三角的鲜切菜净菜加工尽管发展较快，但是市场占有率也还比较低。同时，长期以来，

---

① 沈林晨、刘霓红、薛坤鹏等：《广东蔬菜工厂化育苗技术和设备应用研究——以湛江市农科院"育繁推种苗繁育创新中心"项目为例》，《现代农业装备》2020 年第 5 期。

广东鲜蔬菜出口量均占蔬菜总出口量的 90% 以上，而蔬菜加工制品不到 10%。

广东蔬菜品牌建设水平不断提升，但相较于品种繁多的蔬菜产业而言，有影响力和竞争力的区域公用品牌、企业品牌、产品品牌相对较少，"新三品"融合不佳，制约了实际效益转化率。此外，具有广东地方特色的蔬菜地理标志产品也偏少。在第四次全国地理标志调研中，截至 2020 年 8 月 8 日，广东十大类地理标志数量有 237 个，占全国总数的 2.81%，排在全国第 19 位。其中，果品类数量最多，有 66 个，占比 27.85%；食品类位居第 2，有 30 个，占比 12.66%；粮油类位居第 3，有 25 个，占比 10.55%；蔬菜类则位居第 4，有 23 个，占比 9.70%。

五　提升广东省蔬菜产业竞争力的对策建议

（一）深化提升蔬菜产业储运加工能力

一是实施蔬菜仓储保鲜冷链物流设施建设工程。以县级及以上示范家庭农场、农民合作示范社和已登记的农村集体经济组织为实施主体，在蔬菜主产区、特色蔬菜优势区，扶持开展产地冷藏保鲜设施（如田头冷库）建设。进一步发挥农产品冷链仓储物流产业联盟作用，合力共筑蔬菜冷藏初加工"一盘棋"体系、冷链物流"一张网"战略。借鉴高州经验，支持各地建设集仓储保鲜、加工包装、直播电商、农业生产经营信息发布、新技术示范推广、农村政策法规宣传等功能于一体的"田头小站"，加强预冷保鲜、分级分拣、加工包装等环节，解决蔬菜保鲜"最先一公里"。

二是加快推进蔬菜产品精深加工。在品种选育方面，要筛选种植加工适用品种，研发赏食兼用型蔬菜品种以及蔬菜休闲食品和保健型蔬菜品种，实现一二三产业融合。在初加工方面，重点发展净菜和鲜切菜加工，实现生产配送标准化和食品安全可溯源；转型升级广东传统特色的菜干、咸菜、腌制菜加工；加大蔬菜废弃资源的饲料化、肥料化、能源化利用；把握预制菜产

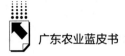
业快速发展的契机，开发配套的蔬菜加工制品。在精加工方面，挖掘提取蔬菜中的功能活性成分，如从生姜中提取姜黄素、姜辣素，从番茄中提取番茄红素等，提高蔬菜产品附加值。

（二）适时提高蔬菜产业机械化水平

加强蔬菜机械化生产标准化建设，扶持重点蔬菜生产企业，形成一批以蔬菜机械化生产示范区为依托的蔬菜产品龙头企业。系统调研了解广东省蔬菜生产宜推广机械化作业的品种、种植面积以及相关种植经营主体的切实需求，推动蔬菜和农机装备两大行业的相关科研机构、生产经营主体的战略合作，切实促进农机农艺相结合，着力实现蔬菜品种、生产工艺、农机装备的无缝对接，减轻劳力强度，提高劳动效率。研发推广先进适用的中小型农业机械、适合特色蔬菜种植的专精特新农机具，加大农机推广应用经费保障力度。可以探索选取一次性收获的蔬菜品种（如菜心、冬瓜、南瓜）打头阵，从易到难，逐步提高广东蔬菜产业机械化水平。借鉴粮食生产上成功的专业化社会化服务模式和经验，引导探索培育蔬菜生产"全程机械化+综合农事"服务联合体。探索实施差别化补贴，适当降低耕整地等传统饱和农机具补贴上限额度，对蔬菜移栽、收割等先进适用的农机可实行优先补贴。①

（三）加大蔬菜品牌培育力度

进一步加大广东蔬菜品牌培育力度，走差异化发展道路。以绿色化、品牌化作为蔬菜产业升级和市场开拓的核心抓手，以"新三品一标"融合作为品牌化建设的基本路径，依托省内各蔬菜特色农产品优势区，进一步做强区域公用品牌、企业品牌、产品品牌。通过政府与行业协会的积极合作，定期组织开展品牌蔬菜联合推介会和展销会，提升广东蔬菜品牌知名度。以市场为导向，加快培育广东蔬菜优良新品种以及种植新技术的研发推广，实施差异化发展战略。创建全程质量控制绿色蔬菜示范园区，大力提升全省绿色

---

① 李展群：《广东蔬菜生产机械化发展现状与思考》，《农机科技推广》2020年第12期。

蔬菜占比，同时加大对知名绿色蔬菜品牌的保护力度。值得一提的是，地方传统名优特蔬菜品种，如水口白菜、澄海萝卜、杜阮大顶凉瓜、张溪香芋、八甲唛菜等品质都非常好，但往往面临品牌化和规模化的悖论——创品牌，需要规模化支撑；规模化，则面临特色和品质弱化的风险。因此，特色小众蔬菜产品的品牌化应该走精细化经营之路，打造"三品一标"，依托区域公用品牌和企业品牌的大伞，凸显范围经济而非单纯的规模经济。

（四）着力打造粤港澳大湾区蔬菜产业联盟

依托粤港澳大湾区"菜篮子"基地建设，加快生产、流通、科研、推广等部门信息共享、标准统一和产销衔接的步伐，提升蔬菜整体竞争力。通过统一标识、统一商品检测、统一配送等方式扩大联盟知名度与影响力，引导产业集群完善产业链条，实现优势互补，提高产业规模收益。组建"粤港澳大湾区蔬菜质量标准中心"，构建以产品为主线、以全程质量控制为核心的蔬菜全产业链标准体系，力争形成与山东寿光全国蔬菜质量标准中心齐名的南北两大蔬菜质量标准领域国家级平台。目前，山东省依托全国蔬菜质量标准中心牵头制定了《粤港澳大湾区蔬菜生产基地良好农业操作规范》（番茄、黄瓜、辣椒、茄子、西葫芦、菜豆）6项团体标准，已在山东地区粤港澳大湾区"菜篮子"生产基地推广使用。建议广东省进一步完善省际蔬菜全产业链标准化协同推进机制，研制推广粤港澳大湾区岭南蔬菜生产基地团体标准，建立岭南蔬菜标准数据库，试点打造一批蔬菜全产业链标准化基地（菜园）和相关标准综合体，充分发挥基地示范带动作用，提升新型农业经营主体标准化生产能力，带动小农户按标生产。

参考文献

［1］储霞玲、刘小茜、郑林秀等：《广东蔬菜产业发展概况分析》，《中国蔬菜》2022年第11期。

［2］侯妙然、杨莉萍：《广东省蔬菜出口竞争力分析》，《绿色科技》2021年第20期。

［3］李小玲、闻铭、梁美静：《广东省果蔬冷链物流发展现状及对策研究》，《中国储运》2021年第9期。

［4］李展群：《广东蔬菜生产机械化发展现状与思考》，《农机科技推广》2020年第12期。

［5］庞若闲：《广东蔬菜出口优化措施研究》，《商场现代化》2016年第8期。

［6］沈林晨、刘霓红、薛坤鹏等：《广东蔬菜工厂化育苗技术和设备应用研究——以湛江市农科院"育繁推种苗繁育创新中心"项目为例》，《现代农业装备》2020年第5期。

［7］谭卓杰：《商务部肉类蔬菜流通追溯体系建设情况分析——以广东省中山市为例》，硕士学位论文，佛山科学技术学院，2018。

［8］汪芳：《基于钻石模型的宁夏枸杞产业竞争力研究》，硕士学位论文，山东理工大学，2021。

［9］薛永成、聂虎子：《广东蔬菜生产机械化技术推广现状与策略》，《农机科技推广》2021年第7期。

［10］杨扬：《基于钻石模型的寿光蔬菜产业竞争力研究》，《现代经济信息》2014年第19期。

［11］张磊、万忠、方伟等：《广东省粮食生产现状、制约瓶颈及突破路径》，《南方农村》2022年第1期。

［12］赵璇：《乡村振兴背景下寿光市蔬菜产业发展对策研究》，硕士学位论文，浙江海洋大学，2021。

［13］朱月娥：《中国蔬菜对外贸易风险与对策》，《中国外资》2023年第9期。

2022年广东水果产业发展报告

齐文娥　高飞　李洁欣*

摘　要： 广东省是全国水果生产和出口大省之一，水果产业现已成为广东省继谷物、蔬菜之后的第三大农业种植产业。本文基于国家及广东省统计部门公布的数据，分析2022年全国及广东省水果产业的基本概况，以及广东省水果产业的生产结构与特征、消费和贸易特征、成本收益、科技支撑与发展状况、产业链发展和品牌建设情况等。通过梳理全国水果产业和广东省水果产业发展现状，针对广东省水果产业发展存在的问题，从制度、产业链、品牌建设和可持续发展等方面提出相应的对策和建议：做好顶层设计，优化制度环境；完善以市场需求为导向的产业链整合系统；发挥科技赋能作用，推动产业可持续发展；培育新型经营主体，进一步提升产业综合素质；完善产业发展配套服务支撑体系；产业大数据建设与信息整合分享；以区域公用品牌为统领，企业与产品品牌特色化发展。

关键词： 热带水果　水果产业　产业化发展

一　引言

水果作为经济作物和我国农业的重要组成部分，不仅是人们日常饮食中的重要组成部分，对于农业发展和居民收入提升也发挥着重要作用。21

* 齐文娥，博士，华南农业大学经济管理学院教授，主要研究方向为农产品营销与品牌管理、农业产业经济与文化；高飞，华南农业大学经济管理学院硕士研究生，主要研究方向为工商管理；李洁欣，华南农业大学经济管理学院硕士研究生，主要研究方向为农业管理。

世纪以来，我国水果种植面积持续增长，水果产量持续提升。据联合国粮食及农业组织（FAO）数据，2000 年，我国水果产量为 12.58 亿吨，到 2022 年增长至 26.28 亿吨，增长了 109%，占世界的比重从 22.00% 增长到 28.17%。2022 年，我国水果产量是印度的 2.35 倍，是美国的 12.31 倍，几个大宗水果的产量均居世界首位，全球近乎 3/4 的梨、1/3 的柑橘、1/2 的苹果是我国生产的。水果的生产、加工、销售以及相关产业链的发展，为国家经济增长提供了稳定的支撑。特别是近几年，在我国脱贫攻坚进程中，以水果、茶叶、蔬菜等园艺作物为主的种植业成为部分地区产业扶贫的主要抓手，水果产业的发展不仅带动了农村经济的增长，也为农民增加了收入来源。如今，面对我国水果业发展的新形势、新变化、新任务，有必要对我国水果产业取得的成就、经验与挑战进行梳理、总结，以期引导我国水果产业沿着绿色、健康、可持续发展的道路阔步前进。[①] 消费升级、健康意识上升、科技进步等都将推动我国水果市场规模的持续扩容。为实现水果行业的健康可持续发展，需要把握时代机遇，从生产、供应链、运营、品牌建设等方面提升水果产业竞争力。

广东地貌和气候条件多样，从亚热带到热带，为多种水果的种植提供了理想的环境，是全国水果生产和出口大省之一。据《中国农村统计年鉴（2023）》数据，2022 年广东省水果产量为 2023.4 万吨，占全国产量的 6.47%，位居广西、山东、河南和陕西之后。其中，菠萝和柑橘产量分别为 129.5 万吨和 554.6 万吨，分别位居全国第 1 和第 3。近年来，广东把深入实施乡村振兴战略纳入省委"1+1+9"工作部署，大力发展特色水果种植加工，通过坚持市场导向推动农产品产销对接，推出荔枝、菠萝、龙眼、香蕉、柑橘、柚子等一批叫得响的优势特色水果。2022 年，广东水果年产值达 1173.73 亿元，占全省种植业产值的 27.24%，同比增长 12.28%，成为促进广东省农业产值增长的主力军。其中，岭南特色水果柑橘橙、香蕉、菠萝、荔枝和龙眼产量分别为 420.18 万吨、488.55 万吨、129.47 万吨、

---

① 邓秀新：《关于我国水果产业发展若干问题的思考》，《果树学报》2021 年第 1 期。

146.74 万吨和 96.0 万吨。

广东省水果产业现已成为继谷物、蔬菜之后的广东省第三大农业种植产业，因此梳理广东省水果产业的发展现状、分析其发展存在的问题，对推进广东农业高质量发展具有重要意义。本文通过分析广东省水果产业的生产、消费、贸易、成本收益的演进特征，探究水果产业的比较优势与出口竞争力，梳理产业化发展情况以及广东水果产业科技支撑和品牌建设情况等，进而从产前、产中和产后环节剖析其存在的问题，并针对发展状况和问题提出相应的策略建议。

二 全国及广东省水果产业发展概况

（一）全国水果产业发展概况

中国既是农业大国，也是水果生产大国。改革开放后，我国的水果产业率先进行市场化改革[1]，40 年里水果产业不断发展，如今在生产规模、生产结构、生产主体、产业链条和消费贸易方面呈现以下特点。

1. 产量提升，地理集中

我国水果品类十分丰富，各类水果接力上市，水果供应实现全年覆盖。我国水果产业高度地理集聚地区的种植规模稳中有进，产量也多呈现逐年上升的趋势。[2]

地理集聚是我国水果生产的一大特征，尽管不同的水果之间存在差异，但近年来总体呈现集聚缓慢下降转向集中的趋势。[3] 在具有资源禀赋优势的地区形成规模化、区域化经营，其中广东、陕西、四川、河北、新疆、广西

① 邓秀新:《中国水果产业供给侧改革与发展趋势》,《现代农业装备》2018 年第 4 期。
② 刘春雁、田利琪:《河北省水果产业发展现状及对策研究》,《北方园艺》2016 年第 1 期。
③ 张强强、司瑞石、施凡基等:《中国水果生产集中化水平的演进趋势》,《中国农业资源与区划》2021 年第 2 期。

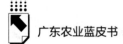
这几个省区为我国水果产业高度地理集聚地区。[①] 2022 年，广西、山东、河南、陕西、广东、新疆和河北 7 个省区的水果产量占全国的 52.77%。同时，由于不同水果所需资源禀赋存在差异，不同区域的果品也独具地方特色。[②]

2. 需求增长，逆差扩大

随着我国社会主要矛盾的转变，消费者对于高质量水果的需求也不断提高。据海关总署统计数据，2023 年我国水果及坚果（不包括果汁和罐头等加工品）进口额和出口额分别为 188.32 亿美元和 59.24 亿美元，净进口为 129.08 亿美元，同比增长 14.76%，是 2015 年净进口 8.56 亿美元的 15 倍，贸易逆差不断扩大，可见国内对鲜、干和冷藏水果的需求不断增长。

水果进口的快速增长也体现了需求的快速增长，然而除了满足国内大市场的需求，进一步开拓国外市场也应提上日程。近年来，各地政府都在宣传地方区域公用品牌，大量的宣传广告登上国际地标，多地方政府也派出代表团促成外贸交易，在此背景下，国内水果的国际影响力也在不断提高，竞争力不断增强。

3. 品种丰富，特色不足

国外优良品种引进和国内科研团队刻苦攻坚进行品种优化改良双管齐下，我国现有的水果品种丰富，部分经济效益较低的品种被逐渐替换，优良品种得到大力推广，但是品种推广还存在一定的限制，如成本投入较高、挂果回报期较长、存活率难以得到保证或者当地的环境条件不适宜等，并且许多水果的改良仅体现在品质和病虫害抗性上，成熟时间还是相对比较集中，品种特色还不够突出等问题也需要重视，如广东湛江地区推广的"富硒红橙"与广西发展的富硒橙子难以区分的问题，这在其他水果产业中也较为普遍，为了我国水果产业良性发展，可向内深度挖掘水果品种特色。

---

① 王伟新、向云、祁春节：《中国水果产业地理集聚研究：时空特征与影响因素》，《经济地理》2013 年第 8 期。
② 唐齐粒、魏伟：《四川省水果产业地理分布及其休闲潜力分析》，《中国果树》2022 年第 6 期。

4. 大而不强，产业化不足

"大而不强"是我国水果产业的痛点之一。农户由全职经营农业生产逐渐转向兼业，以往的农村劳动力资源优势被逐步弱化。此外，水果生产的主体小散户居多，合作社、行业协会数量偏少且发展不足，缺乏有效的生产组织和风险抵抗能力，加工业发展也尚未能够满足市场需求，现有的水果产品加工以劳动密集型企业、产品初加工为主，精深加工不足，产业链较短。[①]为推进一二三产业融合，系统性地解决现有问题，各地政府、科研机构、企业三方组队，开始联手探索联农带农模式，寻找"把劳动力留下来，把规模扩起来"的道路，政府协调支持整合资源，科学家用科学技术提升种植效率和产品品质，为产业添砖加瓦、企业开拓市场；[②] 大力发展休闲农业的景区化建设[③]，开拓果园观光功能，或者依托产业集群和当地文化风俗建设乡村旅游线路，增加产业附加价值。

（二）广东水果产业地位

1. 水果产业是广东农业重要组成部分

广东省地处热带亚热带，拥有优越的地理环境与气候条件、丰富且优质的水果品种资源和悠久的栽培历史，具有发展亚热带水果的独特优势。[④] 同时，广东省地处华南，是面对全国消费市场少数几个适合发展热带水果的省份之一，又毗邻港澳，同时面对港澳消费市场，具有得天独厚的地理优势。随着粤港澳大湾区建设的深入推进，作为广东省优势产业的水果产业迎来了新的发展机遇与挑战。

水果属于农业中的种植业，其产值同坚果、茶、香料作物一同统计，近

---

① 王刘坤：《中国水果产业转型升级：评价及影响因素研究》，硕士学位论文，华中农业大学，2018。

② 邓秀新：《关于我国水果产业发展若干问题的思考》，《果树学报》2021年第1期。

③ 唐齐粒、魏伟：《四川省水果产业地理分布及其休闲潜力分析》，《中国果树》2022年第6期。

④ 余华荣、周灿芳、蔡德超等：《2014年广东水果产业发展形势与对策建议》，《广东农业科学》2015年第12期。

年开始有水果产值具体数据。数据显示，广东水果产值约占水果、坚果、茶、饮料和香料产品产值的 92.16%。根据 2009~2021 年《广东农村统计年鉴》的数据，种植业产值占农林牧渔业总产值的比重呈逐年上升趋势（见图 1）。根据《广东农村统计年鉴（2023）》的数据，2022 年，农林牧渔业总产值为 8892.29 亿元，种植业产值约为 4308.23 亿元，种植业占农林牧渔业总产值的 48.45%；水果产值为 1173.73 亿元，占种植业产值的 27.24%，占农林牧渔业总产值的 13.20%，成为继谷物、蔬菜之后的第三大农业种植产业。

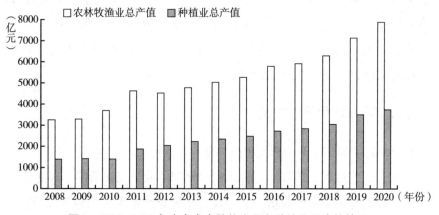

图 1 2008~2020 年广东省农林牧渔业和种植业总产值情况

资料来源：《广东农村统计年鉴》（2009~2021 年）。

2. 水果总产量和单产在全国处于领先地位

从生产面积来看，广东省的果园面积在过去的 10 年间经历了先增后减再回升的态势，2017 年短暂下降后再次恢复增长势头，2022 年已扩张至 106.91 万公顷，接近 10 年前水平，尽管其在全国的占比略有缩减。同年，广东省果园面积位列全国第 3，紧随广西壮族自治区与陕西省之后。

聚焦产量层面，广东省的水果产量呈现稳步波动增长趋势，2022 年总产量攀升至 1895.18 万吨，是 10 年前的 1.48 倍，增速超越了全国平均水平，其产量占比在全国范围内维持在 5.97% 左右的浮动区间（见表1）。近5年来，广东省水果在国内市场的占有率在 5.87% 上下波动。具体而言，2022年广东省在全国主要水果高产省份中的市场占有率排名第5，与排名第1的广西壮族自治区存在 4.39 个百分点的差距，同时与山东省、河南省、陕西省的差距分别为 3.34 个、1.64 个、0.67 个百分点，显示了其市场竞争力方面仍有较大的提升空间。

表1 2012~2022 年广东省水果与全国水果比较

年份	果园面积（万公顷）			水果产量（万吨）		
	全国	广东	广东占全国比重(%)	全国	广东	广东占全国比重(%)
2012	1099.00	110.02	10.01	22091.5	1279.09	5.79
2013	1104.33	111.98	10.14	22748.1	1368.73	6.02
2014	1160.77	112.19	9.67	23302.6	1438.49	6.17
2015	1121.22	113.66	10.14	24524.6	1519.89	6.20
2016	1091.66	113.96	10.44	24405.2	1580.96	6.48
2017	1114.86	96.05	8.62	25241.9	1421.23	5.63
2018	1187.49	98.23	8.27	25688.35	1547.81	6.03
2019	1227.67	100.70	8.20	27400.84	1644.38	6.00
2020	1264.63	103.13	8.15	28692.36	1756.16	5.17
2021	1296.20	105.08	8.11	29970.20	1826.73	6.10
2022	1300.95	106.91	8.22	31296.20	1895.18	6.06

资料来源：根据国家统计局和《广东农村统计年鉴》（2013~2023 年）数据整理计算而得。

从果园单产来看，广东省在这一指标上展现了强劲的增长动力，逐步拉近了与全国平均水平之间的距离。2012~2022 这 11 年间，广东省的水果单产从 11.63 吨/公顷提升至 17.73 吨/公顷，而全国范围的单产也由 20.10 吨/公顷增长到 24.06 吨/公顷。值得注意的是，广东省与全国单产之间的差距已从最初的 8.47 吨/公顷缩减至 6.33 吨/公顷，这一变化彰显了广东省农业生产效率与水平的持续提升。

多年来，我国的水果生产区域已经形成较稳定的发展格局。2010~

2015 年，广东省水果产量多年来位居全国第 6，仅次于山东、河南、河北、陕西、广西。自 2016 年起，在其他省份产量增速放缓的形势下，广东省的水果产量依旧保持着高速增长趋势，2021 年达到 1826.73 万吨。尤其是荔枝、香蕉、龙眼、菠萝、番石榴等品种，广东省的产量优势更为明显，多年来居于全国首位。总体来说，广东省的水果发展较为均衡，从 2013 年起水果产量增长速度明显加快。从全国范围来看，广东的水果产量优势突出。

三 广东省水果产业基本情况分析

（一）广东省水果产业在农林牧渔产业中的地位

广东水果产业在全省农林牧渔产业中占据重要地位。由表 2 可以看出，2022 年，广东省农林牧渔业总产值为 8892.29 亿元，其中农业产值为 4308.23 亿元，水果产值为 1173.73 亿元，约占农业产值的 27%，约占农林牧渔业总产值的 13%。

表 2 2017～2022 年广东省农林牧渔业及水果业产值

单位：亿元，%

年份	农林牧渔业总产值	农业产值	水果产业产值	水果产业占农业比例	水果产业占农林牧渔业总产值比例
2017	5969.87	2889.97	721.95	25	12
2018	6318.12	3089.57	798.65	26	13
2019	7175.89	3530.21	1011.05	29	14
2020	7901.92	3769.26	1075.38	29	14
2021	8305.84	3951.14	1045.34	26	13
2022	8892.29	4308.23	1173.73	27	13

资料来源：根据国家统计局和《广东农村统计年鉴》（2018～2023 年）数据整理计算而得。

（二）广东省水果产业的生产结构与演进特征

从水果年末实有面积来看，广东省的水果实有面积在不断增加，由2019年的1007千公顷增长至2022年的1069.12千公顷，2022年比上年增长1.7%。柑橘橙年末实有面积由2019年的192.02千公顷增长至2020年的194.90千公顷，2022年减少至191.55千公顷，同比减少0.2%。香（大）蕉年末实有面积由2019年的111.33千公顷减少至2022年的110.64千公顷，2022年比上年减少0.7%。菠萝年末实有面积由2019年的35.64千公顷增长至2022年的39.16千公顷，2022年同比减少0.2%。荔枝年末实有面积由2019年的248.7千公顷增长至2022年的271.23千公顷，2022年比上年增长3.3%（见表3）。

表3 2019~2022年广东省水果年末实有面积

单位：千公顷，%

类别	2019年	2020年	2021年	2022年	2022年比上年增长
水果	1007	1031.31	1050.76	1069.12	1.7
柑橘橙	192.02	194.90	191.97	191.55	-0.2
香(大)蕉	111.33	111.26	111.42	110.64	-0.7
菠萝	35.64	38.96	39.25	39.16	-0.2
荔枝	248.7	254.14	262.65	271.23	3.3

资料来源：《广东农村统计年鉴（2023）》。

从水果产量来看，广东省的水果总产量在不断增长，由2019年的1644.38万吨增长至2022年的1895.18万吨，2022年同比增长3.7%。柑橘橙总产量由2019年的362.16万吨增长至2022年的420.18万吨，2022年同比增长5.1%。香（大）蕉总产量由2019年的464.83万吨增长至2022年的488.55万吨，2022年同比增长1.1%。菠萝总产量由2019年的110.99万吨增长至2022年的129.47万吨，2022年比上年增长2.8%。荔枝总产量由2019年的109.22万吨增长至2022年的146.74万吨，2022年同比减少3.2%（见表4）。

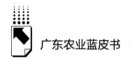

表4　2019~2022年广东省水果产量

单位：万吨，%

类别	2019年	2020年	2021年	2022年	2022年比上年增长
水果	1644.38	1756.16	1826.73	1895.18	3.7
柑橘橙	362.16	388.20	399.72	420.18	5.1
香（大）蕉	464.83	478.73	483.30	488.55	1.1
菠萝	110.99	121.02	125.98	129.47	2.8
荔枝	109.22	135.09	151.62	146.74	-3.2

资料来源：《广东农村统计年鉴（2023）》。

从单产来看，广东水果单产在2019~2022年稳步提升。2022年水果单产达17.73吨/公顷，同比增长2.0%，近3年年均增长率为2.78%。其中，柑橘橙、香（大）蕉、菠萝和荔枝单产分别为21.94吨/公顷、44.16吨/公顷、33.06吨/公顷和5.41吨/公顷，同比分别增长5.3%、1.8%、3.0%和-6.3%，近3年的年均增长分别为5.16%、1.89%、2.03%和7.79%（见表5）。可见，近三年广东的柑橘橙和荔枝单产大幅增长。

表5　2019~2022年广东省水果单产

单位：吨/公顷，%

单产	2019年	2020年	2021年	2022年	2022年同比增长	2020~2022年均增长率
水果	16.33	17.03	17.38	17.73	2.0	2.78
柑橘橙	18.86	19.92	20.82	21.94	5.3	5.16
香（大）蕉	41.75	43.03	43.38	44.16	1.8	1.89
菠萝	31.14	31.06	32.10	33.06	3.0	2.03
荔枝	4.39	5.32	5.77	5.41	-6.3	7.79

资料来源：《广东农村统计年鉴（2023）》。

（三）广东省水果品种结构分析

1. 水果种植结构

2022年，广东省水果年末实有面积最大的7个种类（不包括其他杂果）

分别是荔枝、柑橘橙、龙眼、香（大）蕉、李子、柚子和菠萝，面积分别为 271.23 千公顷、191.55 千公顷、115.09 千公顷、110.64 千公顷、57.78 千公顷、55.33 千公顷和 39.16 千公顷，分别占水果总面积的 25.37%、17.92%、13.84%、10.77%、10.35%、5.40%、5.18% 和 3.66%（见图 2）。

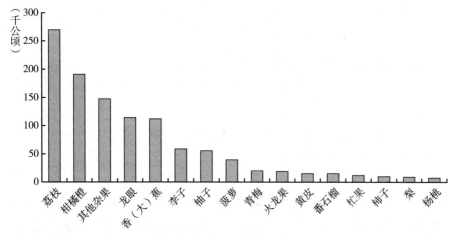

图 2 2022 年广东省水果年末实有面积

资料来源：《广东农村统计年鉴（2023）》。

2. 水果产量结构

2022 年，广东省水果总产量最大的 7 个种类（不包括其他杂果）分别是香（大）蕉、柑橘橙、荔枝、菠萝、柚子、龙眼和李子，产量分别为 488.55 万吨、420.18 万吨、146.74 万吨、129.47 万吨、124.96 万吨、96.05 万吨和 80.99 万吨。从占比来看，香（大）蕉总产量占所有水果总产量的 25.77%，是所占比例最大的水果品种。其次是柑橘橙和荔枝，分别占水果总产量的 22.17% 和 7.74%（见图 3）。

（四）广东省水果生产组织

尽管广东是水果生产大省，但尚未形成成熟的、完善的生产组织，大部分地区的水果生产经营仍以个体农户家庭经营为主，农户经营的地块往往面

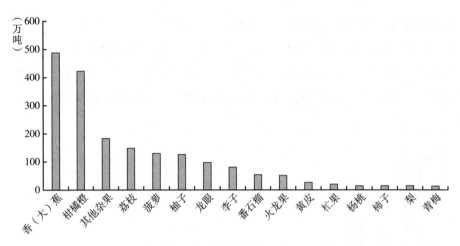

图 3 2022 年广东省水果总产量

资料来源:《广东农村统计年鉴（2023）》。

积小、分布散，相比规模经营，该种生产方式劳动力分布不均的弊端突出，存在部分家庭人多地少、劳动力过剩，而有的家庭人少地多或家庭劳动力外流导致劳动力不足的现象，缺少成熟的生产经营组织协调，无形中提升了生产成本，同时也容易产生内部竞争（户与户之间的竞争、本区域内竞争、省内竞争），而削弱其在外部竞争（全国竞争、国际竞争）中占据优势地位的能力。① 为跳出困境，各地开展了不同的尝试，如通过"公司+农户""合作社+农户""公司+合作社+农户"等联农带农方式，形成关系较紧密的"利益共同体"，或者成立专业的服务队伍，如化州市平定镇采用"公司+基地+农户""公司+基地+协会+农户"等生产经营模式，引导农民将自有土地入股，使农民变股东，全镇通过流转土地建成 3 个 500～1000 亩以及 3 个 1000 亩以上的化橘红种植标准化基地，为村民拓展了租金收入、收益分红等收入途径，全镇 5 家公司和 70 多家专业合作社带动从事化橘红产业农户数 5983 户，占全镇农户总数的 33%②，切实有效地促进了农民增收。

---

① 何乃波:《山东果业发展与结构优化研究》，博士学位论文，山东农业大学，2005。
② 《苦涩无比，却曾是宫廷御品! 广东化州靠它大力发展三产融合》，中国休闲农业和乡村旅游网，http://www.xxny.agri.cn/dtyw_ 1/202101/t20210121_ 7600272.htm。

这些生产组织在高劳动力需求或者高专业要求的环节发挥作用，未来还可能进一步演变成服务当地产业、具有地方特色的组织，辐射带动周边地区发展，帮助更多的农户共享发展成果，协同推进产业发展。

（五）广东省水果产后处理

发展加工业、延长产业链是解决大部分水果季节性生产问题以及实现产品增值的有效手段。随着消费市场需求的转变，人们的消费方式从水果鲜食为主逐渐转向鲜食、果汁、果干、罐头、酿酒等多元化方向发展。[①] 目前，广东省正大力推动"第二产业深化"发展，尤其是荔枝、菠萝等省内产量大但季节性突出且不耐储存的生鲜水果，发展精深加工也有助于解决丰年增产不增收的问题。

以荔枝产业为例，广东省农业科学院蚕业与农产品加工研究所所长徐玉娟为解决荔枝汁高温灭菌会变色变味的问题，带领团队深耕 10 余年，摸清原因并提出了"超高压灭菌"的技术设想，在近年连续取得重大突破后，目前单台超高压设备日处理鲜果量可达 10 吨以上，年产 1 万吨的设备成本约在 1000 万元，在 2021 年已经具备商业化应用的条件，进入市场后有望颠覆荔枝制品依赖荔枝香精的局面。此外，广东省政府投入 1.5 亿元，由广药集团牵头制定了《广东荔枝千亿时尚产业发展 136 方案》，通过打造广药王老吉广州从化荔枝产业总部及茂名·高州荔枝产品生产总部，形成双总部模式引领带动荔枝深加工全产业链发展。投产后年鲜荔枝加工量将达到 5 万吨以上，年加工产值将达到 5 亿元以上。具有一定代表性的企业还有省内农业产业化龙头企业——广州市顺昌源酒业有限公司，其建设了成熟的荔枝酒、荔枝醋加工生产线，在生产过程中自主研发技术，荣获 8 项专利发明。

（六）广东省水果新品种引进及栽培技术

我国种业正在经历从传统种业向现代种业、从种业大国向种业强国迈进

---

① 何乃波：《山东果业发展与结构优化研究》，博士学位论文，山东农业大学，2005。

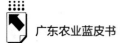

的关键时期，种业是战略性基础性产业。① 许多地方的第一产业虽基础深厚，但存在品种原始、生产力低，品种结构单一、关键品种种源"卡脖子"等问题。

推动"种业振兴"，需要进行品种优化，选育出易栽培种植、病害少、抗性强、便于管理和投入少的品种，可以降低生产风险，提高管理效能，提升产品质量，如徐闻县现代农业产业园提纯复壮菠萝传统"巴厘"品种，引进菠萝新品种9个，推广"金菠萝"、"神湾菠萝"、"甜蜜蜜菠萝"、"金钻菠萝"、"手撕菠萝"和"西瓜凤梨"等优良品系，丰富了徐闻菠萝品种，新增新品种种植面积1.2万亩。②

推动"种业振兴"，需要进行品种结构的优化，合理布局早中晚熟品种，有利于充分利用资源，平衡供需关系，错峰接力上市，延长产品上市时间，增加农户收入。例如，从化区从2016年开始通过高接换种技术对当地的荔枝进行品种改良，分区域有条理地将经济效益较低的淮枝品种更换为井岗红糯等优质品种；③ 茂名市积极开展了新品种的引进与本土品种结构的优化，于2020年圆满实施了30多个荔枝新品种的区域种植试验项目。精心筛选出10多个既适应茂名地域特性又契合当地产业发展需求的荔枝新品种，并大力推广，旨在通过嫁接换种精准优化产业园内早熟、中熟及晚熟品种的配比，从而优化品种结构，确保品种结构更加均衡合理。此外，茂名市还成功构建了具备3500份种质资源保存能力的国家级荔枝种质资源圃，已广泛搜集并保存了源自全球各大荔枝主产区的700份珍贵种质资源。为高效利用与保存这些资源，库区内特设了配备智能化设施的100亩荔枝优良新品种繁育区，此区域专注于展示果树种苗的集约化培育、标准化生产以及信息化管理模式，为荔枝产业的持续繁荣与发展奠定了坚实的种业基石与科技创新平台。

---

① 李洁欣、林毅焜、齐文娥：《国家级农业平台载体主导产业高质量发展状况研究——以粤西地区为例》，《中国热带农业》2022年第3期。

② 李洁欣、林毅焜、齐文娥：《国家级农业平台载体主导产业高质量发展状况研究——以粤西地区为例》，《中国热带农业》2022年第3期。

③ 《震撼！广东荔枝走向现代化，60多台农业机械同时工作!》，南方号，https：//static. nfapp. southcn. com/content/201806/30/c1275538. html。

四　广东省水果产业的消费特征

改革开放以来，我国水果产业供需矛盾演变可大致分为三大阶段。第一阶段为1997年及之前的供不应求时期，1997年成为农业供求关系转折的关键年份，标志着农产品普遍过剩现象初现，水果市场首次遭遇销售困境。第二阶段为1998~2007年，其间水果产业供需趋于基本平衡，产量与内需实现基本匹配。第三阶段则为2008年至今，表现为供过于求的新常态，但此过剩非全面过剩，而是结构性的、不均衡的总量过剩，如同类别水果的季节性集中上市问题。

在我国农产品出口版图中，水果占据重要地位。步入21世纪以来，我国农产品国际贸易格局经历了深刻变革，进口总额持续攀升，10余年间农产品贸易长期维持逆差状态。从统计数据可以看出，尽管整体农产品贸易逆差显著，水果果品仍维持着国际贸易顺差态势，这主要得益于果汁、罐头等加工品的出口平衡作用。然而，水果鲜果领域自2012年起一直是贸易逆差，且进口依赖度逐年增强，折射出国内劳动力成本急剧上升背景下，水果生产的价格优势逐渐削弱。

相较于日本、意大利，我国水果在价格上仍保有竞争力；但与美国相比，虽价格相当，却因成本更高而丧失优势。此外，东南亚国家以更低的生产成本成为水果出口的有力竞争者，导致我国大量进口其香蕉、火龙果、龙眼、榴梿等水果品种。随着劳动力成本的不断攀升，我国水果出口的价格优势正逐步弱化，除少数特色果品外，多数水果在国际市场上的竞争力已显著减弱，这构成了当前我国水果出口贸易面临的核心挑战。

（一）水果消费地位上升

我国水果总面积和总产量一直稳居世界第一。同时，水果的消费水平也不断发展和提高。随着生活水平的提高、膳食结构的改善以及消费观念的改变，人们对膳食营养和食品安全的重视程度不断提高。水果作为重要的健康食品，越来越受消费者重视，其消费也随着居民人均可支配收入的增加而增加。2021年，广东城镇居民的人均可支配收入达到50257元，比2013年提升了151.88%，农村居民人均可支配收入约为18700元，较2013年提升了68.96%，可以说，相对于2013年，2021年广东居民的总体人均可支配收入有了质的飞跃。

随着广东居民人均可支配收入的增加，广东居民的人均水果消费量也呈逐年上升趋势。2013~2020年，广东居民总体人均水果消费量虽有所提高，但是均维持在55千克以下水平（见图4）。2013年后，广东居民总体人均可支配收入有了质的飞跃后，居民改善生活的需求增加，广东成为水果消费第一大省。

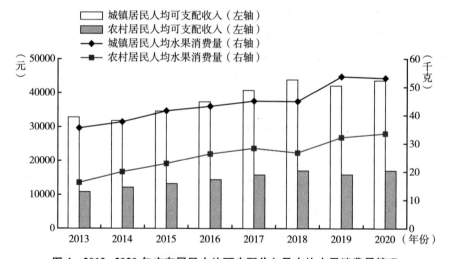

图4 2013~2020年广东居民人均可支配收入及人均水果消费量情况

资料来源：根据《广东农村统计年鉴》《广东统计年鉴》数据整理计算而得。

（二）本地水果产能充足，消费持续增长，消费升级加快

水果作为人体维生素不可或缺的来源，其重要性在民众生活水平提升与消费观念深刻转变的当下愈发凸显。消费者日益重视饮食的均衡性，这一趋势直接促进了市场上水果品种的多样化与消费需求的增长。近年来，广东省

的水果消费市场展现了蓬勃发展的态势，其特点可归纳如下。

水果消费呈现稳步增长且市场潜力有待进一步开发的趋势。如图5所示，2017~2021年，广东省居民人均干鲜瓜果的消费量总体呈上升态势，由初期的40.11千克稳步增长至44.83千克。值得注意的是，尽管2021年相较于上一年略有下降，但其余年份均实现了消费量的正向增长。具体而言，2017~2018年，人均消费量大致维持在40千克的水平线上，而随后的三年内则稳固在45千克左右，尽管这一数值尚未触及全国人均干鲜瓜果消费量50千克的门槛，却已充分反映了广东省水果消费市场的稳健成长与潜力。

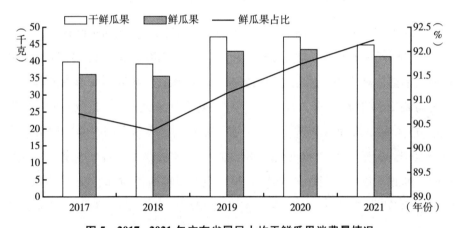

图5　2017~2021年广东省居民人均干鲜瓜果消费量情况

资料来源：《广东农村统计年鉴》（2018~2022年）。

近年来，鲜瓜果类消费展现了显著的增长趋势，其在干鲜瓜果总体消费中的占比呈攀升趋势。纵观2017~2021年的数据，广东省居民人均鲜瓜果消费量与干鲜瓜果总消费量的变化趋势高度吻合，从36.39千克稳步增长至41.35千克。广东省居民对于干鲜瓜果的消费偏好明显倾向于鲜瓜果，这一趋势通过鲜瓜果消费量在干鲜瓜果总消费量中占比的提升得以体现。值得注意的是，这一比例与全国比例的差距正逐步缩小，自2019年起，广东省的鲜瓜果消费占比已超越全国平均水平，并在2021年达到92.24%的高位，彰显了广东鲜瓜果消费市场的强劲动力。

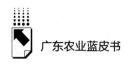
五　广东省水果产业的成本收益分析

近年来，广东省水果产业增产不增收的现象频现。水果种植成本直接决定水果价格的高低和获利的高低，水果产量快速增长的背景下，其经济收益是否同步提升则有待进一步探究。对此，本章以柑类、菠萝和荔枝为例来分析其成本收益。

（一）广东柑类成本位居全国首位

从成本收益来看，柑和橘在植物分类学上是同科同属而不同种的木本植物，柑和橘两者常统称为"柑橘"，柑的每亩总成本、总产值、净利润、成本利润率整体高于橘。从经济栽培区来看，广东省的柑和橘每亩总成本、总产值均相对最高。广东、福建、广西、重庆、湖北、湖南、江西 7 个省（区、市）每亩柑种植总成本、总产值、净利润、成本利润率的平均水平分别为 4001.53 元、6988.60 元、2987.07 元、74.65%；广东、江西、福建、湖南、湖北、重庆、浙江 7 个省（市）每亩橘种植总成本、总产值、净利润、成本利润率的平均水平分别为 2929.07 元、4793.44 元、1864.37 元、63.65%。

（二）广东省菠萝成本效益逐年增长

据广东省农业信息监测体系数据，2021 年广东省徐闻县巴厘菠萝平均亩产达 3914.0 千克，亩均成本 5480.0 元，亩均产值 9746.0 元，亩均产值同比增长 43.8%。自 2019 年徐闻巴厘菠萝开始扭亏为盈，2021 年亩均效益再次提升至 4266.0 元，同比增长 228.9%。

（三）广东省荔枝生产稳定盈利

据广东省农业信息监测体系数据，2021 年荔枝的糯米糍品种亩均效益最高，亩均成本 3926 元，亩均效益达 9874 元，同比下降 16.7%；白糖罂亩均成本 3420 元，亩均效益 7530 元，同比增长 67.9%；妃子笑、桂味、黑叶、淮枝的亩均成本分别为 3443 元、2990 元、2388 元和 1750 元，亩均效益分别为 4406 元、5533 元、3512 元和 2650 元（见表6）。

表6　2021年广东规模基地荔枝种植成本效益

单位：元，%

品种	亩均产值	亩均成本	亩均效益	利润率
妃子笑	7849	3443	4406	56.1
白糖罂	10950	3420	7530	68.8
桂味	8523	2990	5533	64.9
黑叶	5900	2388	3512	59.5
糯米糍	13800	3926	9874	71.6
淮枝	4400	1750	2650	60.2

资料来源：广东省农业农村厅。

六　广东省水果产业的科技支撑与发展状况

（一）广东省水果产业科技创新

广东省水果产业科技创新体现在产前、产中、产后全链条智慧化发展，通过数字化技术填补人力管理技术的不足、信息化助力产业增产增收。以荔枝为例，在标准园基础上，茂名市率先开展数字农业在荔枝产业的试点，应用视频监控、病虫害监测与预警、小气候数据收集等物联网设施设备建成了2个智慧荔枝园和1个信息化管理平台。茂名市果旺生态农业有限公司智慧果园是全国首个荔枝智慧果园项目，于2018年底开始建设，目前已建成第一期150亩智慧果园示范基地，主要种植白糖罂等早熟名优和特优新品种荔枝。该项目水肥药一体化系统已经投入使用，在手机 App 上按下指令，果园内的水肥、农药喷头就会自动喷洒，管理人员可以根据土壤监测仪收集的数据并结合荔枝生长水肥药指导数据库进行研判，并远程调整水肥配比。[1]
此外，还有羊角镇禄段村"五化"果园，"五化"即品种优质化、水肥智能化、生产机械化、管理数字化、防控绿色化。"五化"果园占地面积230亩，里面有大大小小农机109台/套，通过"农机+农艺"和"农机+信息化"双融合，集成北斗定位、智能灌溉、绿色防控、智慧摄像头等装备与技术。目前，大部分作业机械还配有智能作业终端，可以实时上传作业数据，最终实现农机作业过程数据化管理。作为全国首个"五化"高标准智慧果园，其不仅实现了荔枝从种到收全程机械化，更通过现代信息化技术，将农机作业过程智能化，打造出集智能农机、精准作业、状态监测、远程控制、监控调度、大数据可视化于一体的智慧种植生产体系。在生产机械化方面，果园采用由广东省现代农业装备研究所等单位自主研发的面向荔枝种植的全程机械设备，配置多功能修剪机、树枝粉碎机、割草机、多功能施肥机、小型挖掘机、高空作业平台、果园运输单轨等一批新式机具。在水肥智能化方面，建设智能水肥一体化灌溉系统及太阳能智能蓄水系统，可根据荔枝树不同季节需水、需肥规律和土壤水分监测信息，精准供应水分及养分，满足果树水肥需求。在管理数字化方面，智慧果园运用人工智能、物联网、大数据、云计算等，打造数字大脑系统，基于空天地一体化信息获取体系，实现"知天而作"。[2]

（二）以农技推广项目和基地建设为绿色发展有效载体

绿色化发展应注重生产过程是否做到降低资源损耗以及减少污染物的生产和排放，做到发展过程对环境友好，发展成果绿色健康。[3] 农技推广项目与产业基地建设具有资源要素集中、经营规模连片等特点，是绿色化技术推

① 张越：《大数据分析定制+远程控制，茂名建成全国首个荔枝"智慧果园"!》，《茂名日报》2020年4月13日。
② 《既古老又现代！茂南古荔园里藏着全国首个"五化"智慧果园》，澎湃新闻，https://www.thepaper.cn/newsDetail_forward_18050463。
③ 李洁欣、林毅焜、齐文娥：《国家级农业平台载体主导产业高质量发展状况研究——以粤西地区为例》，《中国热带农业》2022年第3期。

广的主要载体。通过节水灌溉、有机肥替代化肥等各种绿色技术，可以成规模地推行"减肥减药"工作，树立了典范，激发了农户广泛采纳新技术的热情，进而实现了成本节约与收益增长的双赢局面。同时，这一过程也是技术持续优化升级、不断迈向新高的重要途径。

目前，广东省内水果现代农业产业园和生产基地绿色发展成效显著。湛江市徐闻县现代农业产业园已建设水肥一体化果园面积 8 万亩，促进农业水肥资源科学节约利用，其农药利用率提升 40%，节水 35%，节肥 30%，废弃物统一处理率为 95%，资源化综合利用率为 85%。湛江市雷州市覃斗杬果特优区内 1/3 的果园采用喷滴灌、肥水一体化、无人机喷洒、诱虫黄蓝板等绿色病虫害防控技术。广东省茂名市现代农业产业园园区内建有肥水池3800 多立方米、自动化肥水管道 2579 万米，水肥综合利用率提高 10 个百分点以上，资源化综合利用率为 90.62%，建设的"五化"果园内全面推广使用杀虫灯等绿色技术，减肥减药量超过 40%，产品合格率达到 100%，为周边农户提供了参照。① 广州从化华隆果菜保鲜有限公司拥有荔枝生产基地1500 多亩，合作基地 3500 多亩，基地已全部通过绿色、无公害、出口注册基地认证以及粤港澳大湾区菜篮子基地认证。肇庆市德庆县针对针蜂、木虱等十几种病虫害采取生物防治技术，如增设诱捕灯、诱捕纸和围网，悬挂寄生天敌卵卡。

（三）农机设备升级，创新推广模式，提高农业机械化水平

农业机械化作为农业现代化进程中的关键一环，其双重优势尤为显著。其一，能在人力难以触及的复杂环境中作业，显著提升作业精准度。其二，能够大幅度提升劳动生产率，有效缓解劳动力短缺问题。针对当前省内水果产业机械化水平提升的需求，目前水果产业机械化水平提升工作主要从以下两个方面发力。

---

① 李洁欣、林毅焜、齐文娥：《国家级农业平台载体主导产业高质量发展状况研究——以粤西地区为例》，《中国热带农业》2022 年第 3 期。

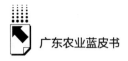
一是升级现有的农机装备，提高技术通用性、实用性，打造全产业链的机械化。广东省的果园普遍坐落于崎岖的山坡之上，导致人力劳动强度大，物流运输面临重重困难。为解决此问题，自 2016 年起，广东省已启动丘陵山区机具引进项目，并投入 300 万元专项资金；2017 年，设立了农业装备产能提升与示范推广专项，省级财政拨款 3400 万元，以助力这一进程的加速推进。

在 2018 年启动的"一村一品、一镇一业"特色产业发展行动中，整合中央及省级财政资金约 6 亿元，扶持 30 个县 90 个镇 360 个村发展特色产业。其中，扶持特色水果产业县 20 个，15 个县用于扶持荔枝、柑橘、菠萝产业高质量发展。新型农机装备产业不断研制适合在多环节使用的、适合在复杂环境行走的设备，有针对性地开发用于种植耕整地、除草、施肥、灌溉、打药、修剪、采摘、运输的智能化机械设备，积极打造"果园生产全程机械化、信息化、智慧化"的高效现代示范园，目前广东省已有 120 多条山地运输机安装并投入使用，甘蔗、柑橘、荔枝等作物的生产全过程机械化设备的打造已经初见成果。近年来，广州大力示范推广"5G+智慧荔枝"的生产管理模式，在从化、增城建设荔枝种植绿色防控示范区和高标准生态智慧果园，使用现代智能化设备，实现多项数据的实时监测，累计推广水肥一体化设施应用面积 18.6 万亩，建成自动喷滴灌设施 4.5 万亩，拥有超过 300 台农用无人机，2021 年机械植保作业面积达 42.96 万亩。① 梅州市梅盛水果专业合作社理事长杨守胜的沙田柚和蜜柚果园安装了 1 台固定式及 1 台牵引拆装式双轨运输机、1 台无轨运输机和 2 台山地果园牵引式双轨运输机，每台机器单次运输 15～20 人的运输量；大埔县顺兴种养股份有限公司安装了 7 台山地果园牵引式双轨运输机，每台运输机单次运输量为 300～600 千克，一天的运输量可达 50 个工人 2～3 日的工作量，解决了劳动力短缺且成本高的问题，有效提升了经济效益。②

二是把握好政策导向，强化推广手段，创新推广模式。由于果农自身经

① 《2022 年广东荔枝生产机械化技术推广活动成功举办》，《广州日报》2022 年 6 月 24 日。
② 《柑橘坐轻轨——山地果园机械化迈出新步伐》，《农民日报》2015 年 11 月 19 日。

济、文化水平的限制，以及目前对山地果园农机购置补贴的不足，果园机械化推广之路并不容易，通过示范基地建设、集中演示、增加补贴等切合农户生产需求的推广手段和模式，加大推广力度。2015年，广东省农业机械化技术推广总站在梅州市大埔县举办了山地水果生产机械化技术示范推广现场会；2016年，广东省农业厅和当地人民政府在湛江市雷州市联合举办了广东甘蔗生产全程机械化推广现场会，20多家企业和农机作业组织共100多台（套）的先进机具现场作业展示；[①] 2018年，从化区鳌头黄罗村的绿色家园荔枝生产示范基地演示和展示了包括中耕管理机、高空作业机、各类喷雾直播机械等60余台农业机械设备。[②] 2018年，省内投入400万元省级财政资金扶持建设了8个果园生产机械化示范项目示范基地。2022年，广州市共受理农机补贴6000多台（套），作业补贴面积超过17万亩，受益农户超过1400户[③]，充分落实国家强农惠农政策。

（四）完善农业科技研发与推广体系，推动科研平台成果转化

在农业科技领域内，农业科研院所专注于技术的研发与供给，还承担着技术示范的引领任务及人才培养的深度孵化功能。企业与农户群体作为技术接纳与推广的前沿阵地，与科研机构形成紧密互动。政府在其中发挥着不可或缺的协调与促进作用，三者协同构建起农业科技研发与推广的一体化体系，有效促进了科研成果向实际生产力的转化，架设了理论知识通往实践应用的坚实桥梁。

当前，针对广东省水果产业的发展，政府、科研创新平台与现代农业产业园已构建起牢固的合作伙伴关系，一个全面而高效的农业科技研发与推广体系正逐步成熟。以江门市新会区为例，该区已成功设立2个院士工作站、

---

① 《广东甘蔗生产全程机械化推广现场会在雷州召开》，广东省农业农村厅网站，https：//dara. gd. cn/gzdt2266/content/post_ 1555492. html。

② 《震撼！广东荔枝走向现代化，60多台农业机械同时工作!》，南方号，https：//static. nfapp. southcn. com/content/201806/30/c1275538. html。

③ 《2022年广东荔枝生产机械化技术推广活动成功举办》，《广州日报》2022年6月24日。

1个博士后科研工作站，并建立了20个产学研深度融合的合作基地及8个专注于陈皮产业的研究院所，为农业企业、农民合作社等提供了多项前沿农业技术支持，全方位保障了茶枝柑（陈皮原料）的健康种植与产业可持续发展，为现代农业的转型升级注入了强劲动力。普宁青梅产业技术研究中心和省内多家农业科研院所合作，建设青梅良苗育种繁育示范园，实现青梅种苗技术上的突破；由企业与多家科研院所合作建立的广东省柑橘产业化农业科技创新中心，进行了尤力克柠檬引种、标准化种植技术示范与推广、柠檬精深加工及副产品综合利用等一系列技术探索；河源市华睿蓝莓实业有限公司和大连大学蓝莓研究所合作完成了"蓝莓优良品种引进繁育及栽培技术研究"项目，筛选出适合河源市栽培的5个品种，填补了广东蓝莓种植的空白，目前已建立蓝莓育苗基地150亩，年产优质蓝莓苗木100万株；梅州金柚产业园与华南农业大学数信学院合作，在园区内设计安装了数字化智能生产管理系统，可及时掌握园区湿度、温度、日照、病虫害等信息，实现了金柚生产全程精细化管理。

（五）社会化服务主体多元化发展，专业服务队伍日益壮大

近年来，社会化专业化服务的发展不仅缓解了劳动力需求压力，降低了经营成本，更重要的是促进了水果产业的标准化、规范化发展。[1] 国家荔枝龙眼产业体系调研数据显示，93.3%的荔枝果农存在生产环节外包行为，从荔枝各生产环节来看，施底肥环节外包比例为78.6%，疏花环节为42.6%，除草环节为66.6%，打药环节为84%，追肥环节为72.6%，灌溉环节为18%，疏果环节为12.6%，摘果环节为79.3%，整形修剪环节为75.3%，环割环节为59.3%。[2] 社会化专业服务发展趋势将得到延续并加强。

目前，省内在大力推动社会化服务主体多元化发展，以科研院所、行业

---

[1] 齐文娥、陈厚彬、罗滔等：《中国大陆荔枝产业发展现状、趋势与对策》，《广东农业科学》2019年第10期。

[2] 宋凤仙、齐文娥、黎璇：《农户生产环节外包行为现状及特征分析——以广东和广西荔枝产区种植户为例》，《中国果业信息》2020年第5期。

协会与合作社、专业服务公司为主体的各类服务组织纷纷涌现，日趋形成多元互促的社会化服务体系。如由农业农村部人力资源开发中心和中国农学会联合发函，仲恺农业工程学院牵头，与省内多家科研院所和农业企业联手打造了"科创中国"特色水果产业服务团，以省内多个水果生产大市为中心，建立关键技术成果推广示范单位，定期提供技术服务与支持；[①] 肇庆市供销合作社依托镇村助农服务中心，围绕荔枝、贡柑等特色农产品，开展农村合作金融、农村电商、农产品品牌建设、数字农业全程农业社会化服务。[②] 除了增加科技、金融服务的供给，生产托管也是推进农业社会化服务的重要抓手。广州市从化华隆果菜保鲜有限公司目前有 5 台植保无人机，可为荔枝种植户提供农药喷洒服务，其虫害除治有效期能达到 60 天左右，药剂使用量仅为 40～50 克/亩，是传统防治方法用药量的 1/4，可有效提高生产效率和防治效率，同时降低防治成本。截至 2021 年末，茂名市高州全市有各类农业社会化服务组织 236 个，从业人员超 2000 人，2021 年社会化服务面积超 11 万亩次，其中高州市子文合作社近年推出荔枝、龙眼相关的托管服务，已发展了 200 人的托管队伍，为上百户果农提供服务，托管面积达数万亩，社会化专业服务队伍日益壮大，服务规范化和专业化水平及影响力进一步提升。[③]

七 广东省水果产业的产业链发展和品牌建设情况

（一）广东省水果产业化发展状况

1. 水果产业发展趋势

近年来，广东省全力推进乡村振兴战略，围绕农业高质量发展，从绿色

---

① 《我校获批牵头建设"科创中国"特色水果产业服务团》，仲恺农业工程学院新闻网，https://news.zhku.edu.cn/info/1002/60391.htm。
② 《广东肇庆市社：助"荔"甜蜜"枝"味香飘北美》，中国供销合作网，https://www.chinacoop.gov.cn/news.html？aid=1752887。
③ 《高州探索构建农业社会化服务体系，让小农户接轨大农业》，南方⁺，https://static.nfapp.southcn.com/content/202201/14/c6131734.html。

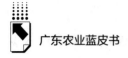
化、优质化、特色化、品牌化几个方面出发，聚集资源要素，发展特色产业，优化第一产业，深化第二产业，强化第三产业，为农业农村现代化注入新动能。① 在农业领域，水果产业占据着举足轻重的地位，其蕴含的巨大发展潜力使之成为推动农业产业结构转型升级的先锋力量。荔枝作为广东标志性的特色水果，其产业的发展趋势深刻映射了该省水果产业的整体发展。

政府层面重视程度日益加深，致力于构建一个有利于产业蓬勃发展的政策与制度框架。广东省在推动荔枝产业发展方面展现了不懈的努力，政策策略持续精进与创新。省委省政府提出打好产业、科技、文化和影响四张牌，并精心策划"荔枝 12221 市场营销活动"，旨在促进荔枝种植从林地向现代化果园的转变，同时加速荔枝特色小镇的建设步伐。截至目前，全省已成功布局 1 座国家级现代农业产业园区、4 个省级现代农业产业园以及 19 个荔枝专业镇。中国荔枝产业大会连续多年选址广东举办，这一盛事不仅彰显了广东在荔枝产业中的核心地位，还通过其广泛的影响力，助力广东提升荔枝全产业链实力，巩固产业在全国乃至全球的地位。此外，随着数字化技术的深入应用，广东荔枝产业正迈向智能化、标准化新阶段。高标准"五化"果园的建设与荔枝田头小型服务站的普及取得积极进展，信息化手段正逐步引领农业产业化，大数据则日益成为驱动广东荔枝产品流通与市场拓展的新引擎。

新型流通方式加速发展，倒逼产业升级的作用日益凸显。在"构建经济内外双循环新发展格局，形成强大的国内市场"政策的推动下，随着预冷、分级、冷藏、冷链运输技术的日益普及，我国荔枝产业的物流处理和冷链贮运能力显著提升，荔枝销售的电子商务发展迅速，② 社区电商的发展尤为值得关注。多种模式电子商务的完善和活跃，在一定程度上激活了传统荔枝产业，推动产业从生产导向转变为市场导向，倒逼产业升级。这种作用的主要表现，一是生产组织化水平提升；二是生产标准化、规范化程度提升，

---

① 陈薇、黄进：《广东奋力谱写乡村产业发展大文章》，《南方日报》2022 年 9 月 23 日。

② 虞小保、齐文娥：《干部经历会影响农户选择电商销售渠道吗？——基于荔枝种植户的实证分析》，《南方农村》2021 年第 2 期。

产品品质要求提高;三是加快产品分级推广应用步伐;四是产业内和产业外资本进入冷链物流设施建设,提升产业冷链物流水平;① 五是提高从业人员市场意识,驱动品牌化发展。②

2. 产业园区及新型经营主体发展概况

现代农业产业园建设是广东省实施乡村振兴战略、推动产业兴旺的重要抓手。2018 年以来,广东省第一轮创建省级现代农业产业园 161 个,第二轮创建 127 个,目前已有 288 个省级现代农业产业园。③ 此外,全省还建有18 个国家级、73 个市级现代农业产业园,国家级和省级现代农业产业园数量在全国各省区排首位,构建起了现代农业产业园三级梯次发展格局。④ 在2022 年省级现代农业产业园建设名单中,有 4 个水果现代农业产业园,其中 3 个为新建产业园,1 个为扩容提质产业园。⑤ 在 2022 年省级"一村一品、一镇一业"专业村名单中,有 50 个为水果专业村,占名单的 28.25%,在 2022 年省级"一村一品、一镇一业"专业镇名单中有 8 个为水果产业专业镇,占总数的 15.38%。⑥

新型主体发展方面,广东省徐闻县国家现代农业示范区/广东省徐闻县现代农业产业园覆盖 3 个镇 43 个行政村,园内菠萝面积 23.6 万亩,占园区耕地面积的 67.8%,适度规模经营率达 65%。产业园共培育新型经营主体538 家,进驻平台内的省级龙头企业 3 家、农民专业合作社 124 个、家庭农场 8 个,雇用当地农民 2.37 万人,共带动农户 3 万户,吸纳就业 10.2 万

① 杨娟娟、赵汴:《茂名市荔枝产业与冷链物流发展对策建议》,《广东石油化工学院学报》2020 年第 5 期。
② 齐文娥、陈厚彬、李伟文等:《中国荔枝产业发展现状、趋势与建议》,《广东农业科学》2016 年第 6 期。
③ 《广东省级现代农业产业园达 288 个 助推乡村振兴发展》,中国新闻网,https://www.chinanews.com.cn/cj/2022/06-02/9770044.shtml。
④ 《2022 年省级现代农业产业园建设名单公布! 云浮 2 个上榜!》,澎湃网,https://www.thepaper.cn/newsDetail_forward_18423187。
⑤ 《关于公布 2022 年省级现代农业产业园建设名单的通知》,广东省农业农村厅网站,https://dara.gd.gov.cn/gkmlpt/content/3/3942/mpost_3942626.html#1603。
⑥ 《关于公布 2022 年省级"一村一品、一镇一业"专业村、专业镇名单的通知》,广东省农业农村厅网站,https://dara.gd.gov.cn/gkmlpt/content/4/4028/post_4028071.html#1603。

人。广东省廉江市国家现代农业示范区以红橙为主导产业，种植面积 2000 亩，平台内有省级龙头企业 2 个、市级龙头企业 13 个、家庭农场 1 个，有农民专业合作社 1022 个，其中国家级示范社 3 个、省级示范社 1 个。目前，全省荔枝类省级重点农业龙头企业 30 家、绿色食品（荔枝）认证企业 32 家、无公害食品（荔枝）认证企业 35 家[①]，广东省茂名市现代农业产业园覆盖高州市、茂南区和电白区 3 个区（县级市）的 11 个乡镇 206 个行政村，规划总面积 143.46 万亩，其中荔枝种植面积 39.6 万亩，园内有荔枝产业龙头企业 16 家、合作社 693 家、家庭农场 123 家，园区内共有 195764 户农户。化州市平定镇有化橘红加工企业 5 家，其中 1 家为省级农业龙头企业，化橘红专业合作社 70 多家，其中国家示范社 1 家。[②] 梅州市平远县脐橙产业园中有各级农业龙头企业 11 家、专业合作社 20 家、家庭农场 12 家，共辐射带动 9804 户农民（其中贫困户 486 户）。[③]

产业园建设方面，现代农业产业园能聚集整合地方资金、人才等有限的资源形成开发高地，因此现有的产业园构建多采取辐射布局，发挥产业园引擎作用。如梅州市平远县脐橙产业园以脐橙一二三产业融合核心示范区为核心，形成脐橙资源化综合利用示范区、产业帮扶与脱贫攻坚样板区、产业化带动模式创新先行区、脐橙专业镇创新发展区；连接六个生产片区形成以脐橙产业为基础的平远特色水果休闲旅游产业带，形成"一核四区一带"的总体规划布局；清远佛冈水果（柑橘）省级现代农业产业园以佛冈县水果产业园综合服务中心为核心，形成水果产业园科技创新、现代化种植、农旅休闲、特色农产品加工示范区，总体呈"一核四区"布局。

3. 立足特色优势产业，建设高水平现代农业产业集群

高水平现代农业产业集群有助于"纵向"跨区域产加销贯通和"横向"

---

① 王紫：《千年妃子笑，岭南荔枝来》，《农民日报》2021 年 6 月 21 日。

② 《苦涩无比，却曾是宫廷御品！广东化州靠它大力发展三产融合》，中国休闲农业和乡村旅游网，http：//www.xxny.agri.cn/dtyw_ 1/202101/t20210121_ 7600272.htm。

③ 《平远脐橙三产融合打"组合拳"！产业园引领新消费》，南方+，https：//static.nfapp.southcn.com/content/201908/02/c2482845.html。

产业融合,目前广东省已建设16个高水平现代农业产业集群,其中,国家级优势特色产业集群7个、省级跨县集群产业园9个①,通过健全科技社会化服务体系,为产业发展提供技术支撑,支持加工企业标准化、机械化发展,推动产业走精深加工道路,建立品牌体系,走品牌化发展道路,推动水果产业由同质竞争转向合作共赢。"十四五"期间,广东力争全省形成粮食、蔬菜、岭南水果、畜禽、水产、精制食用植物油、岭南特色食品及功能性食品、调味品、饮料、饲料等10个千亿级子集群。

(二)探索各类型的一二三产业融合之路

一二三产业融合通过产业跨界联动实现资源集约、产业链延长、农民增收,在"十三五"规划的推动下,全省各地开展了各种一二三产业融合道路的探索。

以产业园建设为基础,推动产业结构调整,靠近都市圈的果园开始从单纯的水果生产园向生态、采摘、休闲公园转型,传统农业向休闲文旅农业发展,是一二三产业融合的"转型增值"之路。目前,全省共有全国休闲农业与乡村旅游示范县(区)10个、中国美丽休闲乡村32个、中国重要农业文化遗产5项,向全国推介24条乡村休闲精品线路,共创建休闲农业与乡村旅游示范镇147个、示范点407个,认定50家广东农业公园。② 梅州市平远县规划建设占地5000亩的产业园核心区,集苗木培育区、生产种植区、研发加工区、文旅休闲区、脐橙博览区五大功能于一体,鸿泰生态农庄集脐橙生产、休闲娱乐、农家餐饮于一体的农旅融合示范基地已投入建设。③

将不可避免的农业生产废料转为低成本高价值的副产品,是一二三产业融合"变废为宝"之路。广东省梅州市大埔县蜜柚种植过程中,由于生产

---

① 杨正喜、李登峰:《广东建设高水平现代农业产业集群研究报告》,载广东省人民政府发展研究中心2022年《研究报告》第21期。

② 陈薇、黄进:《广东奋力谱写乡村产业发展大文章》,《南方日报》2022年9月23日。

③ 《平远脐橙三产融合打"组合拳"!产业园引领新消费》,南方⁺,https://static.nfapp.southcn.com/content/201908/02/c2482845.html。

品控需要，每年约有一成品相不佳的"残次果"被白白丢弃，经过不断探索和研发新的加工工艺，目前蜜柚现代农业产业园加工园区内全自动化生产线可将柚子"变身"成涵盖食品、化妆品、日用品等领域的数十种商品，如柚皮果胶、柚皮膳食纤维、柚皮糖、柚子花茶、蜜柚果汁、蜜柚啤酒等产品，实现了变废为宝，减少了环境污染，也增加了农民收益，提高了农民种植积极性。

优势特色产业结合当地风土人文，以自然产业为展现文化的画布，是一二三产业融合"文化基因"之路。广东省茂名市现代农业产业园结合"大唐荔乡"的历史文化背景，建成了唐风设计、品字布局的中国荔枝博览馆，室内布展从荔枝的起源与传播、相关的名人轶事和历史典故，延伸至古代艺术品及当代非遗作品中的荔枝形象，展馆还承担了有关茂名荔枝的各类文化展出，作为茂名千年荔枝文化的重要输出窗口。[①] 化州市平定镇聚集化橘红种植、加工和销售等产业，结合当地"红色基因"和"历史底蕴"，逐步建成以化橘红文化为主线，串联七烈岩红色革命教育基地、罗江战役战地医院玉屋城、平山古榕树群、"中华化橘红第一村"大岭等景点，整合集化橘红文化体验、休闲康养与红色旅游于一体的生态康养小镇，有"中华化橘红第一村"美誉的平定镇大岭村每年都会举行赏花活动，化橘红生态旅游产业发展迅猛，日益壮大。[②]

（三）品牌建设与培育

当前，广东省已荣获国家地理标志认证的荔枝相关产品多达 15 个，柑橘类产品 23 个，香蕉、龙眼、菠萝各获 2 项认证，杧果 1 项。广东农垦在绿色食品认证（水果类）与有机食品认证（水果类）领域分别获得 3 项与 2 项认证，农产品地理标志（水果类）认证 2 项。在广东省第三届"十大名牌"系

---

① 李洁欣、林毅煜、齐文娥：《国家级农业平台载体主导产业高质量发展状况研究——以粤西地区为例》，《中国热带农业》2022 年第 3 期。

② 《苦涩无比，却曾是宫廷御品！广东化州靠它大力发展三产融合》，中国休闲农业和乡村旅游网，http://www.xxny.agri.cn/dtyw_1/202101/t20210121_7600272.htm。

列农产品"广东名果"评选中，柑橘类有 8 个入选，荔枝类有 3 个入选，龙眼类有 1 个入选，菠萝类有 2 个入选，其他水果类别有 7 个入选，加工类产品有 8 个入选。2022 年，"全国名特优新农产品目录"中，广东水果首批入选 3 个，第二批增至 14 个，第三批有 9 个。其中，"增城荔枝"品牌荣幸地被纳入 2022 年农业品牌精品培育计划之中。徐闻县现代农业产业园内"三品一标"认证率为 100%，广东省茂名市现代农业产业园"三品一标"认证率为 82.22%。

在品牌构建与培育领域，广东省依托创新的"12221"市场营销战略体系，有效扩大了农产品区域公用品牌的影响力。"12221"市场体系即构建 1 个大数据平台，在销区与产区组建 2 支队伍，开拓 2 大市场，策划 2 场活动，实现 1 揽子目标。以徐闻县菠萝产业为例，自 2019 年起，徐闻成功运用了"12221"营销模式，吸引了来自全国超过 13 个省（市）的 300 余名采购商组成的强大采购团队，并培养了超过 200 名本地产区经纪人，切实做到了以特色组织提升菠萝销量，带动农民致富。茂名市在荔枝产业上，通过中国荔枝产业大会发布"茂名荔枝"商标，充分联动媒体宣传，并巧妙地融合历史文化与现代营销手段，如在西安举办以荔枝与长安为主题的推介会，在微博发起"520 我爱荔"话题活动，同时在全球城市大屏宣传，极大地提升了"茂名荔枝"区域公用品牌的国际知名度与影响力。

另外，针对不同的细分市场进行了相应的品牌策划，搭乘"一带一路"、RCEP 的东风让产品卖得更远。柑橘作为年庆必不可少的吉祥水果，抓住时机卖力宣传，2022 年 11 月 27 日晚，广东柑橘天团合体亮相广东卫视黄金时段，纽约当地时间 11 月 29 日，广东柑橘天团集体亮相美国纽约时代广场纳斯达克大屏，向全球推介广东柑橘。[①] 全省各地积极探索创建 RCEP 农业合作园区，惠州市在惠阳区镇隆镇探索建设"省级荔枝 RCEP 国际合作先行试验区"，让粤字号农产品走向世界。[②]

此外，广东省还加大产业园品牌建设投入，鼓励发展电商、直播等营销

---

① 王磊：《广东柑橘天团合体亮相！喊全国人民吃广东柑橘，大吉大利》，《南方农村报》2022 年 11 月 27 日。

② 陈薇、黄进：《广东奋力谱写乡村产业发展大文章》，《南方日报》2022 年 9 月 23 日。

新业态，健全品牌保护规章制度。茂名市信宜市三华李产业园为品牌建设投入 250 万元，其中 200 万元用于宣传推广打响"岭南十大佳果"信宜三华李"金字招牌"，目前已成功打造了钱排"银妃"三华李品牌和"春赏花、夏品果"文旅品牌。[①] 2022 年 11 月 30 日，广东省第十三届人大常委会第四十七次会议表决通过我国首部地理标志保护地方性法规《广东省地理标志条例》，并于 2023 年 1 月 1 日起施行。结合以上种种措施，在品牌"建设、培养、使用、保护"全链条交出广东答卷。

八 广东省水果产业发展存在的问题和对策建议

我国水果产业问题产生的客观原因在于大市场与小农户之间的矛盾；在于加工业发展不足，产业链较短；在于龙头企业带动作用不足以及水果研究起步晚力量弱。[②] 结合不同地域的种种主观原因，各个省份水果产业发展也存在着各种各样的问题。

（一）广东省水果产业发展存在的内部问题

1.果园基础设施较为薄弱

广东省地貌以山地与丘陵为主，有部分果园建设在坡度超过 20 度的坡地甚至山地上，此类果园面临基础设施建设滞后的问题，交通运输受限，生产依赖人工作业。相较之下，位于地势平缓区域的果园建园历史较早，但是种植密度过高，导致果园郁闭度高，光照资源匮乏，管理效率低下，水果产量和品质都难以得到保障。以荔枝产业为例，荔枝园在灌溉系统、施肥作业、病虫害防治、物资运输、采后保鲜处理、预冷技术及冷链物流等关键环节均显现出设施匮乏的困境。十余年间，得益于国家荔枝龙眼产业技术体系等科研院所和政府部门的协同努力，荔枝园成功实施了大规模

---

① 黄旭君等：《品牌投入越大，产值提升越快！广东现代农业产业园品牌发展情况报告正式出炉》，《南方农村报》2022 年 7 月 20 日。
② 邓秀新：《关于我国水果产业发展若干问题的思考》，《果树学报》2021 年第 1 期。

的间伐改造，面积达 12.04 万公顷，并完成了 16.79 万公顷的回缩改造工程。然而，鉴于果园所处的自然条件不佳及原有基础薄弱的现状，荔枝果园在基础设施层面的总体滞后现象依旧显著，机械化进程推进缓慢，特别是在修剪（涵盖采后及花穗修剪）、采收、施肥等主要管理环节上，手工操作仍占据主导地位，这在一定程度上制约了先进农业技术的全面应用与效能发挥。因此，实现荔枝果园的农业现代化经营管理目标，仍需跨越一段较长的路径。

2. 劳动力短缺导致生产成本持续上涨

社会经济的快速发展，城镇化进程的加快，加剧了农业领域的劳动力短缺与老龄化趋势，"雇工难、工价高"成为制约我国农业生产的关键问题。调研数据显示，荔枝果园内 50 岁以上从业者占据了较大比例，这一现象的背后，既映射出农村青壮年劳动力大量涌入城市寻求就业机会的现实，也反映了即便留守乡村的青年劳动力，也不愿意参与传统农业中高强度的体力劳动。同时，生产要素投入结构发生深刻变化，其中人工成本所占比重持续攀升，不断侵蚀果农的利润空间。2013 年，荔枝生产要素投入中人工费用占比高达 40.38%。在荔枝经营的关键环节，如采摘与病虫害防治等，部分产区正面临雇佣劳动力困难乃至劳动力供给断层的严峻挑战，迫使产业界不得不探索向资本密集型与技术导向型生产模式的转型之路。

3. 水果优质化水平亟待提升

优质化发展是高质量发展的重要体现，包含了产品优质以及生产过程优质两个方面。尽管荔枝、菠萝、柑橘等产业已逐步推进品种优化与改良进程，然而，广东省水果产业中低端品种依旧占较大比例。同时，生产流程的环保与安全性水平也尚待提升。以柑橘产业为例，早期黄龙病在部分种植区的肆虐蔓延，部分果农对病树未能及时砍伐，致使病害迅速扩散，经济损失进一步扩大。此外，农业废弃物处理不当对生态环境的负面影响日益显著，秸秆焚烧加剧空气污染，农药、化肥包装物的随意丢弃造成水体污染，此类废弃物管理不仅要求企业与农户额外投入资源，还增加了运营成本，因而在追求利润最大化的驱动下，企业与农户主动采取废弃物无害化处理措施的积极性普遍偏低。当前市场上，绿色水果的供应量仅占水果总产量的 6%，凸显了绿色生产实践的不足。农药与化肥的过量使用，不仅加剧了土壤酸化问题，还导致了果品中农药残留超标，这一现状不容忽视。水果采后处理环节多依赖于手工简单分级甚至无分级处理，致使市场上流通的产品品质参差不齐，既损害了产品的整体形象与声誉，也削弱了消费者的购买意愿与信心，对水果产业的健康发展构成了潜在威胁。

4. 产后保鲜、流通技术未能满足产业发展需要

随着科技的进步与消费观念的深刻变革，鲜果采摘后的保鲜与流通策略正经历着从传统常温仓储物流向多元化冷链解决方案的转型，涵盖了从"土法"冷链到先进冷藏保温冷链的广泛实践。当前，国内电子商务领域广泛采纳冷链流通技术，虽基本契合了市场需求，但断链现象频发影响消费者体验。而在出口领域，硫处理作为长途运输的常规手段，虽有效延长了产品保质期，但其对产品形象的负面影响显著削弱了消费吸引力，进而严重影响了荔枝国际终端市场形象以及市场的拓展。因此，构建成本合理、流通效率高的保鲜物流体系仍是一项未竟之业。

5. 加工业发展严重滞后于产业发展需要

加工业发展目前仍存在两类问题，一类是加工需要分清物性的观念仍未能普及，多数产业仍埋头研究精深加工，① 事实上有许多果品的品质并不适宜精深加工，如某些果品的含糖量较低，并未达到酿酒酿醋的基本要求，又或者某种物质需要高昂的费用以及高精尖的技术才能从果品中少量提取，忽视物性一味钻研精深加工只会适得其反。另一类则是初加工原料成本高，精深加工市场开拓不足的问题，如广东特色水果荔枝具有易氧化、易损的特点，发展加工产品有助于延长其赏味期，解决储运难问题。然而当前荔枝销售以鲜果销售为主，加工占比较低。受鲜果年总产量变动影响，荔枝原料成本占比高、加工期限短、加工品种少、适销对路的加工产品少，全国荔枝实际年加工量约为 12 万吨，仅占全国荔枝总产量的 5% 左右，广东多出口荔枝

---

① 邓秀新：《中国水果产业供给侧改革与发展趋势》，《现代农业装备》2018 年第 4 期。

初级加工品，但出口加工量占荔枝产量的比例不足 1%。[①] 当前，荔枝加工领域品种结构单一，主要局限于荔枝干、荔枝罐头等传统初级加工品，尚未出现具有市场竞争力的精深加工产品。既存的高附加值产品，如荔枝酒，其生产企业普遍存在市场拓展能力薄弱、加工效率低下以及实际附加值不高的问题，未能充分挖掘和彰显荔枝特色果品的独特优势。总体而言，多数水果产业链呈现产业链短、增值赋能弱的现象。鲜果大规模集中上市的市场压力难以分散缓解，加工业的发展步伐显著滞后于整个产业体系的需求。

6.缺乏龙头企业或组织

近年来，尽管行业协会、农民专业合作社、龙头企业及家庭农场等新型经营主体迅速崛起，为水果产业的组织化与规模化发展注入了强劲动力，但这些主体大多面临规模瓶颈与实力短板，其辐射带动效应及行业引领能力尚未充分释放，专业且高效的社会化服务队伍也供不应求，难以满足产业快速发展的需求。因此，加强产业优化与升级，培育壮大新型经营主体，已成为推动水果产业高质量发展的关键所在。

在产业生态中，强势的龙头企业及成熟的生产组织扮演着至关重要的驱动角色，其不仅是引领产业前行的核心力量，还兼具联结农户、整合资源的强大带动力。当前水果产业，其市场格局仍呈现为分散化竞争状态，产业整合力度亟待提升。近年来，行业协会、农民专业合作社、领军企业等新型经营主体如雨后春笋般涌现，极大地促进了水果产业向集约化、规模化方向迈进，但多数主体仍面临规模瓶颈与实力不足的困境，其示范效应与引领能力未能充分彰显。

从生产与流通的双重维度审视，当前显著缺乏的是具备规模化优势和市场号召力的组织驱动力，特别是能够横跨生产与流通领域，发挥桥梁作用的农民专业合作社或领军企业极为稀缺，同时，专业、高效的社会化服务主体也供不应求。这种松散的产业组织架构不仅割裂了生产与市场的紧密联系，

---

① 曾蓓、吕建秋、谢志文等：《广东省荔枝加工企业发展现状及对策建议——以粤西、粤东荔枝加工龙头企业为例》，《农业科技管理》2019年第4期。

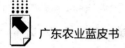

制约了先进生产技术的广泛传播与应用,还延缓了生产流程向规范化、标准化迈进的步伐,削弱了产业抵御外部市场风险的能力,进一步加剧了产业链整合的艰巨性与复杂性。鉴于此,强化产业组织体系建设,着力培育并壮大龙头企业与成熟的生产组织体系,已成为推动水果产业转型升级、迈向高质量发展的关键路径与迫切任务。

(二)广东水果产业发展的对策建议

绿色化、优质化、特色化、品牌化的水果产业高质量可持续发展,必须从全产业链角度进行布局。

1. 做好顶层设计,优化制度环境

优势主导产业是现代农业产业园区高质量发展的基石,决定产业园区综合竞争力以及未来发展趋势。[1] 因此,政府前期规划要精准定位产业园主导产业,并积极与当地资源禀赋相匹配,助力我国乡村振兴战略的实施[2],产区各级政府应以市场为导向,结合产业发展实际,统筹分析,高起点制定具有前瞻性的系统的产业发展规划[3],支持种质资源开发和生产技术研发与推广,扶持发展壮大产业经营主体,制定政策性保险制度,健全产业流通体系等,理顺产业发展的制度架构,为荔枝产业发展提供良好的制度环境。相关部门应加大对标志产品的打造力度[4],以解决农产品品牌市场竞争力不强的问题。政府需要完善长期监管体系确保产业持续健康发展。[5]

2. 完善以市场需求为导向的产业链整合系统

构建产前环节高效灵活的技术研发体系和高效技术推广服务体系。应完

① 向旭:《广东荔枝产业发展瓶颈与产业技术研发进展》,《广东农业科学》2020 年第 12 期。
② 高飞、肖佳鹏、齐文娥:《现代农业产业园区发展中政府作用研究——以粤西地区为例》,《广东农业科学》2022 年第 5 期。
③ 齐文娥、陈厚彬、彭朵芬等:《中国龙眼产业发展现状、问题与对策建议》,《广东农业科学》2016 年第 8 期。
④ 王福军、巫志坚、苏彬峰等:《梅州市客都米产业发展现状与对策建议》,《广东农业科学》2021 年第 3 期。
⑤ 高飞、肖佳鹏、齐文娥:《现代农业产业园区发展中政府作用研究——以粤西地区为例》,《广东农业科学》2022 年第 5 期。

善以市场为导向的现代农业技术研发和推广体系，建立区域性的品种研发和改良中心，关注特优品种的培育，加强水果品种知识产权保护。①

产中环节推动安全优质高效生产。继续优化区域品种结构，建设高标准示范果园；鼓励多种形式的生产组织机制的构建和社会化服务体系发展，推动果园向组织化、规模化、机械化和数字化转型。②重视水果生产技术的规范化和标准化，做好品控管理。

产后环节在做好采后品控管理基础上，开拓多元化销售渠道和市场，着力探究水果产业在休闲、文旅、科教、养老等产业的融合发展模式③，促进一二三产业融合发展，提升产业附加值。

3. 发挥科技赋能作用，推动产业可持续发展

加快培育品质优异、特早特晚熟、高抗性新品种。④ 要收集与深度挖掘利用种质资源，开展重要经济性状的分子标记和基因鉴定研究，培育高品质、特早特晚熟、高抗性新品种。

机械机具研发和节本增效技术集成应用。应加快果园果树修剪、碎枝技术及装备的研发，果园施肥、喷药、灌溉、除草一体化系统的研制，高架采收平台、果实产后机械处理及包装设备等关键环节的适用机械机具研发、引进和选型。推进与农机具相适应的果园农艺条件研究和行距及树形改造。⑤通过绿色增产、节本增效技术的集成应用，降低劳动力短缺为产业发展带来的制约，提升产业经济效益。

绿色生产科技研发以提高产品品质和质量安全水平。通过深入研究病虫灾

---

① 齐文娥、陈厚彬、罗滔等：《中国大陆荔枝产业发展现状、趋势与对策》，《广东农业科学》2019 年第 10 期。

② 李洁欣、林毅焜、齐文娥：《国家级农业平台载体主导产业高质量发展状况研究——以粤西地区为例》，《中国热带农业》2022 年第 3 期。

③ 李沐桐：《广东省智慧果园与智能农机现状分析与发展建议》，《广东科技》2020 年第 10 期。

④ 陈厚彬、欧良喜、李建国等：《新中国果树科学研究 70 年——荔枝》，《果树学报》2019 年第 10 期。

⑤ 陈厚彬、欧良喜、李建国等：《新中国果树科学研究 70 年——荔枝》，《果树学报》2019 年第 10 期。

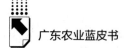
害规律，完善防控技术，建立以生态调控为核心的病虫害综合防治技术体系。①

采后贮运保鲜、加工技术研发实现保值增值。② 研发克服鲜果采后保鲜新技术、新材料和新工艺，丰富加工产品类别，利用好加工副产物，提升产品附加值。

4. 培育新型经营主体，进一步提升产业综合素质

水果产业现代化高质量发展必须有一批高质量的经营主体和专业人才。③ 龙头企业、农民专业合作社、专业大户等新型农业经营主体是水果产业发展的主力军④，是连接小农户与大市场的桥梁与纽带，要鼓励和扶持这类新型农业经营主体的发展，除此之外也需要培养具有强科研能力的主体，向外链接资源提高其科学技术力量，对内不断强化自身力量，助力企业研发能有效提高生产效率的新技术新产品，为当地产业提供强而有力的技术支撑，在复杂多变的环境中保持产业竞争优势，实现高水平的自立自强。⑤

在传统的技术培训和技术支持之外，需进一步加强对产业经营人员市场知识与管理技能的培养与培训，包括生产管理、财务管理、人员管理、市场营销等方面的知识和技能培训⑥，提升产业综合素质，打造生产经营精英队伍。

5. 完善产业发展配套服务支撑体系

产业高效发展，需要"专人做专事"，即培育并壮大一批专业化社会服务队伍和物流专业服务团队，组建综合性营销咨询精英团队，引入资金融通

① 陈厚彬、欧良喜、李建国等：《新中国果树科学研究 70 年——荔枝》，《果树学报》2019 年第 10 期。
② 陈厚彬、欧良喜、李建国等：《新中国果树科学研究 70 年——荔枝》，《果树学报》2019 年第 10 期。
③ 肖佳鹏、左两军、花鹏辉等：《中小荔枝种植户电商销售渠道选择现状及特点分析——基于"两广"地区的调查》，《南方农村》2022 年第 4 期。
④ 庄丽娟、邱泽慧：《2019 年中国荔枝产业发展特征与政策建议》，《中国南方果树》2021 年第 4 期。
⑤ 李洁欣、林毅焜、齐文娥：《国家级农业平台载体主导产业高质量发展状况研究——以粤西地区为例》，《中国热带农业》2022 年第 3 期。
⑥ 齐文娥、陈厚彬、李伟文等：《中国荔枝产业发展现状、趋势与建议》，《广东农业科学》2016 年第 6 期。

领域的金融服务专家，以及提供专项策略与指导的专业顾问团队。这一系列举措旨在加速新观念、新技术的普及与应用，有效优化劳动力与资金配置，显著提升生产至流通各环节的效率水平。通过完善产业发展的配套服务体系，推动水果产业全链条专业化转型，确保整个生产流程的专业化、高效化与现代化。

6. 产业大数据建设与信息整合分享

依托物联网与云计算技术融合的"智慧农业"，全面整合产地生态环境、作物生长监测及生产管理大数据资源，与专家系统无缝对接，为农业生产提供精准化种植策略、直观可视化管理模式及智能化决策支持服务。着力构建大数据平台，特别是市场供求信息、价格行情、市场分布、服务支撑体系变动等信息，以全面赋能产业转型升级，实现精准决策与高效运营。

通过产业大数据，将农资供应、果品生产、加工、储运、销售等环节链接成有机整体，对所涉人、财、物、信息、技术等要素进行组织、协调和控制，[①] 实现产销纵向联动和不同产业主体的横向协作，促进产业链价值增值。

7. 以区域公用品牌为统领，企业与产品品牌特色化发展

近年来，广东省在农产品品牌建设中取得了显著成就，成功打造了众多知名的水果品牌。品牌数量的激增，虽彰显了发展的活力，却也给品牌管理带来了挑战。若不能及时探索并实施有效的协调机制，可能因品牌间的无序竞争而削弱各自的品牌影响力，最终对整体品牌发展构成制约与阻碍，不利于广东农产品品牌化进程的持续深化与拓展。因此，构建产业品牌伞是一条可行之路，以区域公用品牌为统领，集中资源扩大其影响力，为企业品牌、产品品牌背书，提供发展的外部资源条件，企业品牌、产品品牌特色化发展，[②] 从而实现品牌效应最大化。

---

① 李奕霏、熊应军：《乡村振兴视域下广东省荔枝产业新媒体技术应用探究》，《山西农经》2022年第3期。

② 李洁欣、林毅焜、齐文娥：《国家级农业平台载体主导产业高质量发展状况研究——以粤西地区为例》，《中国热带农业》2022年第3期。

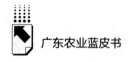

参考文献

[1] 陈厚彬、欧良喜、李建国等：《新中国果树科学研究 70 年——荔枝》，《果树学报》2019 年第 10 期。

[2] 邓秀新：《中国水果产业供给侧改革与发展趋势》，《现代农业装备》2018 年第 4 期。

[3] 邓秀新：《关于我国水果产业发展若干问题的思考》，《果树学报》2021 年第 1 期。

[4] 高飞、肖佳鹏、齐文娥：《现代农业产业园区发展中政府作用研究——以粤西地区为例》，《广东农业科学》2022 年第 5 期。

[5] 何乃波：《山东果业发展与结构优化研究》，博士学位论文，山东农业大学，2005。

[6] 李洁欣、林毅焜、齐文娥：《国家级农业平台载体主导产业高质量发展状况研究——以粤西地区为例》，《中国热带农业》2022 年第 3 期。

[7] 李奕霏、熊应军：《乡村振兴视域下广东省荔枝产业新媒体技术应用探究》，《山西农经》2022 年第 3 期。

[8] 刘春雁、田利琪：《河北省水果产业发展现状及对策研究》，《北方园艺》2016 年第 1 期。

[9] 齐文娥、陈厚彬、李伟文等：《中国荔枝产业发展现状、趋势与建议》，《广东农业科学》2016 年第 6 期。

[10] 齐文娥、陈厚彬、罗滔等：《中国大陆荔枝产业发展现状、趋势与对策》，《广东农业科学》2019 年第 10 期。

[11] 齐文娥、陈厚彬、彭朵芬等：《中国龙眼产业发展现状、问题与对策建议》，《广东农业科学》2016 年第 8 期。

[12] 宋凤仙、齐文娥、黎璇：《农户生产环节外包行为现状及特征分析——以广东和广西荔枝产区种植户为例》，《中国果业信息》2020 年第 5 期。

[13] 唐齐粒、魏伟：《四川省水果产业地理分布及其休闲潜力分析》，《中国果树》2022 年第 6 期。

[14] 王福军、巫志坚、苏彬峰等：《梅州市客都米产业发展现状与对策建议》，《广东农业科学》2021 年第 3 期。

[15] 王刘坤：《中国水果产业转型升级：评价及影响因素研究》，硕士学位论文，华中农业大学，2018。

[16] 王伟新、向云、祁春节：《中国水果产业地理集聚研究：时空特征与影响因

素》，《经济地理》2013年第8期。

［17］向旭：《广东荔枝产业发展瓶颈与产业技术研发进展》，《广东农业科学》
2020年第12期。

［18］肖佳鹏、左两军、花鹏辉等：《中小荔枝种植户电商销售渠道选择现状及特点
分析——基于"两广"地区的调查》，《南方农村》2022年第4期。

［19］杨娟娟、赵汴：《茂名市荔枝产业与冷链物流发展对策建议》，《广东石油化
工学院学报》2020年第5期。

［20］余华荣、周灿芳、蔡德超等：《2014年广东水果产业发展形势与对策建议》，
《广东农业科学》2015年第12期。

［21］虞小保、齐文娥：《干部经历会影响农户选择电商销售渠道吗？——基于荔枝
种植户的实证分析》，《南方农村》2021年第2期。

［22］张强强、司瑞石、施凡基等：《中国水果生产集中化水平的演进趋势》，《中
国农业资源与区划》2021年第2期。

［23］曾蓓、吕建秋、谢志文等：《广东省荔枝加工企业发展现状及对策建议——以
粤西、粤东荔枝加工龙头企业为例》，《农业科技管理》2019年第4期。

［24］庄丽娟、邱泽慧：《2019年中国荔枝产业发展特征与政策建议》，《中国南方
果树》2021年第4期。

B.5
2022年广东茶叶产业发展报告

郑　晶　郑欣祺*

摘　要： 广东是我国种植茶叶历史最悠久的省份之一，是茶叶及饮料的生产基地和加工基地，茶产业也是广东农业生产的特色产业之一。本文基于波特钻石理论模型，分别从横向选取全国10个茶叶主产省份，纵向选取广东省内21个市，基于生产要素、需求条件、企业要素、相关产业四大主因深入剖析广东省茶产业竞争力。研究发现，广东省茶产业发展存在以下问题：生产全程机械化水平受限；茶叶加工技术待创新，一二三产业融合度较低；品牌溢价能力弱，品牌建设未形成合力；以满足内需为主，国际贸易竞争力不足。针对广东省茶叶产业存在的问题，提出如下对策建议：加快建设良种化、标准化、数字化生态茶园；大力提高茶叶生产加工能力和机械化水平；着力加强品牌建设，推动全产业链融合创新；不断完善标准体系，拓展国际市场。

关键词： 茶叶产业　产业融合　产业竞争力　广东省

一　引言

联合国粮农组织（FAO）发布的《2022年全球茶叶市场研究报告》显示，过去十年全球人均茶叶消费量增长了2.5%。中国作为茶文化的起源地和世界主要茶叶生产国之一，2022年茶叶产量达330多万吨，占全球茶叶

---

* 郑晶，管理学博士，华南农业大学经济管理学院副教授，硕士生导师，主要研究方向为农业经济理论与政策、农产品国际贸易、农业技术经济；郑欣祺，华南农业大学经济管理学院硕士研究生，主要研究方向为农业经济管理与农村区域发展。

总产量的比重达48.3%。广东茶叶产销历史悠久，自古以来就作为海上丝绸之路的起点将大量茶叶从中国运往世界各地。现如今，广东是中国茶叶的主产区、主销地和重要的进出口地，已成为茶叶消费和流通双料"第一"的茶叶大省。[①] 2022年，广东省茶叶种植面积149.19万亩，茶叶产量16.1万吨，茶叶年消费量约25万吨。

近年来，茶产业作为广东的特色农业产业，已经成为全面推进乡村振兴的重要产业，发展茶叶特色产业是广东省推进实施乡村振兴战略的重要举措。2018年，广东省成立全国首个省级茶产业联盟——广东茶产业联盟，打造广东省茶产业发展重要平台。截至2022年，广东省已连续举办四届广东茶叶产业大会，建设21个茶叶现代农业产业园、312个茶叶专业镇村，培育茶类区域品牌30个，培育"粤字号"农业品牌目录产品290个。[②] 在"十四五"开局之年，广东省更是率先出台了《广东省乡村产业发展规划（2021~2025年）》，提出要做大做强优势特色产业集群，优先支持茶叶等优势特色产业跨区域集群发展，建成一批结构合理、链条完整、布局集中、具有国际竞争力的百亿级集群。

产业兴旺是实施乡村振兴的重点，是撬动地方经济发展的主要抓手。分析当前广东茶叶产业的现状形势，比较省内外不同地区的茶叶产业竞争优势，并提供指导建议和保障措施，对进一步提升广东省茶叶产业竞争力、推进产业升级以实现广东省茶叶产业的高质量发展具有重要意义。

二　茶叶生产现状

（一）中国茶叶生产现状

随着我国茶园种植面积的持续扩张以及茶叶种植技术的不断优化，

---

① 《中国茶叶产量稳增　广东成为双料"第一"茶叶大省》，中国新闻网，https://www.chinanews.com/cj/2023/05-09/10004163.shtml。

② 《打造茶品牌，广东有实招》，南方周末网，http://www.infzm.com/contents/253864? source = 101&source_ 1 = 252384。

2018~2022 年，我国茶叶种植面积从 4396 万亩上升至 4995 万亩（见图 1）。2016~2022 年，我国茶叶产量从 231.3 万吨增至 335.0 万吨，年均增长 6.7%（见图 2）。2021 年农业农村部印发《"十四五"全国种植业发展规划》，提出在"十四五"期间，中国将划定最宜区，坚持适区适种，引导非优势区退出茶叶种植，受此影响，茶园种植面积增速放缓，但中国茶叶生产的增长空间仍然较大。

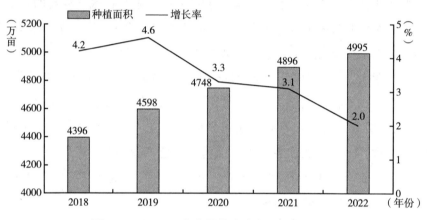

图 1 2018~2022 年中国茶叶种植面积及增长率

资料来源：《中国统计年鉴》（2019~2023 年）。

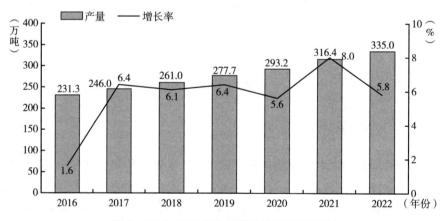

图 2 2016~2022 年中国茶叶产量及增长率

资料来源：《中国统计年鉴》（2017~2023 年）。

全国茶叶消费市场潜力巨大。随着我国居民消费水平及自身健康意识的提升，茶叶被越来越多的消费者所青睐，茶叶内销量和内销额呈现稳步增长的趋势。根据前瞻产业研究院的统计数据，2018~2022年，中国茶叶内销量从191.05万吨增长到241.71万吨，年均增长6.1%（见图3），茶叶内销额从2661亿元增长到3120亿元，年均增长3.97%（见图4）。联合国粮农组织（FAO）预测受到较高的收入和向其他细分市场（如有机茶和特种茶）多样化驱动，中国茶叶消费量将以年均4.9%的速度增长。

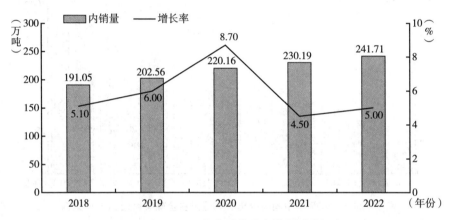

图3　2018~2022年中国茶叶内销量及增长率

资料来源：前瞻产业研究院。

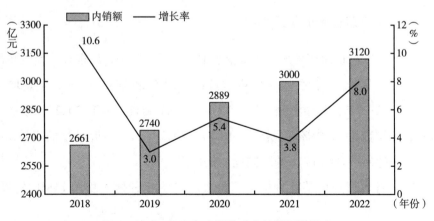

图4　2018~2022年中国茶叶内销额及增长率

资料来源：前瞻产业研究院。

中国作为茶叶的原产国之一，不仅茶叶产量高、茶叶种类多且出口总额一直位于国际茶叶市场前列，近年来，随着茶叶市场出口结构的不断调整，出口总额占比也在小幅波动提升。2022年，中国茶叶出口总额达为20.83亿美元，占全球茶叶出口市场的35.9%（见图5）。其中，绿茶仍然是我国出口的主要茶类，2022年绿茶出口总量和出口总额分别占据中国茶叶出口份额的83.64%和66.51%。

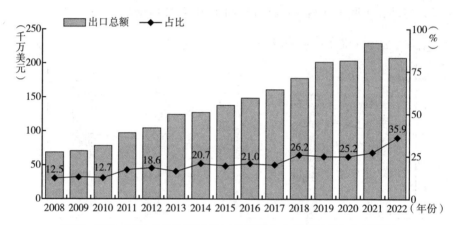

图5　2008~2022年中国茶叶出口总额及占全球茶叶出口市场比例

资料来源：《中国统计年鉴》（2009~2023年）。

（二）广东省茶叶生产现状

广东茶叶种植面积增加，产量稳步上升。近五年来，广东茶叶种植面积逐步扩大，从2018年的95.1万亩增长到2022年的149.2万亩，年均增长11.54%；茶叶产量稳步上升，从2018年的10.0万吨上升到2022年的16.1万吨，年均增长12.03%（见图6、图7）。2023年广东茶叶种植面积约155万亩，茶叶年产量约17万吨，同比增长5.5%。①

广东省内梅州市茶叶种植面积最大，2021年种植面积达21818公顷，

---

① 《2023年上半年广东省茶叶产销形势分析》，广东省农业农村厅网站，http://dara.gd.gov.cn/gkmlpt/content/4/4229/mpost_ 4229234. html。

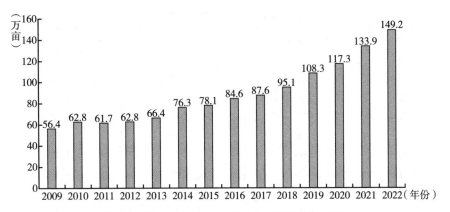

图6　2009~2022年广东茶叶实有面积变化情况

资料来源:《中国统计年鉴》(2010~2023年)。

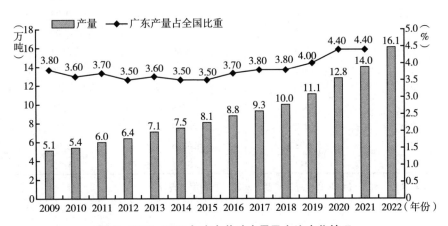

图7　2009~2022年广东茶叶产量及占比变化情况

资料来源:《中国统计年鉴》(2010~2023年)。

潮州市以15028公顷位列第2,此后依次为清远市、揭阳市和河源市。在产量方面,2021年揭阳市以28836吨位列第1,潮州市和梅州市分别以26728吨、25579吨位列第2、第3。单产水平方面,湛江茶叶为3.63吨/公顷,排名省内第1,其次依次是揭阳、肇庆、汕尾、阳江,5市均大于2吨/公顷(见表1)。

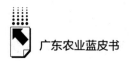

表1　2021年广东省内茶叶生产情况

地级市	年末实有面积(公顷)	总产量(吨)	单产水平(吨/公顷)
广州	195	139	0.71
深圳	361	155	0.43
珠海	14	1	0.07
汕头	739	749	1.01
佛山	40	40	1.00
韶关	5441	7734	1.42
河源	9683	8185	0.85
梅州	21818	25579	1.17
惠州	4046	2285	0.56
汕尾	1677	4238	2.52
东莞	133	5	0.04
中山	23	12	0.52
江门	1486	1471	0.99
阳江	237	491	2.07
湛江	2713	9840	3.63
茂名	1342	1681	1.25
肇庆	2616	7233	2.76
清远	9921	10558	1.06
潮州	15028	26728	1.78
揭阳	9808	28836	2.94
云浮	1947	3494	1.79

资料来源：根据《广东农村统计年鉴（2022）》数据整理计算。

　　近年来，广东省茶类生产结构小幅调整。广东省茶叶主要种植绿茶、青茶（乌龙茶）、红茶和其他茶品种，黑茶和白茶品类产量极少。广东是全国乌龙茶的重要产区，茶叶结构以乌龙茶为主要特色。2008年以来，乌龙茶产量占全省茶叶产量的比重呈扩大趋势，2011年产量占比超过绿茶，成为广东省产量最大的茶叶品种。2021年，乌龙茶产量达6.44万吨，占全省茶叶产量的比重达46%。近几年，在英德红茶的带动下，全省红茶产量也大幅提升，2021年全省红茶产量1.3万吨，同比小幅增长5%，占全省茶业产量的比重为9%（见图8）。

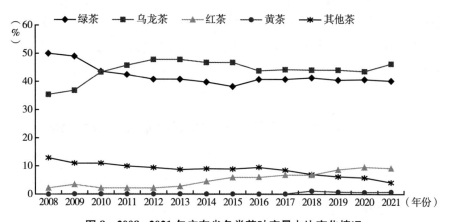

图8　2008~2021年广东省各类茶叶产量占比变化情况

资料来源：根据《广东农村统计年鉴》（2009~2022年）数据整理而得。

　　近年来，广东茶叶出口总体呈现下滑态势。2021年，广东茶叶出口量为5200吨，居全国第10位，同比下降20.38%；出口额为6500万美元，居全国第8位，同比下降17.59%（见图9）。一方面，由于广东茶叶缺乏领军的龙头企业，广东茶叶出名但无品牌，品牌的缺失使得广东茶叶产业对外竞争乏力；另一方面，广东茶叶出口受到国内外其他省份或地区的强烈竞争。近年来，浙江绿茶发展非常迅猛，表现了强劲的出口竞争力，2021年浙江

图9　2008~2021年广东省茶叶出口贸易变化趋势情况

资料来源：根据《广东统计年鉴》（2009~2022年）数据整理而得。

省茶叶出口总量占全国茶叶出口总量的比重高达 40.8%。与此同时，国际上斯里兰卡、越南等国家则加大了对红茶、绿茶的出口，进一步影响了广东茶叶在国际上的竞争力。

三 基于钻石模型的广东省茶产业竞争力分析

（一）生产要素

1. 资源禀赋方面

如表 2 所示，从效率优势指数（EAI）来看，广东茶叶生产基本不具备比较优势，生产效率有所降低，甚至 2017~2021 年指数呈下降趋势，从 2017 年的 1.04 下降到 2021 年的 0.90。在主要产茶省份中排名第 6，处于中下游水平，原因可能是广东茶叶生产基地较多位于山区或半山区，厂房、机具、工艺以及卫生条件较为落后，生产效率偏低的情况较为普遍。[①] 随着广东各地推进茶叶产业园建设以及鼓励发展茶叶产业带动乡村振兴，茶叶种植面积快速扩大，可能存在技术推广不到位、部分地区种植技术尚未成熟等情况，导致茶叶单产未能得到较大幅度提升。

表 2 2017~2021 年各主要产茶省份比较优势指数

省份	指数	2017 年	2018 年	2019 年	2020 年	2021 年
安徽	EAI	0.85	0.93	0.91	0.92	0.88
	SAI	1.11	1.12	1.14	1.15	1.18
	AAI	0.97	1.02	1.02	1.03	1.02
福建	EAI	0.87	1.24	1.20	1.22	1.17
	SAI	7.81	7.43	7.34	7.15	7.17
	AAI	2.61	3.04	2.97	2.95	2.90
广东	EAI	1.04	1.00	0.93	0.99	0.90
	SAI	0.81	0.82	0.89	0.91	1.01
	AAI	0.92	0.91	0.91	0.95	0.96

---

① 马艺菲：《全面推进乡村振兴背景下广东茶叶高质量发展研究》，《现代农业》2023 年第 3 期。

省份	指数	2017 年	2018 年	2019 年	2020 年	2021 年
贵州	EAI	0.65	0.60	0.64	0.63	0.65
	SAI	4.71	4.73	4.53	4.53	4.44
	AAI	1.75	1.69	1.70	1.68	1.70
湖北	EAI	1.27	1.20	1.14	1.15	1.20
	SAI	2.08	2.25	2.38	2.34	2.32
	AAI	1.62	1.64	1.65	1.64	1.67
湖南	EAI	1.55	1.53	1.53	1.56	1.40
	SAI	1.09	1.13	1.15	1.15	1.22
	AAI	1.30	1.32	1.33	1.34	1.30
陕西	EAI	0.78	0.76	0.77	0.78	0.79
	SAI	1.82	1.85	1.88	1.91	1.91
	AAI	1.19	1.18	1.20	1.22	1.22
四川	EAI	0.89	0.89	0.91	0.93	0.93
	SAI	2.17	2.17	2.13	2.10	2.06
	AAI	1.39	1.39	1.39	1.39	1.39
云南	EAI	6.93	6.87	6.53	6.19	5.51
	SAI	3.77	3.76	3.70	3.68	3.65
	AAI	5.11	5.08	4.92	4.77	4.48
浙江	EAI	0.59	0.57	0.57	0.55	0.55
	SAI	5.85	5.63	5.38	5.34	5.22
	AAI	1.85	1.80	1.76	1.72	1.70

资料来源：根据《中国统计年鉴》（2018~2022 年）数据整理计算。

从规模优势指数（SAI）来看，2017~2021 年广东省 SAI 处在 0.80~ 1.02 区间，并且保持小幅度升高趋势，2021 年达到了 1.01，虽然与全国平均水平相比广东茶叶生产具有规模优势，但在其他主要产茶省份中仍处于弱势地位。

从综合优势指数（AAI）来看，2017~2021 年，广东省所有年份的 AAI 均小于 1，广东茶叶并不具有综合比较优势，但整体还是处于上升趋势，2021 年 AAI 已达 0.96。值得注意的是，除安徽在 2017 年外，其他茶叶主产省份 AAI 均大于 1，都具有综合比较优势。

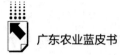

从广东省内来看，如表 3 所示，从效率优势指数（EAI）来看，广东省内具有效率优势的地区包括揭阳、云浮、肇庆、阳江、汕尾、韶关，其中阳江EAI 最高，2017~2021 年 EAI 指数均大于 1 且 2021 年 EAI 指数为 1.84，但值得注意的是，以上效率优势指数大于 1 的地市大多数存在 EAI 回落趋势。

表 3　广东省内 21 市茶叶产业比较优势指数

地区	指数	2017 年	2018 年	2019 年	2020 年	2021 年
潮州	EAI	0.92	0.92	0.92	1.00	0.65
	SAI	21.42	20.96	20.46	20.52	37.74
	AAI	4.44	4.38	4.35	4.52	4.96
东莞	EAI	0.01	0.04	0.03	0.11	0.02
	SAI	0.11	0.10	0.09	0.01	0.34
	AAI	0.04	0.07	0.05	0.04	0.08
佛山	EAI	0.41	0.50	0.45	0.52	0.44
	SAI	0.04	0.03	0.03	0.03	0.05
	AAI	0.12	0.12	0.12	0.13	0.15
广州	EAI	0.11	0.19	0.24	0.30	0.26
	SAI	0.04	0.04	0.04	0.05	0.06
	AAI	0.07	0.09	0.09	0.13	0.13
河源	EAI	0.88	0.87	0.83	0.81	0.76
	SAI	3.80	3.89	4.28	4.47	5.40
	AAI	1.83	1.84	1.88	1.90	2.02
惠州	EAI	0.40	0.38	0.38	0.39	0.26
	SAI	0.26	0.72	0.71	0.71	1.26
	AAI	0.33	0.53	0.52	0.52	0.57
江门	EAI	0.57	0.51	0.50	0.61	0.50
	SAI	0.51	0.44	0.46	0.55	0.71
	AAI	0.54	0.47	0.48	0.58	0.59
揭阳	EAI	2.29	2.28	1.58	1.66	1.00
	SAI	2.37	2.22	3.01	3.42	6.65
	AAI	2.33	2.25	2.18	2.39	2.58
茂名	EAI	0.58	0.62	0.60	0.61	0.61
	SAI	0.25	0.24	0.23	0.22	0.29
	AAI	0.38	0.38	0.37	0.36	0.42

续表

地区	指数	2017 年	2018 年	2019 年	2020 年	2021 年
梅州	EAI	0.66	0.64	0.55	0.59	0.50
	SAI	6.81	7.27	8.17	8.37	9.83
	AAI	2.13	2.16	2.12	2.22	2.21
清远	EAI	0.72	0.72	0.85	0.81	0.56
	SAI	1.53	1.59	1.61	1.59	2.00
	AAI	1.05	1.07	1.17	1.14	1.06
汕头	EAI	0.39	0.39	0.39	0.40	0.29
	SAI	0.73	0.68	0.61	0.50	0.77
	AAI	0.53	0.51	0.49	0.45	0.47
汕尾	EAI	1.13	1.92	1.85	1.87	1.37
	SAI	0.88	0.49	0.86	0.84	0.99
	AAI	1.00	0.97	1.26	1.26	1.16
韶关	EAI	1.11	1.10	1.23	1.26	1.02
	SAI	1.70	1.62	1.54	1.53	1.83
	AAI	1.37	1.34	1.38	1.39	1.37
深圳	EAI	0.44	0.48	0.46	0.50	0.25
	SAI	0.39	0.44	0.46	0.45	1.90
	AAI	0.42	0.46	0.46	0.48	0.69
阳江	EAI	2.50	2.54	2.16	2.17	1.84
	SAI	0.10	0.10	0.11	0.10	0.12
	AAI	0.51	0.50	0.48	0.47	0.46
云浮	EAI	1.67	1.73	1.71	1.67	1.42
	SAI	1.40	1.27	1.22	1.18	1.33
	AAI	1.53	1.48	1.44	1.40	1.37
湛江	EAI	0.79	0.82	0.75	0.78	0.80
	SAI	0.20	0.17	0.17	0.25	0.25
	AAI	0.39	0.38	0.35	0.45	0.45
肇庆	EAI	1.65	1.75	1.69	1.70	1.25
	SAI	0.68	0.63	0.63	0.59	0.77
	AAI	1.06	1.05	1.03	1.00	0.98
中山	EAI	—	—	0.21	0.17	0.23
	SAI	—	—	0.04	0.06	0.07
	AAI	—	—	0.09	0.10	0.13

续表

地区	指数	2017 年	2018 年	2019 年	2020 年	2021 年
珠海	EAI	—	0.62	0.59	0.09	0.04
	SAI	—	0.01	0.01	0.09	0.09
	AAI	—	0.06	0.06	0.09	0.06

资料来源：根据《广东农村统计年鉴》（2018~2022 年）数据整理计算。

从规模优势指数（SAI）来看，广东省内具有规模优势的地区包括清远、梅州、揭阳、云浮、河源、韶关、潮州。其中潮州指数最高，2017~2021 年 SAI 均大于 20，2021 年 SAI 更是高达 37 以上，表现了强劲的茶叶生产规模优势。此外，揭阳、云浮、韶关三市茶叶同时具有茶叶规模优势和效率优势，茶叶产业竞争能力较为突出。

从综合优势指数（AAI）来看，2017~2021 年清远、梅州、揭阳、云浮、河源、韶关、潮州都具有综合比较优势，其中梅州、揭阳、潮州三市综合优势均大于 2，具有突出的综合优势。

从茶树资源与品种来看，广东省已形成了粤东地区"单枞"乌龙茶、粤北地区"英红九号"红茶、粤东北客家地区茶三大优势区域。现已培育出金萱、翠玉、丹霞 1 号和丹霞 2 号等适合机械化采摘和加工的优异茶树品系，并作为适合广东机械化采茶的品种进行大力推广。2022 年丹霞 1 号、乌叶单丛、鸿雁 12 号入选广东省农业主导品种，其中鸿雁 12 号近两年累计推广规模达 1.8 万亩，涉及农户 1300 户；丹霞 1 号近两年累计推广规模达 2.8 万亩，涉及农户 1250 户；乌叶单丛近两年累计推广规模达 4.7 万亩，涉及农户 1250 户。[1] 此外，广东省紧跟国际发展趋势，结合基因组学、代谢组学等前沿技术，对省内茶树种质资源库内所拥有的资源开展了大规模的核心种质资源综合鉴评。[2] 与此同时，广东省发明了"茶树种质异地保存及

---

[1] 伍咏言：《3 个！2021 年广东省茶叶主导品种详细内容出炉》，《南方农村报》2021 年 10 月 14 日。

[2] 陈慧英、林威鹏、潘顺顺等：《广东茶产业发展现状、问题与科技支撑对策》，《江西农业学报》2022 年第 12 期。

繁育实用技术"①，并投资 5000 万元建成华南地区规模最大、系统最全的农作物种质资源保护库，累计保存茶树种质资源 2000 多份。② 近年来，育成国家级良种 11 个、省级良种 10 个，获国家植物新品种权 5 个，进一步扩大了省内茶树种质资源的保存数量和类型。

2. 基础设施方面

茶叶产业属于劳动密集型产业，随着农村劳动力不断紧张，老龄化水平不断加剧，茶叶生产管理劳动力价格也不断上涨，采茶和耕作等茶园作业机械的短缺，已逐渐成为当前茶产业发展的突破点所在。由表 4 可以看出，广东省在茶叶机械中耕面积、茶叶机械施肥面积、茶叶机械植保面积和茶叶机械修剪面积方面与其他茶叶主产区相比，存在一定的差距。表 5 显示，2017~2021 年广东省茶树修剪机和茶叶采摘机数量总体呈上涨趋势，说明近年来广东省对茶叶生产机械化发展越发重视，茶园基础设施水平得到进一步提升。

表4　2021 年茶叶主产区机械化作业情况

省份	茶树修剪机（万台）	茶叶采摘机（万台）	茶叶初加工机械（万台/套）	茶叶机械中耕面积（千公顷）	茶叶机械施肥面积（千公顷）	茶叶机械植保面积（千公顷）	茶叶机械修剪面积（千公顷）	茶叶机械采收产量（万吨）	茶叶机械田间转运产量（万吨）
浙江	7.93	1.50	47.40	92.09	80.47	152.41	173.81	9.39	10.75
安徽	10.05	1.73	27.49	50.88	30.31	96.57	129.43	3.78	5.60
福建	9.96	4.85	46.64	48.29	33.93	113.81	118.82	19.68	25.22
湖北	11.37	7.65	11.72	150.11	87.46	223.21	194.11	20.78	18.97
湖南	0.64	1.15	3.21	49.33	37.68	37.33	36.04	4.49	4.25
广东	0.71	0.33	1.99	16.22	8.48	39.99	18.98	3.80	5.36
四川	4.09	1.09	6.00	49.60	13.48	165.22	161.49	33.65	28.41
贵州	2.20	2.46	5.18	115.51	14.43	92.29	237.67	15.27	5.22
云南	4.54	0.87	6.58	38.13	2.45	80.42	86.14	5.46	12.56
陕西	0.89	0.42	2.32	20.74	3.58	39.32	49.83	0.81	1.42

资料来源：《中国农业机械年鉴（2022）》。

---

① 方开星、李波、吴华玲：《茶树种质异地保存及繁育实用技术》，《广东茶业》2021 年第 6 期。

② 叶卡斯：《华南地区规模最大、系统最全的农作物种质资源保护库建成》，《广州日报》2022 年 6 月 25 日。

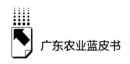

表5　2017~2021年广东省茶叶机械化作业情况

年份	茶树修剪机（万台）	茶叶采摘机（万台）	茶叶初加工机械（万台/套）	茶叶机械中耕面积（千公顷）	茶叶机械施肥面积（千公顷）	茶叶机械植保面积（千公顷）	茶叶机械修剪面积（千公顷）	茶叶机械采收产量（万吨）	茶叶机械田间转运产量（万吨）
2017	0.60	0.21	—	—	—	—	—	—	—
2018	0.63	0.23	—	12.25	6.79	40.67	15.59	2.99	30.35
2019	0.70	0.25	—	14.10	7.81	41.54	17.04	3.12	4.62
2020	0.70	0.31	1.90	15.22	8.22	39.38	18.11	3.67	5.38
2021	0.71	0.33	1.99	16.22	8.48	39.99	18.98	3.80	5.36

资料来源：《中国农业机械年鉴》（2018~2022年）。

3.技术标准方面

广东省先后制定了《地理标志产品　英德红茶》（DB4418/T 0001—2018）、《白毛茶加工技术规程》（DB 44/T2211—2019）和《广东客家炒青绿茶》（T/GZBC 41—2020）等省、市级地方标准及团体标准10多项，为构建仁化白毛茶、英德红茶、客家炒青绿茶等在内的广东地方特色茶产品的标准体系奠定了基础。与此同时，广东省还制定了《广东茶叶品质评鉴方法》（T/GDADI 034—2020），推动广东地方特色茶类开展茶叶评鉴地方标准编制工作，促进茶叶生产与市场的接轨。[①]

（二）需求条件

1.国内需求

波特认为，国内需求市场是产业发展的动力，其主要包括以下几个方面。第一，市场的性质，如客户的需求形态。第二，市场的规模与成长速度。第三，由国内市场需求转换为国际市场需求的能力。[②] 从国内需求市场

---

① 张婷、操君喜、潘顺顺等：《"生态、特色、健康、高效"铺就粤茶高质量发展之路——广东茶产业十年发展成效回顾》，《广东茶业》2023年第Z1期。

② 何喆：《基于钻石模型的中国茶产业国际竞争力研究》，《农村经济》2018年第8期。

来看，中国茶叶内销市场庞大，增速平稳。中国茶叶流通协会发布的
《2022年中国茶叶产销形势报告》数据显示，2022年中国茶叶内销总量为
239.6万吨，较上年增长9.4万吨，增幅4.08%；内销总额为3395亿元，
较上年增长275亿元，增幅8.82%（见表6）；内销均价为141.62元/千克，
同比增长4.48%。

表6　2013~2022年中国茶叶内销总量及内销总额

单位：万吨，亿元

	2013年	2014年	2015年	2016年	2017年	2018年	2019年	2020年	2021年	2022年
内销总量	133.8	150.3	167.9	171.1	181.7	191.1	202.6	220.2	230.2	239.6
内销总额	1385	1669	1869	2148	2353	2661	2739	2889	3120	3395

资料来源：中国茶叶流通协会《2022年中国茶叶产销形势报告》。

从需求结构和层次上看，广东省具有一定的竞争优势。从需求规模上
看，2022年广东省茶叶年消费量（含流转量）约25万吨，成为茶叶第一消
费大省和第一流通大省，获得"双料第一"茶叶大省的称号。广州芳村茶
叶批发市场作为中国最大的茶叶批发市场，是中国最大的茶叶集散地和贸易
中心，内设20多个大型茶叶批发市场，经营商户超5000家，年交易额超
100亿元。① 与此同时，广东省茶叶电商蓬勃发展，线上销售规模逐步扩大。
2019年，天猫"双11"购物节广东省在茶叶买家数占比上继续保持第1，
占比13.30%。由此可见，目前广东省对茶叶的需求仍然保持了较大的规模
并且具备一定的增长速度和增长潜力。

从转化能力上看，当一个国家或地区的内需市场和国际市场的主要需求
相同，而其他国家没有这样的条件时，这个国家或地区的厂商就比较容易获
得竞争优势。② 广东省内茶叶需求结构和国际上茶叶市场不太相近，转化能
力较低，缺乏竞争优势。2022年，广东省绿茶销量同比下降7%，乌龙茶销

① 《七大关键词，数说广东茶业高质量发展》，广东省农业科学院茶叶研究所微信公众号，
https://mp.weixin.qq.com/s/b212GiIGrvgR7rPoM3Lr8g。

② 何喆：《基于钻石模型的中国茶产业国际竞争力研究》，《农村经济》2018年第8期。

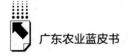
量增长 16%①，而国际上红茶贸易量占了世界茶叶贸易量的 75% 左右。FAO 报告指出，红茶以及其他发酵茶将越来越受欢迎，预计红茶消费的年增长率将达到 4.9%②，阻碍了广东省内茶叶需求直接转换为国外需求。

2. 国外需求

（1）国际市场占有率（IMS）

国际市场占有率（IMS）是用来表示一国参与国际竞争和开拓国际市场的能力，指标越高，竞争力越强，用公式表示如下：

$$IMS_{ij} = \frac{X_{ij}}{\sum X_j} \tag{1}$$

式（1）中，IMS_{ij} 表示 i 地区 j 商品的国际市场占有率，X_{ij} 表示 i 地区出口商品 j 的总额；$\sum X_j$ 表示全球所有国家出口 j 商品的总额，该指标的取值范围介于 0 到 1 之间，IMS 越接近于 0，表明 i 地区 j 商品的国际市场份额越低，国际竞争力越弱，而 IMS 越接近于 1，则表明 i 地区 j 商品的国际市场份额越高，该商品开拓国际市场的能力越强。

（2）显示性比较优势指数（RCA）

显示性比较优势指数（RCA）能够定量地描述一个国家或地区茶叶相对出口的表现，其计算方法为：

$$RCA_{ijt} = \frac{X_{ijt}/\sum X_{it}}{X_{wjt}/X_{wt}} \tag{2}$$

式（2）中，RCA_{ijt} 表示 t 时期 i 地区 j 商品的显示性比较优势指数，X_{ijt} 表示 i 地区在 t 时期出口商品 j 的总额，$\sum X_{it}$ 表示 i 地区在 t 时期的出口总额，X_{wjt} 表示全球所有国家在 t 时期出口商品 j 的总额，X_{wt} 表示 t 时期全球所有国家所有商品的出口总额。该指标的取值范围介于 0 到 $+\infty$，数值越低，

---

① 《4 月下半月广东省茶叶产销形势分析》，广东省名牌产品微信公众号，https://mp.weixin.qq.com/s/_5YrYBKEfygas−WpsISfzA。

② 联合国粮农组织（FAO）：《国际茶叶市场：现状、前景及挑战》，中国农业国际合作促进会茶产业分会网站，https://www.capiaccti.org.cn/articletag/92a8603e64ba229d0001c5437c0bd25c。

意味着 j 商品越不具有显示性比较优势；反之，j 商品的显示性比较优势越明显。

（3）贸易竞争力指数（TC）

$$TC_{it} = \frac{X_{it} - M_{it}}{X_{it} + M_{it}} \tag{3}$$

式（3）中，TC_{it} 表示某国 i 商品的贸易竞争力指数，X_{it} 和 M_{it} 分别表示某地区 t 时期 i 商品的出口总额和进口总额。该指标的取值范围介于 -1 到 1 之间，TC_{it} 越接近 -1，说明该地区 i 商品的出口越多或进口越少，竞争力越弱；TC_{it} 越接近 1，则说明该地区 i 商品的进口越多或出口越少，竞争力越强。2018~2022 年广东省与其他茶叶主产区茶产品的 IMS、RCA、TC 指数如表 7 所示。

表 7　2018~2022 年广东省与其他茶叶主产区茶产品的 IMS、RCA、TC 指数

省份	指数	2018 年	2019 年	2020 年	2021 年	2022 年
安徽	IMS	0.037	0.031	0.035	0.034	0.043
	RCA	19.861	14.426	13.417	15.456	14.478
	TC	0.893	0.967	0.969	0.974	0.989
福建	IMS	0.051	0.056	0.052	0.060	0.091
	RCA	8.712	8.924	7.495	10.293	12.497
	TC	0.798	0.834	0.867	0.840	0.839
广东	IMS	0.012	0.012	0.010	0.008	0.012
	RCA	0.360	0.352	0.276	0.283	0.373
	TC	0.534	0.590	0.573	0.430	0.557
贵州	IMS	0.003	0.006	0.012	0.026	0.015
	RCA	13.286	23.611	35.073	98.545	46.941
	TC	1.000	—	0.999	0.995	0.986
湖北	IMS	0.022	0.026	0.025	0.023	0.034
	RCA	12.660	13.605	11.182	11.818	13.579
	TC	1.000	0.997	0.999	0.999	1.000
湖南	IMS	0.014	0.012	0.012	0.014	0.024
	RCA	8.976	5.235	4.504	6.216	7.805
	TC	0.998	0.996	0.999	0.999	0.974

续表

省份	指数	2018 年	2019 年	2020 年	2021 年	2022 年
陕西	IMS	0.001	0.000	0.002	0.000	0.001
	RCA	0.511	0.231	1.286	0.289	0.686
	TC	0.990	0.996	0.926	0.492	0.958
四川	IMS	0.004	0.004	0.002	0.002	0.002
	RCA	1.652	1.177	0.521	0.559	0.650
	TC	0.996	0.995	0.992	0.990	0.919
云南	IMS	0.005	0.008	0.014	0.013	0.010
	RCA	3.188	4.617	6.140	7.632	4.926
	TC	0.972	0.975	0.961	0.923	0.744
浙江	IMS	0.077	0.059	0.056	0.058	0.083
	RCA	4.658	3.345	2.707	3.550	3.994
	TC	0.952	0.912	0.919	0.836	0.919

资料来源：根据 UN Comtrade Database、各省统计年鉴、《中国统计年鉴》计算整理得到。

从国际市场占有率来看，广东省茶叶 IMS 指数存在明显的 U 形走势，前期的回落可能与全球经济增长放缓与疫情冲击下外贸出口相对疲软等有关，后期的回升也表明了广东省茶叶产业开始调整产业结构，重新形成市场优势。2022 年，广东省的 IMS 为 0.012，反映了广东省茶叶产业目前的出口比例相对较低，与其他几个省份相比，广东省茶叶的国际市场占有率较低，有较大的出口空间。浙江、安徽在茶叶国际市场中占有率较高，其中浙江在国际市场占有率最高，连续五年 IMS 指数都维持在 0.05~0.09 区间，福建则展现出亮眼的增长趋势，从 2018 年的 0.051 上涨到 2022 年的 0.091。

从显示性比较优势来看，广东省茶叶 RCA 指数也存在明显的 U 形走势，从 2018 年的 0.360 下降到 2020 年的 0.276，2022 年又回升到 0.373，整体指数在其他主产区中处于下游。然而值得注意的是，2022 年广东省黑茶出口量达 498.06 吨，乌龙茶出口额同比增长 27.87%，两项数据均位列全国各省份第 1，广东省已成为乌龙茶、黑茶领域的"黑马"①，可见在部分茶叶

① 魏钰：《广东茶出口"成绩单"亮眼，乌龙茶出口额同比增长第一、黑茶出口量第一》，《南方农村报》2023 年 7 月 27 日。

细分领域中广东省还是具有一定的竞争优势。安徽、贵州、湖北三省的RCA 指数都很高，连续 5 年指数超过 10，最高的贵州省 2021 年 RCA 指数为 98.545。此外，福建省 RCA 指数具有明显的上升趋势，从 2018 年的8.712 上升到 2022 年的 12.497。

从贸易竞争力指数来看，广东省茶叶 TC 指数基本维持在 0.43~0.59 区间，TC 指数最高值达 0.590，说明广东省茶叶出口比例相对于茶叶进口比例差额并不大；整体呈现波动上升态势，意味着茶叶贸易竞争力在增强，但相对于其他产茶主省份还是稍显较弱，处于下游水平。贵州、湖北、湖南三省 2018~2022 年的茶叶 TC 指数较高，出口优势较为明显，表明这三省是典型的茶叶净出口省，贸易竞争力较强。

（三）企业战略、结构和竞争

1. 企业战略

广东省深谙"尊重自然、顺应自然、保护自然"的绿色发展真谛，2018 年广东省在全国率先开展生态茶园建设，成立广东茶产业联盟。依据生态学理论，以企业为载体，科学构建适宜茶树生长的茶园生态系统，鼓励引导企业与农户在现有基地茶园上合作建设，最大限度降低生态有机茶园建设成本，推进生态有机茶园建设，打造绿色生态茶产业，在茶叶生产中实现经济效益、生态效益和社会效益的统一。

广东省作为全国首个制定生态茶园标准的省份，先后制定、出台多项团体标准，2022 年有效期内无公害茶叶产地认证企业 49 家，涉及茶园 5 万多亩，茶叶产量超 7000 吨。绿色食品（茶叶）认证企业 30 家，监测茶园面积达3.33 万亩，批准产量 3275 吨；78 个茶叶产品获广东省名牌产品（农业类）称号，8 个产品获批国家地理标志保护产品；创建认定生态茶园 168 个、县镇试点区域生态茶园 4 个，基本覆盖全省主要茶产区，辐射带动茶园面积达 30 万亩。[①]

---

① 《广东：率先推进生态茶园建设》，广东省农业农村厅网站，http://dara.gd.gov.cn/nycyy/content/post_ 4065891.html。

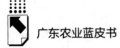

广东省立足于改善茶园的生态环境，将提高茶叶品质作为推动茶叶产业升级发展的重要举措，开拓一条生态环境保护和经济发展相互促进、相得益彰的绿色发展之路。

2.企业结构

在茶叶企业方面，截至2023年8月，我国拥有茶叶相关企业超过247.9万家。其中广东省拥有茶叶相关企业39.41万家，位居全国第1。福建、云南分别有相关企业36.13万家、21.89万家，分别位居第2、第3。其中，广州市以拥有超16.3万家茶叶相关企业排名省内第1，深圳和佛山分别以超5.7万家、2.8万家相关企业分别位居第2、第3（见表8）。从注册资本上看，广东80%的茶叶相关企业的注册资本在100万元以下，7%的相关企业注册资本在500万元以上；从行业分布上看，超七成相关企业分布在批发和零售业。2022年中国茶叶流通协会发布的《关于开展"中国茶叶流通协会2022年度重点产茶县域情况调查工作"的通知》中显示，广东共有10家茶企入围2022年度茶业百强企业，体现了较强的企业竞争力。

表8　截至2023年8月广东省内茶叶相关企业数量

单位：家

地区	数量	地区	数量
广州	163260	中山	3228
深圳	57171	江门	4828
珠海	6293	阳江	2819
汕头	5103	湛江	4264
佛山	28067	茂名	6029
韶关	7387	肇庆	6338
河源	10893	清远	6499
梅州	10967	潮州	17537
惠州	16969	揭阳	9566
汕尾	10675	云浮	4122
东莞	12130	总数	394143

资料来源：根据企查查数据整理而得。

从茶叶交易市场来看，2019 年广东省有 3 个茶叶交易市场，位列全国第 2，浙江省以 6 个市场数量稳居全国第 1 位。广东省总摊位数、年末出租摊位数和营业面积，在全国处于中等水平（见表 9）。2019 年，全国交易前 20 家茶叶市场中，广东省占据两家，数量仅次于浙江省（见表 10）。然而，值得注意的是，2019 年广东茶叶市场贸易成交额为 116219 万元，仅位居全国第 8，占全国的 3.8%。可能是由于自营专卖店、批发市场以及商超等线下销售渠道受疫情的影响销量有不同程度下降，因此，广东省鼓励各基地积极通过抖音短视频、淘宝直播等线上销售方式宣传省内茶叶品牌，2022 年广东省干茶电商销量同比增长 7%，线上茶叶销售规模逐步扩大。

表 9　2019 年全国茶叶交易市场情况

地区	市场数量（个）	总摊位数（个）	年末出租摊位数(个)	营业面积（平方米）	成交额（万元）
全国	29	23135	12684	1256455	3079749
北京	2	417	401	25500	54666
辽宁	1	230	230	17633	30000
上海	2	671	669	43000	30005
浙江	6	13056	3026	452944	1576236
安徽	2	1254	1245	260900	258813
福建	1	2501	2501	55000	123024
山东	2	800	670	90000	197320
湖北	2	1320	1255	7444	186621
湖南	1	205	194	15592	11956
广东	3	666	612	48560	116219
广西	2	240	230	12500	130150
重庆	1	215	215	28000	40500
四川	2	315	315	28116	81920
云南	2	1245	1121	171266	242319

资料来源：根据《中国商品交易市场统计年鉴（2020）》数据整理而来。

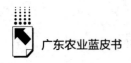

表 10　2019 年茶叶交易前 20 家茶叶市场

序号	市场名称
1	浙江浙南茶叶市场(浙江省丽水市)
2	新昌中国茶市(浙江省绍兴市)
3	安徽江南第一茶市(安徽省芜湖市)
4	济南博茗茶叶市场(山东省济南市)
5	云南康乐茶文化城(云南省昆明市)
6	宜昌三峡国际旅游茶城(湖北省宜昌市)
7	淳安县千岛湖茶叶市场(浙江省杭州市)
8	安吉中国茶城(浙江省湖州市)
9	安溪茶叶批发市场(福建省泉州市)
10	广州市穗芳东兴实业有限公司(广东省广州市)
11	大西南茶城(四川省成都市)
12	南宁市佳禾市场投资开发有限公司—茶叶市场(广西壮族自治区南宁市)
13	南宁市佳禾市场投资开发有限公司—茉莉花市场(广西壮族自治区南宁市)
14	昆明雄达茶文化城(云南省昆明市)
15	浙江遂昌龙谷名茶市场(浙江省丽水市)
16	重庆恒康茶叶批发市场(重庆市)
17	武义县茶城(浙江省金华市)
18	北京市京华沅茶叶市场(北京市)
19	中国北方茶城(辽宁省沈阳市)
20	东莞市鼎好市场(广东省东莞市)

资料来源：根据《中国商品交易市场统计年鉴（2020）》数据整理而得。

3. 同业竞争

"广东早茶"文化源远流长，所辖区域又有大量适宜茶叶种植的山地，广东省农业农村厅更是深耕"粤字号"品牌培育及广东特色优势农业品牌推广。广东省农业农村厅发布的《关于 2022 年"粤字号"农业品牌示范基地名单的公示》显示，共有 33 家茶叶示范基地被列入广东省级区域公用品牌示范基地公示名单，分别来自韶关市 5 个、河源市 4 个、梅州市 6 个、惠州市 2 个、汕尾市 2 个、江门市 1 个、阳江市 1 个、湛江市 1 个、肇庆市 1 个、清远市 6 个、潮州市 4 个，基本覆盖了广东省茶叶主产区。与此同时，有 290 个茶叶产品被列入"粤字号"农业品牌目录。

虽然广东省拥有不少的名茶品种，如英德的红茶、潮州的单枞茶、各个客家地方的特色茶等，但广东省还尚未建立起能在国内或国外具有影响力的品牌。《2023中国茶叶区域公用品牌价值评估报告》和《2023中国茶叶企业产品品牌价值评估报告》结果显示，广东省在茶叶品牌价值、品牌收益方面与福建、浙江等茶叶主产省份存在明显差距。湖北、福建、湖南三省获评品牌的平均品牌价值分别为6.69亿元、5.81亿元和5.58亿元，远高于其余省份品牌平均值，而广东省则以2.00亿元位居中下游水平，其中英九庄园作为广东省最高价值品牌，价值仅为2.53亿元，与其他省份存在较大差距（见表11）。云南、广西、广东、河南和贵州五省获评品牌的平均品牌收益达到2亿元以上，处于全国较高水平。但在平均单位销量品牌收益上广东省以21.10元/千克处于中下游水平，可见广东省茶叶品牌多但茶叶品牌溢价能力较弱，同业竞争能力稍显不足（见表12）。

表11　部分省份获评品牌的品牌价值比较

省份	数量（个）	最高值		平均值（亿元）
		品牌	价值（亿元）	
福建	23	新坦洋	14.89	5.81
浙江	17	绿剑	9.11	2.76
安徽	16	天之红	4.48	1.48
山东	13	万里红	6.03	2.61
江西	12	宁红	15.62	2.52
四川	9	文君牌	4.83	2.37
河南	8	文新	8.61	2.79
广西	7	三鹤	7.51	3.12
江苏	7	碧螺	6.60	2.26
湖北	6	汉家刘氏	11.28	6.69
云南	5	陈升号	6.81	2.14
重庆	5	龙珠	4.49	2.10
广东	5	英九庄园	2.53	2.00
陕西	4	东裕茗茶	2.63	1.65
湖南	2	巴陵春	10.59	5.58
北京	1	吴裕泰	17.56	—
上海	1	伊品茶	0.22	—

资料来源：《2023中国茶叶企业产品品牌价值评估报告》。

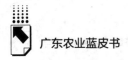

表 12　部分省份获评品牌的平均单位销量品牌收益与平均品牌收益比较

省份	平均单位销量品牌收益(元/千克)	平均品牌收益(万元)
江苏	674.29	11752.46
浙江	213.80	15454.31
安徽	55.49	16452.06
贵州	54.68	21048.70
江西	50.23	14961.77
山东	47.42	7916.99
重庆	45.36	6624.46
四川	31.21	17682.36
河南	24.69	24403.93
陕西	23.97	16902.17
福建	22.51	18422.94
广东	21.10	28037.51
湖北	18.44	14387.70
湖南	13.08	16540.20
广西	10.41	28231.03
云南	2.57	36195.40

资料来源:《2023 中国茶叶区域公用品牌价值评估报告》。

(四)相关及支持产业

依据波特理论,若一个经济区域内产业及其相关产业能够兴旺蓬勃发展,将能为该区域产业发展起到重要的推动作用,进而影响该地区产业竞争优势的提升。以茶产业为例,茶产业的兴旺发展不仅包含了第一产业的茶叶种植,还有第二产业的茶叶加工、包装、运输,以及第三产业的茶饮、文旅等产业。

1. 茶加工业

《"十三五"期间我国茶叶深加工科技发展报告》统计,中国茶叶深加工已消耗了 15 万吨的茶叶原料(占茶叶总产量的 8%~9%),产业规模超 1200 亿元,占我国茶产业总体规模的 1/3。[1] 天眼查数据显示,2017~2021

---

① 左小博、孔俊豪、杨秀芳等:《"十三五"期间我国茶叶深加工科技发展报告》,《中国茶叶加工》2021 年第 3 期。

年，茶叶深加工相关企业数量排名前10的省份分别为广东省、福建省、四川省、云南省、湖南省、山东省、江苏省、安徽省、浙江省、河南省。在2021年广东省内酒、饮料和精制茶制造业数量和总产值中，广州市以37家酒、饮料和精制茶制造业，321.87万元的总产值排名省内第1，佛山市和深圳市分别以27家246.94万元总产值、17家209.20万元总产值位居第2、第3，从平均企业产值上看，深圳以12.31万元/家位居省内第1，其次是佛山和广州（见表13）。

表13　2021年广东省内酒、饮料和精制茶产业情况

城市	酒、饮料和精制茶制造业 总产值（万元）	酒、饮料和精制茶制造业 数量（家）	酒、饮料和精制茶制造业 平均产值（万元/家）
广州	321.87	37	8.70
深圳	209.20	17	12.31
珠海	17.72	8	2.22
汕头	11.58	8	1.45
佛山	246.94	27	9.15
韶关	3.54	5	0.71
河源	28.22	6	4.70
梅州	8.36	9	0.93
惠州	58.39	11	5.31
汕尾	3.44	3	1.15
东莞	87.21	15	5.81
中山	39.93	12	3.33
江门	23.96	9	2.66
阳江	1.97	3	0.66
湛江	20.56	11	1.87
茂名	1.08	3	0.36
肇庆	47.57	11	4.32
清远	34.72	9	3.86
潮州	12.21	12	1.01
揭阳	8.16	8	1.02
云浮	0.35	1	0.35

资料来源：《广东统计年鉴（2022）》。

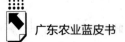
虽然广东省大力支持发展茶叶精加工，但一方面由于各个企业发展起点不同，部分小微企业存在加工设备陈旧、技术含量低、卫生状况差等问题，[①] 使得鲜叶采摘粗放，老嫩区分度低，甚至以粗老叶和修剪叶作为原料来加工，以致产品色泽花杂，内质缺乏鲜爽的特色，使上等的品种生产、加工出中低等的产品，只能在市场上低价位出售，茶叶的品质难以统一和高质。另一方面省内茶叶生产企业科技创新意识薄弱，生产的茶叶基本上是聚集在原产地的初级加工，精深加工的产品较少，[②] 难以满足国内、国际市场要求。

2. 茶旅业

广东省致力于以"茶"为媒探索茶旅融合发展之路，延伸产业链，提高附加值。目前，广东省结合推进宜居宜业和美乡村建设，精心谋划，打造以优美田园风光、茶场、民宿等为核心的乡村特色茶旅路线，以茶促旅、以旅促茶、茶旅融合，为广东茶产业全产业链发展添砖加瓦。广东省农业农村厅公示的全省 2023 年农村一二三产业融合发展重点项目中，广东龙岗马山茶文化休闲产业园、清远市英德英红农夫度假区（扩建）项目、潮州市恒泰农业有限公司广东省凤凰单丛茶跨县集群产业园恒泰建设项目、揭阳市惠来县"世外茶源"特色小镇项目一期 4 个涉茶项目榜上有名。

在清远，英九庄园生态茶园示范区、茶叶生产科普区、非遗展示区、茶文化体验区等功能区齐全，为旅游团体、自驾游、亲子游、中小学生研学实践等活动提供科普、观光、康养休闲等功能。依托自身一二三产业茶旅深度融合资源优势，将茶文化、茶科技、茶生活、生态环境保护等通过科普的方式，寓教于乐，让学生通过户外第三课堂学习中国优秀的传统文化和现代农业科技发展知识。

---

① 马晓晓、董斌、陶正平等：《广东垦区茶叶产业发展现状及对策》，《现代农业科技》2020 年第 2 期。

② 李丹霞、甘阳英、洪建军：《2016~2019 年广东茶叶产业发展形势与对策建议》，《广东茶业》2020 年第 5 期。

在潮州，广东省政府投入 2200 万元，带动凤凰镇的"一村一品"的项目，积极探索"赏美景、玩特色、品好茶"的一条龙茶文旅模式，延伸茶产业链。国家乡村振兴局公示的第一批全国"一县一品"特色文化艺术典型案例名单中，广东省潮州市潮安区"广东凤凰谷茶旅综合体"是唯一入选文旅融合类的茶叶案例。与此同时，凤凰镇也获评全省首批乡村民宿示范镇，潮安区入选省全域旅游示范区。据统计，近三年来，凤凰镇年均接待游客超 800 万人次，直接带动就业上万人。①

3. 茶饮业

随着消费观念和生活方式的转变，新式茶饮以其趣味性、时尚感、参与感、体验感、健康便捷、口感优良且多样等特征受到了广大年轻消费群体的普遍欢迎。据统计，目前在饮料市场中，茶饮料占比排名第 2，为 15.6%，其中茶叶、茶包及茶粉的占比较高，为 43%，② 在 2019～2021 年新式茶饮门店数量整体处于增长态势，2021 年门店数量达到了 55 万家。与此同时，随着"饮茶文化"的年轻化、时尚化，以奶茶、水果茶、柠檬茶等为代表的新式茶饮在广东省内得以迅猛发展。美团发布的《2022 茶饮品类发展报告》显示，2022 年广东省新式茶饮门店数占比显著高于其他地区，达 19.7%，稳坐茶饮门店总数和奶茶消费量双料第 1，其次为江苏省、广西壮族自治区和浙江省，占比分别为 7.21%、6.15%、5.41%。与此同时，广东在《2022 年中国新式茶饮品牌 15 强榜单》中更是拿下 5 个席位，占比 1/3（见表 14）。从城市角度来看，广州和深圳无论是门店数还是订单量均居于前两位，门店数排名第 3 的是上海，订单量排名第 3 的则是武汉（见表 15）。此外，佛山和东莞还体现出较强的发展潜力，充分反映了广东省内茶饮市场较高的需求规模和较强的茶饮产品市场竞争力。

---

① 《凤凰镇：茶旅融合发展赋能乡村振兴》，潮州电视台微信公众号，https://mp.weixin.qq.com/s/e6pnt4IyiXix6FntqoRqPA。

② 锐观产业研究院：《2023～2028 年中国茶饮料市场投资分析及前景预测报告》。

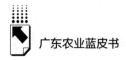

表 14　2022 年中国新式茶饮品牌 15 强榜单

排名	品牌	总部地址	金榜指数
1	喜茶	广东深圳	89.94
2	蜜雪冰城	河南郑州	89.30
3	茶颜悦色	湖南长沙	87.75
4	沪上阿姨	上海	85.21
5	CoCo 都可	上海	85.17
6	古茗	浙江台州	84.31
7	茶百道	四川成都	83.83
8	书亦烧仙草	四川成都	83.38
9	奈雪の茶	广东深圳	82.39
10	LINLEE·手打柠檬茶	广东广州	81.62
11	一只酸奶牛	重庆	81.38
12	大卡司	广东广州	80.15
13	快乐柠檬	上海	79.52
14	四云奶盖贡茶	广东深圳	79.48
15	快乐番薯	福建厦门	79.47

资料来源：艾媒咨询。

表 15　2022 年茶饮门店数和订单量 TOP15 城市

排名	门店数	订单量	排名	门店数	订单量
1	广东广州	广东广州	9	江苏苏州	上海
2	广东深圳	广东深圳	10	浙江杭州	广西南宁
3	上海	湖北武汉	11	北京	广东东莞
4	广东东莞	四川成都	12	福建泉州	江苏南京
5	四川成都	重庆	13	湖北武汉	江苏苏州
6	重庆	广东佛山	14	湖南长沙	山东济南
7	广东佛山	河南郑州	15	云南昆明	浙江杭州
8	广西南宁	湖南长沙			

资料来源：美团美食。

（五）政府力量

我国正进入经济发展新常态，新型工业化、信息化、城镇化、农业现代化逐渐成为全国经济发展新的增长点。茶叶产业作为现代农业的重要组成部分、新农村特色支柱产业和重要富民产业，也将在国家、地方政府方针政策指引下，步入新的发展阶段。

1. 科技助力

《中共广东省委　广东省人民政府关于做好2023年全面推进乡村振兴重点工作的实施意见》中明确提出在岭南蔬果、水产、南药、茶叶、花卉等特色农产品主产区，需依托现代农业产业园发展农产品加工，创建农产品加工示范基地。与此同时，广东省农业农村厅、广东省财政厅制定了《广东省2021～2023年中央财政农机购置补贴实施方案》，提出将大力支持农机创新产品列入补贴范围，积极申请组织实施中央财政农机新产品购置补贴试点，对尚不能通过农机专项鉴定取得补贴资质的创新产品和成套设施装备等给予支持，重点补贴建设果菜茶初加工在内的成套设备，包括但不限于田间管理机械：茶树修剪机；茶叶加工机械：茶叶杀青机、茶叶揉捻机、茶叶炒（烘）干机、茶叶筛选机、茶叶理条机，以及其他机械、茶叶输送机、茶叶压扁机、茶叶色选机等。致力于引领推动广东省农业机械化向全程全面高质高效转型升级，加快提升农业机械化产业链现代化水平，为推进农业农村现代化提供坚实支撑。

英德引进中国工程院院士刘仲华等专家团队，搭建英德红茶产业研究院、科技创新示范园等平台11个。现已建成华南地区规模最大、种类最齐全的茶树活体"基因库"和国内首个数字精准控制的红茶加工技术中心。开发出红茶面膜、茶功能性食品等精深加工产品30项，相关专利30余项。建成可视化、动态监测茶园67个，集成开发红茶大数据平台、红茶交易系统等8个信息化平台，园内精准作业面积5.48万亩，园区内农作物耕种收综合机械化率提升至76.39%。[①]

---

① 《英德红茶何以能？连续13年入选"茶业百强县域"（全国重点产茶县）、"百强茶企"数量居榜首》，清远农业农村微信公众号，https：//mp.weixin.qq.com/s/C0hB0nM_ KWphXmUo_ nbm3A。

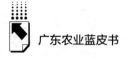

2. 生态茶园建设

茶叶品质的好坏，除了与加工技术相关外，更与茶园的生态环境有着密切关系。广东省政府深刻践行"绿水青山就是金山银山"理念，把改善茶园的生态环境，提高茶叶品质作为推动茶产业升级发展的重要举措。2018年9月，广东茶产业联盟发布了《广东生态茶园建设标准》。同年12月，广东省农业科学院茶叶研究所联合广东7家茶叶企业起草了《广东生态茶园建设规范》团体标准，并启动首批广东生态茶园认定申报工作，进一步推动了广东生态茶园建设。广东作为全国首个制定生态茶园标准的省份，在《关于印发广东省推进农业供给侧结构性改革实施方案的通知》中明确指出，2020年要建成100个生态茶园，并力争在5年内实现全省生态茶园面积占比达30%~50%的发展目标，将广东茶产业打造成为全省乃至全国循环、绿色和生态农业典范。目前，广东省围绕特色茶叶产业发展定位，进一步集成及应用示范一批适应广东省各区域品牌产区的生态茶园建设关键技术，形成具有区域特色的生态茶园模式，并持续开展生态茶园认定工作，辐射带动全省各茶叶产区。2022年，广东省共创建认定168个生态茶园、4个县镇试点区域生态茶园，覆盖全省主要茶产区，辐射带动茶园面积超30万亩，进一步加快了广东省生态茶园建设步伐。

3. 品牌建设

品牌作为农业核心竞争力的综合体现，是农业强国的重要标志。2022年，广东省农业农村厅发布了茶叶类"粤字号"农业品牌产品共290个，品牌示范基地共33家，进一步提升了省内茶叶品牌效益和竞争力。2018年5月12日，2018年首届广东茶叶产业大会拉开帷幕，时任广东省副省长叶贞琴在会上强调，"广东省要做优茶品质、唱响茶品牌、拓展茶市场、弘扬茶文化、共享茶红利"。目前，广东省在连续四届茶叶产业大会的带动下，举办各类茶叶盛会，如"黄埔红"春茶开采节、鹤山红茶文化节、凤凰单丛茶文化旅游节、丰顺高山茶文化节、英德红茶头采节、仁化白毛茶开采节等，擦亮了广东省茶叶区域公用品牌。

潮州市先后出台《潮州市大力推进潮州单丛茶产业化建设实施办法》

《潮州市千亿农业产业发展方案（2021~2025年）》，大力实施"品牌化、生态化、产业化、标准化、科技化"五大发展策略。潮州市农业农村局数据显示，潮州市申请使用"凤凰单丛（枞）茶"地理标志产品的企业有84家，获保护的产品年总产值达30亿元，较保护前增长445%，受惠农户达37500户，农民年平均收入达28600元，较获保护前的16500元增长了73.3%。

4. 保险护航

过去广东农业险种少、规模小，水产养殖、茶叶种植等重点特色农业产业的保险停留在"保灾害、保成本"的传统保障。近年来，广东省抓住岭南农业产业特色，以特色险种的小切口，引导金融资源更多配置到服务乡村振兴的"三农"政策领域中。目前，广东省在全省范围开办花卉苗木、茶叶等特色农产品保险，由省级财政统一给予50%的保费补贴，形成了具有浓郁地方特色的农业保险体系。与此同时，部分地级市给予中小保险机构参与地方特色农险经营政策倾斜，允许中小保险机构参与承办各地统一招标范围外新增的创新型地方特色险种。

2019年，梅州市印发了《梅州市茶树保险实施方案》，面向梅州20万亩茶田投放保险。该保险涵盖了暴雨、内涝、雹灾、冻灾等茶农担心的自然灾害、意外事故及病虫害。2022年，清远宣布正式发布英德茶叶品质气象指数保险。通过加强部门联动和服务到户，建立茶叶气象指数保险，为茶叶种植户提供有效的气象灾害防御措施，将气象灾害对茶产业发展的影响降到最低，有力推动了英德茶叶保险从"保基本"向"保品质"升级转变，有效提高茶农抵御自然灾害风险的能力，为英德支柱茶叶产业打造百亿级产业保驾护航。

5. 人才支撑

发展是第一要务，人才是第一资源。2021年，广东省正式印发《广东省乡村振兴驻镇帮镇扶村工作方案》，对全省1127个乡镇、近2万个行政村深化对口帮扶、定点帮扶，全域全覆盖同步推进乡村全面振兴。省科技厅共选派901个团队、2767名农村科技特派员，组团式帮扶对接901个重点帮扶镇和巩固提升镇，深入乡村腹地，助力科技兴农。① 广东省以科技特派员为纽带，通过新技术、新工艺的引进，让科技特派员将新技术、新工艺送进企业、送给农户，以期有效解决茶农在种植、生产等方面技术需求的"最后一公里"问题，真正实现"藏技于民、藏富于民"。

人才进乡，助力乡村振兴。清远市人社局创新实践乡村振兴人才驿站，结合当地茶叶产业实际情况，出台《华南863（连山）推动乡村振兴茶产业八条措施》专项政策，形成"省市县站"四级人才政策互补，内容涵盖高层次人才、技能人才和茶企等方面，最高可获补贴21万元。2022年，当地已通过政策吸引了河南省信阳农林学院茶叶生产加工技术（营销）专业林振河等在外人才返回连山，通过举办多场高山茶专家与合作社等人才交流活动，为乡村振兴茶产业注入人才支撑。

四 问题和对策建议

（一）广东省茶叶产业存在的问题

1. 生产全程机械化水平受限

茶树的自然属性使其生产机械化程度低。随着广东茶叶生产环节劳动力短缺及人工成本日益上升，亟须提升茶叶生产的全程机械化水平。数据显示，2020年梅州部分大型企业采茶工缺口率超50%，潮州凤凰单丛茶春茶采茶工每天的人均费用则高达170~180元，但往年同期约为120元。② 并且人工采茶平均每天仅能采摘10~15公斤鲜叶，采摘效率较低。上文分析显示，相较于其他茶叶生产大省，广东省茶产业不具备明显的效率优势和综合优势。广东省近年来逐步推进茶叶机械化生产，但是规模化程度低的茶企、

---

① 《广东推进901个重点乡镇农村科技特派员全覆盖！人才下沉科技下乡赋能乡村全面振兴》，广东农业农村微信公众号，https：//mp. weixin. qq. com/s/_ Jqshptq2DAEqPkQwaa6RQ。

② 操君喜、陈慧英、黄国滋等：《2020年广东各主要产茶区春茶生产情况与政策建议》，《广东茶业》2020年第2期。

茶农受限于资金，对于茶叶宜机化种植重视不够，茶园普遍存在行距偏小、机具性能单一、适应性不够等问题，[①] 高性能农机难以进入茶园，无法进行高效机械化作业，制约了机械化技术在茶叶生产中的广泛推广应用。

2. 茶叶加工技术待创新，三次产业融合度较低

一般来讲，种植环节是决定茶叶品质的核心，加工环节则是让茶叶"出色生香"的关键。虽然广东省大力支持发展茶叶精加工，但一方面由于各个企业发展起点不同，部分小微企业存在加工设备陈旧、技术含量低等问题，造成上等的品种生产加工出中低等的产品，只能在市场上低价位出售；另一方面，省内茶叶生产企业科技创新意识薄弱，生产的茶叶基本上是聚集在原产地的初级加工，精深加工的产品较少，[②] 难以满足国内、国际市场要求。此外，广东茶叶产业的一二三产业融合度偏低，功能拓展相对有限，茶产品增值创新点较少。广东茶产业与旅游、文化、教育、仓储物流、酒店餐饮、信息服务、机械制造等跨界相关行业领域尚未形成频繁良性互动和协调发展，存在各种茶文化体验流于表面的问题，茶旅融合多采用建设生态茶园、举办采茶制茶活动的简单模式。[③] 目前，销售以原料茶、毛茶为主的茶产品，以低层次的价格竞争为主，制约了经济效益的稳定性和茶产业的可持续发展。

3. 品牌溢价能力弱，品牌建设未形成合力

广东在茶叶品牌塑造方面与福建、浙江和云南存在明显差距。广东目前虽已建立起不少企业产品品牌，但由于产品高度同质化和缺乏有组织、有规划的品牌建设思维，普遍存在"品类强、品牌弱"的局面和推广推介积极性不足、市场开拓能力不强等现象。例如，英德红茶、凤凰单丛等区域公用品牌在国内市场占有率低，知名度和影响力不高。《2023 中国茶叶企业产品

---

① 聂虎子：《广东茶叶生产机械化技术与装备需求现状分析》，《农机科技推广》2021 年第 4 期。

② 李丹霞、甘阳英、洪建军：《2016~2019 年广东茶叶产业发展形势与对策建议》，《广东茶业》2020 年第 5 期。

③ 马艺菲：《全面推进乡村振兴背景下广东茶叶高质量发展研究》，《现代农业》2023 年第 3 期。

品牌价值评估报告》显示，在 141 个评估品牌中，广东省英九庄园作为省内最高品牌价值的茶叶品牌，与其他省份相比其品牌价值仍处于下游水平；在平均单位销量品牌收益上，广东省同样以 21.10 元/千克处于中下游水平，位列 16 个参评省份的第 12。[①] 而省内中小企业更是存在茶企规模小、生产缺乏规范、质量不好把控等诸多因素，使省内茶叶品牌知悉度较低，市场竞争力不强，在一定程度上制约了广东茶叶品牌的发展。此外，部分企业只注重搭建自己的产销对接平台，缺乏茶叶区域公用品牌引领。[②] 因此，即使茶叶本身品质上佳，消费端却只能维持在特定区域，并未很好地延伸拓展到省外市场，品牌溢价能力未能得到有效提升。

4. 以满足内需为主，国际贸易竞争力不足

广东省茶叶销售过度依赖本土市场，茶叶出口率较低。由于疫情的影响和国际品牌的缺乏，2020 年广东茶叶出口量占总产量的比例仅为 5.1%，而 2021 年茶叶出口同比下降 20.38%，且整体 IMS、TC、RCA 指数明显低于其他茶叶主产省份。虽然广东珠三角地区茶叶市场早已形成了具有国际影响力的博览会和国内大型批发市场等，但尚未建立起与国际接轨的茶叶产品标准与质量可追溯体系，适合区域发展并能落地的全产业链标准体系尚未建设完善，且生产结构与国际市场的需求结构不相匹配，导致其在国际市场上的竞争力不足，难以进入欧美等发达主流市场。

（二）广东省茶叶产业发展的对策建议

1. 加快建设良种化、标准化、数字化生态茶园

一是提升茶树良种化普及和新品选育。加快建立完善种子种苗繁育体系，加大优质品种的推广覆盖力度，建设茶叶无性系繁育基地，促进品种更新换代。加快品质改进，在优势产区，依托农民合作社和龙头企业，集成推

---

① 胡晓云、魏春丽、施金敏：《2023 中国茶叶企业产品品牌价值评估报告》，《中国茶叶》2023 年第 7 期。

② 陈慧英、林威鹏、潘顺顺等：《广东茶产业发展现状、问题与科技支撑对策》，《江西农业学报》2022 年第 12 期。

广不同区域、不同品种的老茶园改造技术模式，提升茶品质。

二是以打造高品质标准化生态茶园为战略核心，对茶园进行生态建设和改造，构建具有地方区域特色的生态茶园技术模式，坚持老茶园嫁接改造和新建标准茶园并重，即一手抓良种优质生态茶园建设，一手抓以无公害茶园、绿色茶园、有机茶园建设为重点的高品质茶园建设。同时，围绕中低档常规茶园和老茶园改造，推进原料基地标准化、良种化和生态化，因地制宜地运用"发展一批、巩固改造一批、调整一批"和"改土、改树、改园、改管理方式"等措施，强化原料基地建设，逐步淘汰低产低质茶园，发展品质优良茶园，扩大中高档品种的种植面积。

三是推进茶产业数字化转型升级。在立足生态茶园建设的同时，以数据信息技术的充分应用为牵引，以全产业链数智化建设发展为目标，建立一套集智慧种植、智慧初加工、智慧精加工、智慧仓储包装、数智化营销、基础支撑等功能于一体的适合广东生态茶园发展的茶园生境智慧管控技术，促进数智农业新技术、新设施、新业态在茶产业发展领域的应用和转化。

2. 大力提高茶叶生产加工能力和机械化水平

广东省应加快发展适宜丘陵山地茶园的农机设备和小型农业机具，完善农业机械装备结构；重视技术示范推广，突破茶园耕作、茶树修剪尤其是茶叶采摘等生产关键环节的机械化技术试点示范研发，引导经营主体创建省级丘陵山区茶叶生产机械化示范基地，大力提高机采比例。提升名优茶机械化加工水平和能力，大幅降低茶园管理、采摘成本，显著提高茶园效益。可以参考英九庄园红茶产业的"1+N"发展模式（即1个总部中央智能茶厂+N个区域初制加工基地），积极支持茶叶加工企业进行技术改造，加快茶机具在茶叶生产、加工、包装等环节的装备应用。深入挖掘茶叶多种功能与多重价值，探索速溶茶粉、茶叶茶多酚、茶饮料、茶饼干、茶牙膏、茶化妆品、抗氧化食品保鲜剂等产品深加工和高附加值产品的研究开发。

3. 着力加强品牌建设，推动全产业链融合创新

一是加强茶叶"粤字号"品牌建设。树立"大产业、大整合、大品牌"的目标，走"整合传播，抱团发展"的路子，将区域公用品牌和特色茶叶

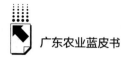

紧密结合，推动"区域公用品牌—核心企业—产品品牌"协同发展。建立健全品牌保护机制和体系。区域品牌可以地方政府为主注册，采取特许的方式允许企业使用，违反区域品牌所要求的产品标准，政府则收回使用权，并对企业进行处罚，以维护区域品牌形象。鼓励企业以良种化、生态化、标准化、产业化为基础支撑创建知名品牌。

二是创新销售模式。近年来，茶叶的消费人群日趋年轻化，"90后"消费群体对于茶叶产品的关注度有所提升，并表现出巨大的购买潜力，应洞悉该类群体对于茶产品的需求，创新设计茶类产品，开拓多元碎片化现代互联网营销渠道，线上线下联动销售，建立新兴忠诚顾客群。

三是延长产业链，增加产业价值。茶产业既有柴米油盐酱醋茶层面的"物质茶"，也有琴棋书画诗酒茶层面的"精神茶"，再加上与茶相关的茶具、软装等，这些都可以纳入"大茶业"的范畴。发挥文化助力，树立文化提升价值的理念，重视茶文化的挖掘和研究，打造内涵丰富、具有强大影响力的茶叶文化、产地文化、产品文化、品牌文化、企业文化和消费文化。推动非遗文化、红色文化、茶文化与旅游产业相结合，鼓励支持社会力量共建文旅发展联盟，整合产业、文化、生态资源，实现跨界联合的带动作用，打造可体验的、别具特色的茶旅综合体。探索茶园+养生、茶园+茶艺体验、茶园+民族文化、茶园+民宿、茶园+亲子活动、茶园+文化节、茶园+户外营地等融合发展模式。

4. 不断完善标准体系，拓展国际市场

组建茶叶"政产学研用"标准体系建设大团队，系统谋划、共同推进广东茶产业标准化建设。聚焦茶叶重点区域公用品牌，按照"有标贯标、缺标补标、低标提标"的原则，围绕茶叶全产业链开展专用品种、茶园种植、茶叶加工、产品品质、质量安全、品饮评鉴、实物标准样等系列标准的制（修）订，实现"生产加工有标可循、质量安全有标可依、管理服务有标支撑"。同时，将标准应用纳入茶叶重点区域公用品牌授权管理，引导被授权市场主体严格按标生产、依标加工、对标服务。

鼓励出口企业加大对品牌茶、名优特种茶、深加工产品等高附加值产品

出口比例,打造自有出口品牌。积极支持龙头企业在国外建立合资企业、再加工企业、销售网点等开拓国际市场,鼓励具有一定规模实力、特色产品和现代经营理念的中小型茶叶企业走出国门,打造出口企业集群。政府部门积极牵头组织开展茶博会、饮茶节、采茶节、茶道文化节等活动,定期组织国内企业参加国际性茶叶交易会、展览会等活动,拓宽企业视野,增加对外交流和商贸合作机会,提高"粤字号"茶在国际市场的知名度。

参考文献

[1] 操君喜、陈慧英、黄国滋等:《2020年广东各主要产茶区春茶生产情况与政策建议》,《广东茶业》2020年第2期。

[2] 陈慧英、操君喜、李治刚等:《云浮市茶叶产业发展现状与建议》,《中国茶叶》2020年第10期。

[3] 陈慧英、林威鹏、潘顺顺等:《广东茶产业发展现状、问题与科技支撑对策》,《江西农业学报》2022年第12期。

[4] 方开星、李波、吴华玲:《茶树种质异地保存及繁育实用技术》,《广东茶业》2021年第6期。

[5] 何喆:《基于钻石模型的中国茶产业国际竞争力研究》,《农村经济》2018年第8期。

[6] 胡晓云、魏春丽、李彦雯等:《2023中国茶叶区域公用品牌价值评估报告》,《中国茶叶》2023年第6期。

[7] 胡晓云、魏春丽、施金敏:《2023中国茶叶企业产品品牌价值评估报告》,《中国茶叶》2023年第7期。

[8] 黄国星、戴永务、欧阳友全等:《基于双重双钻石模型的中国茶产业国际竞争力研究》,《农业现代化研究》2022年第5期。

[9] 李丹霞、甘阳英、洪建军:《2016~2019年广东茶叶产业发展形势与对策建议》,《广东茶业》2020年第5期。

[10] 马晓晓、董斌、陶正平等:《广东垦区茶叶产业发展现状及对策》,《现代农业科技》2020年第2期。

[11] 马艺菲:《全面推进乡村振兴背景下广东茶叶高质量发展研究》,《现代农业》2023年第3期。

[12] 聂虎子:《广东茶叶生产机械化技术与装备需求现状分析》,《农机科技推广》

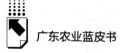
2021 年第 4 期。

［13］张婷、操君喜、潘顺顺等：《"生态、特色、健康、高效"铺就粤茶高质量发展之路——广东茶产业十年发展成效回顾》，《广东茶业》2023 年第 Z1 期。

［14］左小博、孔俊豪、杨秀芳等：《"十三五"期间我国茶叶深加工科技发展报告》，《中国茶叶加工》2021 年第 3 期。

B.6
2022年广东广陈皮产业发展报告

薛春玲[*]

摘　要： 橘在我国的种植已经有2000多年的历史。茶枝柑产于广东新会，也被称为广陈皮"GuangChenpi"（GCP），是广东省道地药材，以新会为道地产区。当前，广陈皮产业面临金融发展受限，贷款实际受众面较窄；市场机制不完善，阻碍"新会陈皮"品牌建设；生产方式传统，生产规模小；掺假售假频现，标准化建设有待加强；国际竞争力不强，销售市场有待进一步开拓等问题。据此提出广东省广陈皮产业发展的对策建议：充分发挥电商作用，扩大销售渠道；统筹规划生产要素，推广标准化种植模式；整合相关支持产业，建立规范化产业链条；把握环境结构机遇，引领战略化发展路径；精耕细作，强化品牌建设；深化"陈皮+"多业态，提升全产业链效益。

关键词： 广陈皮　陈皮产业　品牌建设　广东新会

一　引言

陈皮横跨药、食、茶三大领域，链接起上千家企业，产值突破百亿元。新会陈皮是广陈皮主产地，在宋代行销全国和南洋、美洲等地区，成为南北贸易的"广货"之一。广陈皮的来源是茶枝柑，是百搭百和的重要传统南药。《本草纲目》记载"以广中（新会）采者为胜"，就说明在陈皮中新会

---

[*] 薛春玲，博士，华南农业大学经济管理学院教授，广东省现代农业产业技术体系南药（广陈皮）创新团队产经岗专家，主要研究方向为农村发展、技术经济。

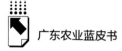
陈皮药用价值最高，也是海内外华人常用的食品与调味料。2020年新冠疫情发生后，新会陈皮被列入《疫情防控重点保障物资（医疗应急）清单》，且多次被钟南山院士提及有利于防范新型冠状病毒肺炎，使具有药用价值的新会陈皮再次受到社会关注。数字化赋能乡村振兴加快了陈皮产业发展规模的扩大。新会陈皮在成为首批全国地理标志保护产品后，继续得到社会各界的认可，相继被授予"江门市十佳农（土特）产品""中国陈皮道地药材产业之乡""广东陈皮道地药材产业之乡""中国药文示范基地"等荣誉。新会陈皮产业发展的过程中，持续优化各种生产要素，推进产业融合发展，从种植、生产、销售延伸至标准、仓储、金融、保险等新兴领域，全面带动陈皮产业现代化发展。

自2013年新会陈皮荣登"广东十宝"榜首以来，鲜柑果和陈皮价格显著上升，种植面积也迅速扩大。然而，当前仍然面临着生产规模小、加工品种多、难以形成品牌、销售市场窄、生产技术滞后、信息交流不畅、检测技术手段匮乏、市场机制尚不健全等问题。鉴于此，建议积极构建并推广"广陈皮"品牌，拓宽新会陈皮的市场销售网络，进而实现作为地理标志农产品的品牌价值与经济回报，这不仅具有深远的现实意义，同时也是促进该产业可持续发展的关键举措。

二 广东省广陈皮产业发展现状分析

（一）广东省广陈皮生产态势

陈皮作为一种常见的中药材，其普通品种广泛分布于中国多个省份，以福建、四川及浙江等地为主要产区。而广陈皮作为广东省独具特色的地道药材，其产地集中于新会与四会两地，这两处地域不仅传承了悠久的陈皮种植历史，更因其独特的制作工艺与地理标识，使得广陈皮在药材市场上享有极高的声誉，成为中医药领域中备受推崇的珍品。广陈皮种植区域主要分布于广西壮族自治区贵港市、广东省江门市新会区（道地产区）、惠州市、江门市台山市。在广陈皮中,新会陈皮的产量很大,约占90%,四会市亦有少数出产,产量仅占10%。近年来,广东省广陈皮主要产地新会地区种植面积增加,产量稳步上升。产业规模持续扩大,从2016年的50亿元增长到2021年的145亿元,年均增长19.42%。

近年来,新会区依托国家现代农业产业园建设,显著推动了新会陈皮产业链的扩展与深化,促进了农业、工业、服务业的紧密融合,构建了生态友好、绿色健康、富民增收的产业新生态,树立了全国乡村产业振兴的典范。2022年,新会陈皮全产业链实现总产值高达190亿元,并在全国农业品牌影响力排名中位列榜首。鉴于新会陈皮公用品牌价值的持续增长与重要性,江门市委、市人大给予了高度关注与支持,通过立法手段强化产业保护,制定了《江门市新会陈皮保护条例》,该条例自2020年7月1日起正式实施,成为广东省内首个专注于单一地理标志保护产品的地方法规,彰显了江门市委、市人大对新会陈皮产业发展及其保护工作的高度重视与坚定决心。

1. 广东省广陈皮播种面积和产量变化

鉴于历史因素的制约,新会陈皮的生产与销售曾历经低迷阶段,具体表现为1996年新会地区的柑、桔、橙类作物总种植面积缩减至大约六七百亩。然而,近年来,新会陈皮产业呈现蓬勃复兴之势,得益于标准化种植模式的广泛推行,已超越了传统农副产品的范畴,成为一项蕴含深厚质量保障、经济价值提升及文化意蕴增强的现代特色产业,正稳步迈向更为广阔的发展道路。

2008年,新会区柑橘栽培总面积为7500亩,分布于8个镇(街道),呈现高度碎片化特征,最大种植基地仅200亩,此分散模式限制了农业集约化。至2011年,柑橘栽培规模显著扩大至约10900亩,年产量激增至11600吨,带动了陈皮产业蓬勃发展,陈皮年产量达583吨,行业主营收入创新高,达2.77亿元。2012年,柑橘种植面积实现飞跃并增长至约1.5万亩,展现了强劲的增长势头。2013年,全区新会柑种植面积达10800亩,柑果总产15600吨。2014年达37000多亩,2015年新会柑种植面积约为6万亩,挂果面积约为3万亩,鲜果产量约为6万吨,同比增长30%。

2019年,新会陈皮(柑)茶产量近1万吨,产值达32亿元,新会陈皮全产业产值达 85 亿元，全区新会柑种植面积约 10 万亩。2020 年，新会区新会柑种植面积已达 12 万亩，新会陈皮行业产值突破 100 亿元。目前，新会陈皮产业园组建合作社 300 家，培育新型家庭农场 1000 多家，辐射带动全区 5 万人参与一二三产业，带动全区农民直接收益 12.6 亿元。新会陈皮产业链产值已跃升至 102 亿元，其区域公用品牌价值亦高达 98.21 亿元，在 2020 年中国区域农业及中药材产业品牌中占据领先地位。

2022 年，面对复杂的经济形势，部分产业链、供应链的持续发展面临着严峻挑战。然而，新会陈皮产业却成为逆势增长的"黑马"之一，2022 年，新会地区新会柑种植规模达到 13.9 万亩（见图 1），鲜果年产量高达 14.75 万吨，新会陈皮年产量亦攀升至 7350 吨以上。该区域内，陈皮产业市场主体数量突破 1700 家，显著促进了地区就业结构优化，带动 6.5 万名劳动力就业。具体而言，新会柑种植户近 7000 户，陈皮经营主体超千家，构建了涵盖种植、加工至销售的全产业链体系。

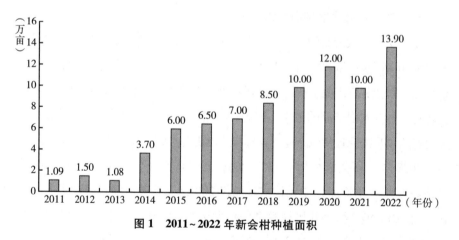

图 1　2011～2022 年新会柑种植面积

新会陈皮全产业链产值在 2022 年激增至 190 亿元，彰显了其强劲的发展动力，并通过产业链延伸效应，间接促进全区陈皮产业领域约 7 万人就业，实现人均增收约 2.2 万元，成效显著。此外，"新会陈皮"品牌因卓越的品质与广泛的市场认可，荣获"2022 中国区域农业品牌影响力指数"百强榜首，进一步确立了其在行业内的标杆地位。

2.广东省广陈皮产业规模

近年来，广东省广陈皮产业实现持续快速增长。以主产区为例，2021年新会陈皮产业继续加快一二三产业融合发展，不断延伸产业链，深挖价值。新会区凭借完善的陈皮全产业链体系，成功入选全产业典型县名录，成为广东省唯一获此殊荣的县区。与此同时，新会陈皮产业实现持续快速增长，尤其是自2015年以来，产值实现爆发式增长，2016~2022年，新会陈皮产业的年产值从50亿元增长到190亿元，年均增长21.18%（见图2）。

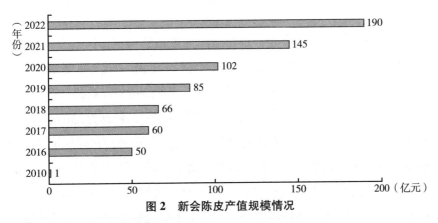

图2　新会陈皮产值规模情况

资料来源：作者收集整理。

目前，全区新会柑种植面积达10万亩以上，种植规模相对稳定。新会区所产的新会柑，作为国家地理标志保护产品，其法定生产区域广泛覆盖了该区的多个行政区域，具体涵盖了会城街道、三江镇、大泽镇、司前镇、双水镇、罗坑镇、崖门镇、古井镇、沙堆镇、睦洲镇、大鳌镇以及银湖湾管委会等12个行政区划单位。为进一步提升新会柑的种植品质与效率，区内已精心构建了核心种植示范区，占地面积逾30亩，并配套设立了新会柑网棚栽培示范区域，该区域面积超过3600平方米。此系列示范区全面集成了水肥一体化管理系统与智能监控技术等前沿数字农业设施，旨在为新会区茶枝柑的绿色、高效栽培模式奠定坚实的科技基础，推动农业生产的现代化转型与可持续发展。

3.广东省广陈皮种植结构和区域分布

广陈皮种植区域主要分布于广东省江门市新会区（道地产区）、惠州

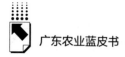

市、江门市台山市。在广陈皮中，新会皮的产量很大，约占 90%。在新会陈皮的生产地域划分中，首要产区涵盖了茶坑、东甲、梅江及天马等地，二线产区包括南坦、大泽、小冈与三江，三线产区则涵盖了罗坑、古井与双水，四线产区则散布于崖南、沙堆、司前及崖西等区域。鉴于茶枝柑生长发育至成熟历经一系列阶段，依据《新会陈皮地理标志产品》的严格界定，柑皮的分类依据其采摘时期明确区分为柑青皮（亦称青皮）、微红皮（或称为黄皮）以及大红皮（即红皮），这一分类体系确保了陈皮品质与产地的精准对应。

广陈皮种植结构较为复杂。以新会陈皮道地性为例，其水土无法复制，新会地域独树一帜的地貌特点源自西江与潭江的汇聚，以及年度性的南海潮汐逆涌现象，这些共同塑造了"三水汇流、相融共生"的特异水文地质生态。这一独特环境赋予了新会土壤显著的优越条件，包括充足的水分资源、深厚的沉积有机质积淀，以及源自海洋的独特盐类组分，共同构筑了新会土壤道地性高质量的物质基石，显著区别于其他地域。具体而言，西江与潭江的交汇促进了淡水与泥沙的充分混合，为土壤提供了必要的湿度与营养基础；而南海潮汐的逆向渗透则进一步丰富了土壤盐分结构，促进了土壤特性的多样性与独特性。此自然力驱动的"三水融合"机制，不仅强化了土壤的肥力与生产潜能，更为新会农业的发展提供了得天独厚的自然条件，使得该地区土壤在质量与道地性方面均展现出卓越性能。

新会陈皮的道地性还体现在气候中。三山环绕的地形与亚热带季风气候，是陈化的绝佳环境，衍生出"干湿交替陈化"和"冷热交替陈化"的独特非遗工艺。新会茶枝柑，是由三大山脉野生品种群驯化而来，特定的品种基因（DNA）成为新会陈皮质量道地性的基础。新会柑历经数百年的驯化栽培和苗木繁育（高压圈枝方式），形成较为显著的品系间差异，从果形和株型大致可分为大种油身、细种油身、大蒂柑、高笃蒂柑、短枝密叶。从 1954 年开始，新会以五和农场和古斗林场为示范基地开展柑橘上山栽培的研究，此后数十年，新会对本土柑橘资源进行普查工作，对新会柑橘品种优良单株进行营养系选育、保存和实生系复壮选育。

（二）广东省广陈皮出口情况

陈皮市场需求广泛分布于多个领域，包括出口贸易、中成药制备、中药饮片生产、陈皮茶饮开发、食品调味应用、食品添加剂行业及香料产业。在出口领域，新会陈皮主要出口至东南亚、日本及港澳等市场，这些地区不仅将其视为关键食品辅料，还广泛应用于滋补品及汤类食品中，是不可或缺的调味元素。随着全球健康意识的日益增强，欧美市场对陈皮的需求持续增长，彰显了陈皮在全球市场中的广泛应用价值与市场潜力。

新会陈皮以其独特的风味和药用价值而畅销世界，早在清朝中期，新会陈皮就开始向南洋地区、日本等地出口。近年来，新会陈皮得到越来越多的人喜欢和认可，在国内外市场上的销售量不断攀升。据了解，新会区目前从事新会柑种植、新会陈皮、新会柑茶加工、销售的协会会员单位有 200 多家，年产量达到 5000 多吨，出口到海外 100 多个国家和地区。新会陈皮村鲜果交易平台交易量保持在 3000 吨以上。

随着新会陈皮国家现代农业产业园的建设，新会陈皮品牌知名度进一步提升，不少企业也开始尝试新会陈皮及其衍生加工品的出口业务，如江门丽宫国际食品股份有限公司于 2019 年 11 月通过江门海关成功出口第一批新会陈皮丝和侨宝七月果到美国。新会海关已与产业园管委会共同建设新会陈皮检测检验中心，为企业提供检验检测服务。新会已建成覆盖全区新会柑种植、加工、销售等环节的新会陈皮智慧农业大数据平台，海关部门可在日常出口监管过程中与该大数据平台进行有效衔接。同时，新会发挥行业龙头企业带动作用，带头协助相关部门完善行业标准，为新会优质公用品牌产品出口和行业转型升级打下了坚实基础。

（三）广东省广陈皮市场和流通态势

1.广陈皮产品供给情况

新会柑果产量从 2011 年的 11600 吨增长到 2022 年的 147500 吨，年均

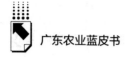

增长 26.01%；陈皮产量从 2011 年的 583 吨增长到 2022 年的 7350 吨，年均增长 14.6%（见图 3）。

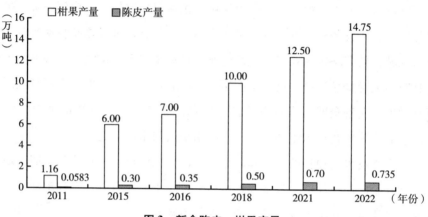

图 3　新会陈皮、柑果产量

从陈皮增值来看，当前关于陈皮的增值空间已经形成一定的行业标准。陈皮每年有 20%~30% 的增值空间，有较高的投资回报率。新会陈皮原料价格 2~35 元/斤橘子；100 斤橘子产出 5 斤皮，折合为 40~700 元/斤。以当前新会陈皮市场上的天马圈枝陈皮为例，2019 年的价格为 600 元/斤，2018 年的为 720 元/斤，比 2019 年的增长 20%；2017 年的为 940 元/斤，比 2018 年的增长 30.56%；2016 年的为 1220 元/斤，比 2017 年的增长 29.79%，该类型陈皮的价值年均增长率约为 26.69%。以当前新会陈皮市场上的梅江圈枝陈皮为例，2019 年的价格为 1200 元/斤，2018 年的为 1440 元/斤，比 2019 年的增长 20%；2017 年的为 1870 元/斤，比 2018 年的增长 29.86%；2016 年的为 2440 元/斤，比 2017 年的增长 30.48%。

2.广陈皮产品消费情况

目前全国陈皮总共年销量在 5000~6000 吨。按目前陈皮市场的均价来估算，陈皮市场规模可达到 4 亿元。陈皮以其独特的化学构成、深厚的药用价值及广泛的应用潜力，在疾病预防与治疗领域展现了良好的前景。在中国南方，尤其是广东地域，橘皮资源丰饶且承载着悠久的药用传统。若能强化针对性科研与技术革新，陈皮在现代特色食品及保健品领域的创新利用将开辟广阔的市场空间。依据当前发展趋势及国家养老养生产业发展指导政策，养生产业正步入快速发展的轨道。据此预测，未来 5～10 年，全国陈皮产业有望实现显著增长，市场规模预估将达到 8 亿～10 亿元，为相关产业链条的繁荣发展提供强劲的驱动力。

随着消费者的生活水平与健康意识的提高，以及对饮料的功能性需求上升，作为广东地区的传统味道，以陈皮为原料的陈皮茶饮市场有望进一步扩大，预计到 2026 年中国陈皮茶饮市场规模将达 53.2 亿元，未来 5 年的年均复合增长率将达到 35.4%。一方面，消费者对于健康的标准也由最基本的 0 脂 0糖 0 卡上升为更多功能性需求，这为以"药食同源"目录上的药材为原材料的茶饮品类带来了发展机遇。陈皮作为"药食同源"目录上的药材，具备健胃消食、理气健脾等多种功能。另一方面，得益于中年群体见味思乡以及年轻人怀旧情怀浓厚，以地方传统原料为主的饮料品类将得到快速增长。

中国高端陈皮茶饮的消费人群集中在一二线城市，陈皮茶饮在下沉市场有较大的增长潜力。根据头豹调研数据，陈皮茶饮的主要消费者集中在 15～59 岁，且一二线城市消费者对健康和品质的要求更高，对主打健康高品质的陈皮茶饮的接受度亦更高。随着现代年轻消费者对健康生活追求的提升，消费者对于饮品的需求升级为对功能性的追求，具有多功能性、可分别解决不同健康问题的功能性饮品成为饮料行业未来发展趋势。

3. 广陈皮产品流通渠道建设

物流保障陈皮产业链的畅通。据江门市邮政管理局统计，2020 年 10 月1 日至 2021 年 9 月 30 日，新会陈皮产业寄递业务量超千万件，全年产业总产值超百亿元。快递"进网"，拓宽"快递+"领域，江门市邮政管理局利用省级专项资金扶持快递下乡、快递标准化门店改造等建设项目，引导邮政快递企业不断优化寄递网络布局，支撑服务新会陈皮产业发展。江门邮政公司为新会陈皮产业客户提供惠农易邮箱服务，降低寄递成本，保证寄递质量。顺丰、京东、德邦等品牌企业专门制定新会陈皮产业市场开发方案，成立专门服务团队，与丽宫、新宝堂、宝福林等新会陈皮龙头生产企业达成战

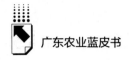

略合作，提供供应链管理。通过安排专人驻场收件、根据客户需求灵活调度车辆、实时货物路由跟踪、设立专项客服热线、提供价格政策优惠等方式，从产品组织、产品定价、产品包装、品控管理等方面满足客户个性化需求。江门邮政公司在邮乐网设置江门新会馆，组织上线新会陈皮产品，成功打造出4款"网红"农品。江门顺丰利用顺丰优选、年丰大当家、年丰小当家等线上销售平台资源，助力商户打开销售渠道，推进新会陈皮实现产销融合。江门京东在京东商城上线"中国特产·新会馆"，通过线上销售、直播带货、以销代运的方式服务新会陈皮产业。

（四）广陈皮价格变动分析

中国陈皮原料可分为三大等级，市场认可度由高到低分别为新会陈皮、广陈皮以及其他地区陈皮。新会陈皮实施地理标志产品保护后，有望为江门市新会地区带来巨大的社会及经济效益。产业链中游方面，中国茶饮料市场高度集中，2020年CR3与CR5分别达58.7%与74.2%。作为茶饮的新兴细分品类，陈皮茶饮赛道现阶段尚未有大型品牌介入，存在较大的增量空间。产业链下游方面，中国陈皮茶饮的销售渠道主要集中在线下，占比高达90%，以连锁便利店以及杂货店销售为主。线上渠道占比仅为10%，存在较大的提升空间。

新会陈皮价格整体呈上升趋势，每年涨幅持续稳定，具有良好、稳定的投资价值。而老陈皮升值趋势明显且存在波动，受市场和供需影响较大。如图4所示，形成区域价格体系，核心区域的陈皮价格较高，周边区域价格明显低很多，缓冲区域价格居中。

近年来，新会柑的价格一路攀升。如图5所示，2007~2021年新会核心区柑鲜果价格从1.5元/公斤上涨到25元/公斤，年均增长22.26%；新会区柑鲜果平均价格从4元/公斤上涨到48元/公斤，年均增长19.42%。在李锦记集团、江门市丽宫国际食品等行业领军企业的推动下，结合广州、珠海、佛山、东莞、中山等城市民众对新会陈皮收藏兴趣的日益增长，新会陈皮市场价格持续上扬。自2007年始，以新会新宝堂为代表的新会陈皮干皮售价

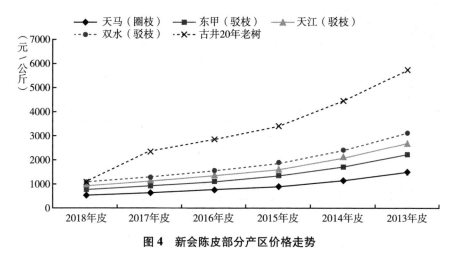

图 4　新会陈皮部分产区价格走势

注：价格仅适用于陈皮村标准仓储陈皮。

维持在 60~70 元/公斤区间。至 2013 年陈皮村展览会时，市场定价结构发生显著变动，具体表现为，一年陈陈皮价格攀升至约 170 元/斤，三年陈达至约 210 元/斤，五年陈更是飙升至 500 元/斤。此外，部分商家宣称其珍藏的三十五年陈老陈皮，其价值已接近黄金，单价高达每克 450 元，展现了极高的市场溢价。此轮价格攀升不仅映射了新会陈皮市场需求的急剧扩张，还直接促进了经济效益的显著提升。产业链上游的新会柑种植农户及中游的陈皮经营商均因此实现了收入增长，凸显了新会陈皮作为传统中药材与现代健康食品双重身份下价值的深度挖掘与实现。此现象不仅预示了新会陈皮在未来市场中广阔的发展前景，也彰显了其作为投资品的潜在价值，为学术界及业界提供了深入研究与探索的契机。

三　广东省广陈皮产业化发展概况

（一）产业化经营主体多元

新会柑栽培历史悠久，其生产方式长期以家庭为单位，呈现分散、非集约特征，科学管理缺失，致使品种退化问题严重。同时，病虫害频发与农药

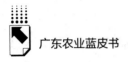

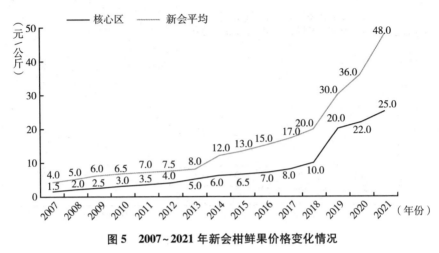

图5　2007~2021年新会柑鲜果价格变化情况

残留加剧，对新会陈皮的可持续发展构成重大挑战。针对于此，自2012年起，新会区农业部门积极介入，联合农业专家与资深种植者，共同制定了详尽的新会柑标准化种植规程，旨在构建科学的种植管理体系。经持续努力，该地区成功构建了省级标准的新会柑种植示范区，采用环保栽培技术与创新种植模式，显著减少农药使用，确保产品安全与质量。不仅加速了新会柑种植技术的现代化进程，更有力地推动了广东省广陈皮产业的规模化、标准化与品牌化发展，为区域农业经济转型升级注入了强劲动力。

新会培育多元农业经营主体，强化经营主体的带动作用。基于新会陈皮公用品牌的区域性特点，逐步提高新会陈皮经营主体的质量，通过加大奖励与补贴的力度，进一步规范各级示范家庭农场、农民合作示范社、农业重点龙头企业的发展，提高土地的集中度，推进陈皮的规模化种植，通过规模化经营提高生产设施、附属设施、配套设施的使用效率。新会地区积极扶持了共计600家专业合作社，并培育了10家市级及以上级别的农业领军企业。为了进一步促进企业的品牌化发展，该地还创新性地设立了商标品牌指导服务站，该站采用"证明商标+自有商标"的复合模式，旨在为当地企业提供全方位的商标注册咨询与指导服务，同时强化自主品牌建设能力，助力企业实现品牌价值的提升与市场的有效拓展。

（二）产业化经营模式多样

新会陈皮作为拥有 700 年历史的本土特色产业，其加工技艺精湛。2006年 10 月，新会柑与陈皮均被授予国家地理标志产品保护，显著推动了种植、加工、销售及文化旅游等相关产业链的蓬勃发展。随着产业向深加工领域延伸及多元化战略的推进，新会柑的开发利用在多个维度上实现了飞跃式增长，超越了传统"皮"制品范畴，构建起涵盖柑茶、食品、保健品、收藏品等多领域产品的完整产业链。其成功的关键在于构建了多元化的产业链经营模式，具体包括以下几个方面。

一是着重新会陈皮品牌打造，潜心做好"一块皮"。近年来，新会区委区政府将陈皮产业置于乡村振兴的核心战略位置，依托国家现代农业产业园的建设平台，构建了涵盖大基地建设、规模化加工、高科技融入、深度产业融合与全方位服务的"五位一体"发展框架，旨在将新会陈皮打造为农村一二三产业融合发展的领军典范。此举不仅体现了地方政府对陈皮文化传承与创新的重视，更成为推动乡村振兴与高质量发展的重要驱动力。随着战略实施的深化，新会陈皮产业的质量与品牌影响力显著提升，市场辐射范围从地方扩展至全国，并逐步迈向国际市场。新会区创新性地实施了"政府—企业—合作社—农户"四方协同运营模式，充分挖掘并利用本地陈皮产业与生态农业的资源优势，通过新会柑全产业链的整合发展，有效促进了农业、工业与服务业的深度融合与协同增效。此模式不仅加速了绿色循环现代农业体系的构建进程，还激发了文化观光旅游等新兴产业的活力，实现了产业间的紧密衔接与共赢局面。最终，新会陈皮作为地方特色经济的重要支柱，在促进农民增收、助力乡村振兴方面发挥了显著作用，彰显了其强大的发展潜力和深远的社会经济影响。

二是致力于构建集种苗培育、陈皮栽培、精深加工及文化休闲功能于一体的现代化陈皮产业集群，稳步推动其向大健康产业领域深化发展。依托国有龙头企业，引领陈皮产业高质量发展。上线新会地理标志服务平台，即微信小程序，实现地标业务指尖办、掌上办。目前全区共注册地理标志 1599

件，累计核准使用新会柑、新会陈皮地理标志专用标志的企业达 456 家，印刷专用标志约 1400 万枚，居全省第一位，产品品牌的成效逐渐显现。鉴于陈皮产业的独特禀赋，提出"一轴驱动、双带拓展、三基支撑、四核协同、五园联动"的产业园区发展战略框架，以系统性地促进园区建设与发展。核心聚焦广东新供销新会陈皮有限公司这一国有龙头企业的构建，依托其引领新会区供销社现代农业冷链物流中心项目的实施，作为陈皮产业升级的核心驱动力。此举旨在显著提升"新会陈皮"品牌的公信度与市场价值，进而驱动产业向高质量发展阶段迈进，确保产业的长期繁荣与竞争力的稳步提升。

三是推动"大融合"战略，为农文旅融合注入创新驱动力。深入挖掘新会陈皮与柑茶文化的独特价值，开辟新兴消费领域，强化农旅深度融合，构建以陈皮村一二三产业融合示范园区为代表的标杆项目，引导互联网、金融资本、科技创新、人才资源及物流体系等核心要素高效聚集陈皮产业。同时，创设陈皮文化沉浸式体验精品旅游线路，并率先设立"陈皮仓储银行"，促进旅游业、金融业与产业主体及农业经营实体的深度融合发展。借助会展平台强化品牌塑造，实施新会陈皮及柑茶企业的国际化拓展策略，在北京、云南、海南等地积极推广。结合小青柑采摘节、柑农丰收庆典及中国·新会陈皮文化节等品牌活动，诚邀茶业商家与经销商共襄盛举，深化产销对接合作机制，旨在提升公用品牌的市场认可度与影响力，并显著提升柑农群体的经济收益，促进产业生态的良性循环与可持续发展。

四是与高校研学对接，促进产学研一体化。作为新型职业农民培训基地，仲恺农业工程学院、华南农业大学、江门党校、开平党校、双水党校等单位联合组织培训课程，开展培训活动。一方面为陈皮产业培养新农技术人才，另一方面将新会陈皮的产业链延伸至教育培训领域。与此同时，还持续推进特色生物资源开发与应用，推动无限极、量子高科、特一药业等企业，与华南理工大学、广东省科学院微生物研究所、华南应用微生物国家重点实验室等机构深度合作，加快开发以陈皮为原料的特殊用途化妆品和特殊医学用途配方食品，建设特色生物资源种质资源库。

（三）产业化经营增收效果显著

近年来，新会陈皮产业链的快速发展带动农户增收效果显著。从产量和种植规模来看，呈稳步提升态势，在典型示范种植实践中，新会柑的产量实现提升，由原先的 21 吨/公顷跃升至 50 吨/公顷，同时，果实的品质亦呈现不断优化的趋势，具体表现为每公斤销售价格从基础水平的 3 元大幅增长至 10 元。此外，为了促进产业标准化与规模化发展，新会柑的标准化种植模式已被广泛推广至新会区下辖的 55 个自然村落，覆盖种植面积逾 600 公顷，有效推动了区域农业经济的转型升级与提质增效。新会陈皮企业不断创新，推动"陈皮+"产业发展，有力地助推了乡村振兴战略实施，带动农户脱贫奔小康。与此同时，新会区通过深挖新会陈皮文化、健康、收藏等价值，加快新会陈皮一二三产业高质量融合发展，成功打造粤港澳大湾区首个国家现代农业产业园，推动新会陈皮的品牌知名度不断提高、产业链不断增值，成为全国富民兴村产业标杆。

陈皮产业集约化经营策略有效纾解了农户市场适应难题，领军企业凭借其市场开拓力与竞争优势，成为农业结构转型的核心驱动力。这些企业引领创新产业组织模式，拓宽市场准入渠道，同时在优化农产品品种结构、提升品质标准及重塑整体产业结构上发挥关键作用。此外，该模式还促进了农业的规模化、区域化布局，通过资源整合实现了生产效率与经济效益的双重飞跃，为农业可持续发展构筑了稳固基石。

（四）产业化经营链条不断延伸

近年来，新会陈皮从价值链向产业链不断延伸，通过转变发展方式，促进农业产业化。新会陈皮产业深耕细作，聚焦"一皮一柑"的精细化开发，持续拓展产业链边界，构筑起涵盖医药、食品、茶饮、健康保健、文化旅游及金融投资六大领域的多元化产品体系，共计推出逾百种创新产品。当前，新会陈皮在消费市场中展现了丰富的衍生形态，从传统的陈皮饼、陈皮茶、陈皮酒、陈皮菜肴、陈皮调味料及陈皮凉果等特色消费品，到前沿的陈皮酵素、陈皮虫制品及高附加值陈皮保健品等，不仅丰富了市场供给，也彰显了产业的高附加值与创新能力。近年来，新会对柑肉创新再利用，以新会柑果肉为原料，制成有助于睡眠的陈皮酵素，或酿成具有东方特色的白兰地等。

江门丽宫国际食品股份有限公司是陈皮产业链延伸的典型企业之一。2017年，丽宫国际成功挂牌新三板，成为新会区第一家以新会陈皮产品为主营业务的挂牌公司，获得"新会陈皮第一股"称号。该企业在其丽宫国际的展示馆中，陈列出陈皮衍生产品，如陈皮酒、陈皮月饼、陈皮酱等。2018年新会实施"粤菜师傅"工程，立足本地特点和优势，搭建竞技平台，深化校企合作，助力推广五邑美食文化，编印"陈皮菜谱"，开设"新会陈皮美食馆"，塑造并推广"新会陈皮美食"特色品牌。

在"陈皮+文旅"融合实践中，新会陈皮产业深度融合本土种质资源、文化底蕴与旅游资源，构建了特色鲜明的多元化陈皮庄园体系，深入挖掘品牌内涵与产品风味，设计高品质产旅融合观光线路，促进了农文旅产业的深度融合与互动。为强化文化展示与产业交流，新会已建立陈皮文化与产业博览中心，并打造了陈皮古道、村落、小镇及融合陈皮文化元素的月泉湖居主题酒店等文旅综合体。通过连续举办多届中国·新会陈皮文化节、柑农节、农民丰收节及陈皮美食旅游节等主题活动，不仅提升了新会陈皮的品牌知名度，还促进了非遗文化的活态传承与旅游业态的多元化拓展，涵盖研学、科普、美食体验等领域。尤为显著的是，2021年新会陈皮炮制技艺（属中药炮制技艺）荣获国家级非遗代表性项目认定，同时新会被评为全国陈皮全产业链示范县，这一系列成就彰显了新会陈皮产业在文化传承、产业升级及区域经济推动方面的卓越贡献。

在"陈皮+金融"的融合探索中，新会区携手江门农商银行、中国农业银行等金融机构，创新推出了"葵乡惠农贷"、"陈皮e贷"及"陈皮助保贷"等一系列特色金融解决方案，旨在为新会柑种植与陈皮加工行业构建畅通的融资通道，有效降低了企业的融资成本。截至目前，全区范围内已累计向新会柑及陈皮产业相关企业发放贷款总额达22.3亿元，彰显了金融对地方特色产业发展的有力支持。基于对新会地区柑树种植户与陈皮商家资金需求的深入调研与分析，通过政策引导与金融工具的巧妙结合，有效激活了金融资本在陈皮产业链中的流动，不仅缓解了种植户与商家的资金压力，还突破了限制陈皮产业及其品牌发展壮大的资金瓶颈。这一系列举措，为新会陈皮产业的持续健康发展注入了强劲动力，展现了金融赋能传统农业产业转型升级的积极成效。

四　广东省广陈皮产业的品牌化发展和科技支撑概况

（一）广陈皮产业品牌建设情况

近年来，新会区聚焦新会陈皮国家现代农业产业园的构建，树立了一二三产业融合特色产业发展的标杆。该产业园已认证 83 家高标准新会柑档案农场与安全示范点，推广绿色种植模式，强化产品质量认证，构建了生态友好、品质卓越的种植技术体系。同时，以陈皮种植、采收、鉴定及研发为核心，深化陈皮文化传播机制，显著提升其品牌国际知名度与影响力。为此，搭建产学研金深度融合平台，推动陈皮产业规模化、品牌化发展，并带动周边文化旅游产业繁荣，实现跨领域、多层次的产业协同与共赢。截至目前，全区共有 35 家企业 46 个陈皮系列产品被广东省农业农村厅认定为广东省名牌产品，商标品牌有效注册量 1959 件，新会陈皮产业蝉联"中国品牌·区域农业产业品牌影响力指数"中药材品类榜首。

2022 年 12 月 26 日，《中国品牌》杂志社旗下的区域农业品牌研究中心正式揭晓了"2022 中国区域农业产业品牌影响力指数 TOP100"榜单，该榜单权威地反映了各地区农业品牌的影响力状况。其中，新会陈皮凭借高达 983.75 的品牌影响力指数在众多候选品牌中脱颖而出，荣登该榜单之首，充分彰显了其在区域农业产业中的卓越品牌地位与广泛影响力（见表 1）。

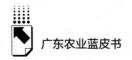
表 1　2022 中国区域农业产业品牌影响力指数 TOP10

序号	品牌名称	影响力指数	类别	区域
1	新会陈皮	983.75	中药材	广东
2	五常大米	982.45	粮油	黑龙江
3	长白山人参	977.53	中药材	吉林
4	普洱茶	929.02	茶叶	云南
5	东阿阿胶	928.57	中药材	山东
6	郫县豆瓣	928.48	小宗特产	四川
7	茂名罗非鱼	917.47	水产	广东
8	阳澄湖大闸蟹	874.26	水产	江苏
9	盱眙龙虾	852.24	水产	江苏
10	巴东玄参	851.48	中药材	湖北

资料来源：《中国品牌》杂志社区域农业品牌研究中心。

1. "三品一标"促发展

"新会柑""新会陈皮"相继获得国家地理标志产品后，新会确保陈皮地域品牌质量和效益，提升新会陈皮区域公用品牌价值以及打造一批主体龙头企业，保护好"新会陈皮"品牌，不断提高新会陈皮全产业链经营，打造"中国陈皮之都""世界陈皮中心"。

为提升消费者对新会陈皮认证商标的认知度与购买倾向，新会区拟定了详尽的宣传与推广策略。该策略涵盖了在江门高铁站及会城交通要道设立广告牌，在主要新会陈皮销售平台和实体店显著位置展示引导性标语，旨在强化"认证商标为选购新会陈皮之关键"的消费观念。此外，新会区正加速推进认证商标的普及应用，通过制定并执行《新会陈皮历史信息审核与管理实施方案》，对区域内经营者库存陈皮的历史年份、数量等核心数据进行系统性核查，确保数据准确无误后，统一录入经营者系统账户。据此，经营者可依据账户记录，精准申领相应数量的认证商标，以推动商标使用的标准化与规范化。至 2023 年 8 月，新会区已全面完成全区库存新会陈皮信息的审核工作，并正式实施在销售环节中粘贴认证商标的措施，旨在进一步强化新会陈皮的品牌影响力与市场信任度。

不断推进标准化生产模式，构建农业现代化。新会不断实现技术突破与设备升级，通过标准化推动现代化，最终实现生产数量与生产质量的全面提升。通过构建高标准现代化食品生产环境、封闭式车间以及定时消杀等推进陈皮加工生产线等全面升级。如御柑园，在传统的生产线上，引进清洗净化环节，实现清洁生产，其全自动洗果线解决了以往人工洗果的问题，其超长开果线的实施，通过提高切割精度，大大提升了开皮效率，其现代科学萎凋技术的应用，通过科学严格的温湿调控，实现了品质和效率的稳定输出。为了让标准清晰且统一，进一步划定新会柑的产区，规定新会柑的树种，界定三种果皮一年三季的采收时间。与此同时，新会陈皮与各大茶叶产区联动，抓住茶饮品与预制菜的风口，结合陈皮优势开发茶饮料等特色风味茶饮，以创新茶饮品拉动陈皮系列产品需求和品牌效应；深入发掘新会柑、新会陈皮"药食同源"保健价值，推动新会陈皮菜、新会陈皮预制菜等多元化特色产品发展。

2. 绿色品牌建设

鼓励研发新技术、新工艺，多元开发药品、食品、茶制品等衍生品。依托新会陈皮国家现代农业产业园，整合了以新会陈皮村、新宝堂为代表的龙头企业资源，旨在共同塑造"中国陈皮之都、世界陈皮中心"的康养旅游品牌，驱动区域特色产业的品牌化升级。为拓宽品牌影响力，创新营销策略，高效利用农业交易会、茶博会等国内知名展会平台，展示与推广品牌，营造正向的产业发展环境。积极倡导并支持食品企业强化品牌建设，通过提升产品附加值与深化文化内涵，强化其市场竞争力。为此，激励企业参与各级政府质量奖项评选，并视为提升品牌软实力的重要手段。

在科研支撑层面，各级政府正加速陈皮相关科研机构的构建与发展，通过高层次人才的引进与培育，已建立起涵盖8个专项研究院、2个院士工作站、1个博士后科研工作站及20个产学研合作基地的科研网络。此外，还重视农村实用人才的培育，迄今已培训专业人才逾5000人，为产学研深度融合奠定了坚实的人才基础。这些举措旨在全面促进产学研合作，加速科研成果向生产力的转化，为新会陈皮产业的可持续发展提供

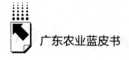

强大动力。

以质量优先、绿色生态为发展方向，推动扩大生产规模，提高加工质量水平。严格执行《江门市新会陈皮保护条例》，为强化食品领域的知识产权保护，加大执法力度，严厉打击任何侵犯食品知识产权的非法行为。加强对地理标志的严格监管，特别是针对生产密集区与销售集散地等关键区域，实施更为严密的监控措施。在此过程中，坚决查处未经授权擅自使用地理标志专用标志、伪造该类标志以及生产销售假冒地理标志产品等违法活动，以维护市场秩序，保障消费者权益，促进食品行业的健康有序发展。

加大陈皮文化宣传力度。在各大平台加大陈皮文化宣传的力度，培育并壮大新会陈皮的自媒体账号，加大宣传覆盖面，加快产出新会陈皮文化产品，提升文化的影响力。根据不同平台的特点，推出针对性的宣传方案。加快制作新会陈皮优质影视作品，积极参与各类影视作品评奖活动，以此提高新会陈皮的影响力。新会还推出新会陈皮微电影《韶华》并在多地宣传，推动新会陈皮作为传统道地药材收藏于道地药材博物馆并永久展示，强化新会陈皮品牌宣传。

（二）广陈皮产业科技支撑发展情况

1. 广陈皮育种育苗技术

自 20 世纪 60 年代始，新会地区致力于柑橘品种的选育工作，成功培育出"大洞 05"等优质新会柑单株。自 90 年代起，新会与华南农业大学、仲恺农业工程学院、广东省农业科学院等单位合作，深入开展柑橘良种的提纯复壮研究。1996 年与 1998 年，南亚热带及广东省的良种繁育基地相继在新会建立，标志着新会柑橘无病良种繁育体系的全面构建。1997 年，该体系成功培育出首批无病新会柑良种苗，并批量应用于大田生产，极大地推动了产业发展。至 2016 年，为加强新会陈皮资源保护与良种选育，促进种苗质量提升，新会柑种质资源保护中心与无病苗木繁育基地成立，集繁育、科研、示范、推广于一体。该中心旨在维护新会柑种质多样性，通过选育优质无病苗木，满足农业生产需求。经多年研究，科研人员已收集大种油身、细种油身、大蒂、高笃、短枝密叶五大品系，共计99份茶枝柑优异种质资源。针对潜在带病种质，采用茎尖嫁接与热处理脱毒等先进技术进行处理，并科学保存于种质资源库中，为产业的可持续发展提供了坚实保障。

在育种技术的精进与陈皮产业链的强化方面，该地区不仅统一了新会柑种苗的繁育标准，还致力于扩充新会柑品种的基因资源库，以确保新会陈皮的道地性与独特性。新会已掌握了一套涵盖种子处理、育苗技术及生产管理的健康生产体系，并构建了专为南方环境设计的新会柑橘无病苗木繁育系统与标准化的栽培技术。自2004年起，新会柑橘产业在无病毒苗木繁育体系及标准化栽培技术的推动下，结合"以螨治螨"的生物综合防治策略，取得了令人瞩目的成果。这一系列的技术创新不仅缩短了果树的挂果周期，由原先的三年缩短至两年有余，还大幅提升了单位面积的产量，由每亩年产1500公斤跃升至4000公斤。2021年新会区《政府工作报告》明确指出，未来5年内，将聚焦陈皮产业链的全面发展，计划成立新会柑种业公司，以进一步统一新会柑种苗的繁育、种植技术、加工及仓储等各个环节的标准，同时持续丰富新会柑品种的基因库，为产业的持续繁荣与创新奠定坚实基础。

2. 广陈皮栽培技术

除草、施肥、病虫害防治、修枝是广陈皮栽培技术中的必要环节。新会柑果的质量好坏，直接影响新会陈皮产业发展前景。目前，新会陈皮国家现代农业产业园已认定新会柑高品质档案农场和农产品安全示范点83家，全维度开展产品质量安全、环境质量安全和重大病虫疫情监测，强化生态环境和产品质量监测与保护，推动实现绿色健康种植。产业园从"防"和"控"两方面着手。定期检查果树，查看是否有柑橘黄龙病以及其他危险病原，严防苗木等生物体组织带来柑橘黄龙病，对发病严重的柑园或片区马上清理转产，保持健康的种植环境。同时，加强对柑橘木虱的防控，在新梢生长期实行梢前小清园（清园即清洁果园）、春前大清园，保持健康产能。

基于此，新会陈皮国家现代农业产业园领航构建了智慧农业大数据管理

平台，旨在引领产业向特色化、标准化、产业化及绿色化转型。该平台深度融合5G与物联网技术，精准覆盖区域内近7000新会柑生产经营主体，通过详尽的实地调研与数据整合，实现了对产业全链条的深度洞察。借助大数据的挖掘与分析能力，平台构建了产业全景视图与监管网络架构，促进了从种植、加工至销售的全产业链数字化转型与智能化治理，显著优化了产业效能与监管效能。

新会柑之林会城梅江种植基地推行新会柑数字化种植。基地内配备电信监控、气象监测站、自动化除草机等10多种农业现代化设备，水肥一体化、水位控制一体化、智能物联网等先进系统，提升了基地的管理水平，体现了产业规模化、绿色标准化新会柑种植模式。

3. 广陈皮加工技术

广陈皮产业对智能仓储控制技术提出了迫切要求。构建标准化仓储，从种植源头、生产过程到出售严格把控。以陈皮村标准仓储为例，陈皮村标准仓储携手广东省农业科学院规范加工流程，采用汽浴清洗、冷风风干，特制毛刷处理等多项专利技术，保证果品干净卫生，严控轻耗；初步实现溯源码的构建，实现对陈皮从田间到仓储进行全流程溯源。此外，针对广陈皮在规模化与智能化仓储中的霉变防控挑战，研究开发了基于多物理参数耦合的快速检测技术及配套装置，该创新体系可视为广陈皮的霉变预警机制，旨在显著提升霉变防控效能。

在广陈皮粗加工领域，茶枝柑果柄的精确识别与自动化定位技术及其配套设备的成功引入，有效精简并优化了广陈皮的传统制作工艺流程，该流程通常包括果实采摘、清洗、开皮、杀青、反皮、晾晒、贮藏、复晒及扫瓤等关键步骤。茶枝柑果柄识别与自动定位关键技术以及装备实现茶枝柑开皮时替代人眼观测茶枝柑果柄和人手上料，解决了广陈皮初加工全程机械化"卡脖子"技术问题。

在晒皮环节，人工翻晒损耗较大等问题日益显现，广陈皮生晒智能机器人探索广陈皮自然阳光生晒无人化。自动建图、路径规划、自动避障、智能生晒条件决策、自动追踪阳光入射角度，拟解决传统阳光生晒、翻晒环节中晒场占地大、费时费力、突发天气灾害、碎皮损耗和卫生条件差等问题。该生晒存储一体化装置具有操作方便、收放体积比大、移动方便等优点，能较好地解决上述问题。

此外，鉴于提升质量与产量的双重需求，传统茶枝柑初加工企业正逐步转向采用机械设备替代传统手工操作，旨在确保产品质量的稳定性并最大化经济效益。当前，部分茶枝柑初加工产品的传统制作工艺正经历着向机械化生产的转型，这一过程标志着生产效率与标准化水平的提升。如茶枝柑清洗分选机械、小青柑选果装置、小青柑自动开口去肉设备、茶枝柑三刀开皮装置、茶枝柑果皮果肉自动分离设备、集中干燥设备等。

4. 广陈皮科技平台的建设与支撑作用

华南农业大学农村科技特派员吴鸿教授领衔的广东省南药（广陈皮）产业体系技术创新团队开展了广陈皮道地性研究、不同产地广陈皮质量评价研究，建立了病害 PCR 检测技术，建立了茶枝柑无毒苗的培育体系，建立了"新会陈皮生产、产品系列及技术体系信息"大数据库；并针对新会茶枝柑黄龙病发生严重的现实，撰写了《广陈皮原材料茶枝柑黄龙病发生情况调查及防治建议》，为政府部门和陈皮种植企业提供了参考和预警。深入一线开展技术服务，编制了《新会柑适度规模全程机械化生产技术集成模式与区域发展方案》；研发了一套"新会柑园远程专家系统"，实现了专家团队远程实时获取果园信息、及时指导果园种植和病虫害防治的功能。

为全面构建新会陈皮全链条溯源体系，新会区于 2022 年 10 月正式上线了新会陈皮数字化溯源管理平台，该平台遵循"道地生产数据化、溯源监管智能化、品牌保护系统化"的原则设计，集成了产业地图、数据仓库、监管网络、双微互动及一站式服务平台等多元化模块，依托"新会陈皮"官方认证商标的授权，实现了从新会柑种植到陈皮生产、仓储、流通各环节的全方位数字化追溯。截至目前，该平台已高效录入全区 9377 家新会柑种植户、13.9 万亩种植地块及 2092 家经营主体的详尽信息，并为各经营主体分配了唯一交易账号，推动了交易的线上化、透明化进程。数据显示，截至

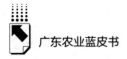

2023 年 3 月 15 日，通过平台完成的交易占比高达 76.93%，显著提升了产业交易的透明度与效率。该平台充分展现了新会陈皮道地生产的数据化特征，通过实时收集与分析种苗繁育、种植、生产、仓储及经营等全链条信息，构建了动态更新的新会陈皮产业地图与道地生产数据库，为产业监管与科学决策提供了强有力的数据支持。

五　广东省广陈皮产业发展存在的问题

（一）陈皮农户贷款发展缓慢，商户融资渠道窄

陈皮金融发展中面临的主要困境之一是贷款的实际受众面较窄，各地农户与商户获得的贷款额度较小。以新会陈皮产业融资现状为例，当前该产业融资高度依赖银行贷款，且贷款条款受地方政府扶持政策影响，设定了特定的利率与期限优惠。然而，此类农业产业优惠贷款政策灵活性不足，难以有效匹配农产品市场的动态波动。此外，融资渠道的单一化（主要集中在银行贷款）限制了乡村特色产业的融资选择范围，导致融资成本高度受制于银行决策，进而可能对产业的持续发展与创新能力构成潜在制约。受限于市场发展水平，难以鉴别陈皮的真假与年份，对陈皮商品的价值难以做出准确判别，进而影响放贷金额并提高放贷风险。同时，乡村耕地使用权归属不明确，以柑树为标的物的贷款，会因为耕地使用权的争议影响贷款的回收。农产品固有的"看天吃饭"的属性，为贷款的回收带来了不确定性，也加剧了违约判定的复杂性。

（二）市场机制不完善，阻碍"新会陈皮"品牌建设

当前，陈皮市场建设有待进一步完善，陈皮价格面临较大上涨压力。多次征地，新会柑种植面积缩小，地租上涨。新会柑的种植和其他品种的柑橘相比，本就"娇贵"，受恶劣天气影响较大。在遭遇极端天气时，柑农们被迫转用质量更好的大品牌肥料，提升有机化肥、菌肥、水溶肥施放比例，在

日常管理上人手也需要增加。新会陈皮行业公用品牌的知名度大大提升，市场需求初步展露商机，与全国巨大的需求量对比，新会陈皮本土种植面积仅10万亩，仅占全国柑橘种植面积的0.33%，知名度扩大后，不足以满足各地需求。陈皮行业进入资本攀升，部分产区鲜果收购竞争加剧，新皮价格对比往年有所提升。

与此同时，市面上产品质量参差不齐，影响"新会陈皮"品牌的建设。部分不法商家乱加化学物品加速陈皮陈化，有些商家凭着信息不对称，以劣质品冒充优质品，有些商家用其他产地的陈皮冒认"新会陈皮"。产品同质性高，原材料原渠道、生产工艺与终端产品相似度高，同行之间恶性竞争，阻碍了陈皮产业的良性发展。产业链中出现"链"而不紧、"联"而不密的情况，在产业不断壮大的过程中，上下游企业的互信合作机制并未随之建立健全。新会陈皮深加工产业产品种类虽丰富，却难以构建显著的品牌影响力，市场表现认可度低，销量未达预期水平。伴随着陈皮经济价值的增长，其加工能力显著提升，促进了多样化产品的涌现，形成了完整的产业链结构。以江门丽宫国际食品有限公司为例，该公司已建立五条生产线，研发出涵盖陈皮月饼、果酱、酒、普洱茶等6大系列共计30余款产品。然而，尽管产品种类繁多，市场表现却未达理想状态，尚未形成具有广泛市场认知的强势品牌，这在一定程度上限制了产业的深入发展。

（三）生产方式较为传统，未实现规模效应

新会柑生产普遍呈现小规模家庭化特点，陈皮加工高度依赖传统手工技艺，机械化水平低下，仓储管理简易且经验化，整体技术体系亟待升级。新会陈皮产业主体多为个体农户与小型店铺，其文化素养与信息技术应用能力有限，导致生产、加工、销售链条脱节，协调性差。行业内部沟通机制缺失，供需信息流通不畅，市场价格波动剧烈且不稳定。此外，传统生产模式与简陋环境难以保障陈皮产品质量的稳定与可追溯性，阻碍了消费者将其与高品质食品相关联。信息技术交流障碍亦限制了新会陈皮品牌效应的构建与传播，削弱了其市场认知度与竞争力。因此，提升新会陈皮产业的机械化与信息化程度，强化行业内外沟通合作，对于推动该产业可持续发展具有重要意义。陈皮村"一二三产业融合"模式现处于产业链内融合阶段，即农业、工业、旅游业间相互衔接，各环节形成协同发展，但仍存在产品常规化、农企利益联结尚浅、产业融合不足、农民对"一二三产业融合"认识尚浅等问题。单个企业规模小，带来物流加工效率低，由于产品质量难以鉴别，相关的市场监管机制仍未健全，难以对物流过程品质把关。产销信息化程度低，难以实现高效的供应链协同，未形成生产加工运输环节的标准化，不同环节的快速转换受阻，阻碍了陈皮品牌效应的发挥。

（四）掺假售假频现，标准化建设有待加强

近年来，新会陈皮品牌屡遭掺假与假冒之困，其症结之一在于检验技术的滞后性，严重侵蚀了品牌信誉与价值。为应对此种状况，2006年10月，国家质检总局正式实施《地理标志产品新会柑》和《地理标志产品新会陈皮》的省级标准，明确非新会地区所产茶枝柑及其陈皮不得冠以"新会"之名，从而在法律层面构建了品牌保护屏障。然而，市场机制的不完善仍为不法商贩提供了操作空间。利用信息不对称，部分商贩以次充好，甚至伪造陈年陈皮，误导消费者。当前，缺乏统一权威的检验体系鉴别新会陈皮真伪及年份，成为品牌保护的主要障碍。公众及行业内对新会陈皮真伪辨识知识的不足，进一步加剧了这一问题，不仅侵害了消费者权益，也严重威胁到新会陈皮作为国家原产地保护产品的地位，削弱了其品牌声誉与市场竞争力。因此，强化新会陈皮检验技术的研发与应用，提升公众与行业鉴别能力，并完善市场监管机制，成为当前亟须解决的关键议题，对于维护新会陈皮品牌的纯正性与市场地位具有深远影响。

标准化建设有待加强。虽然已经初步构建溯源码系统，为新会陈皮种植、加工、储存的各环节的标准化操作提供了方向，相关研发也为新会陈皮标准提供了依据，但是，新会陈皮标准化建设仍有较长的道路要走。一方面，不同新会陈皮品牌的制作工艺存在差异，统一的标准依然难以推进；另一方面，消费者对标准化的认知水平依然较低。认知的构建需要长时间系统

化的训练，新会陈皮的标准化建设刚起步，相关的宣传教育力度不足，消费者的认知参差不齐。

（五）销售区域局限，国际竞争力不强

销售局限于传统的销售区域，未能扩展到更大的市场。当前，新会陈皮的销售市场主要集中于珠江三角洲、中国香港、中国澳门及美国旧金山等区域，而在中国北方及其他地区的渗透率较低，其市场扩张受限于传统框架。此现象根源可归结为以下几点。首先，新会区在市场推广与宣传上的投入不足，导致销售区域难以有效扩大。同时，销售模式单一且渠道有限，成为市场拓展的主要瓶颈。其次，新会陈皮及其深加工产品的交易方式仍主要依赖于传统面对面模式，电子商务的融入与应用明显滞后。这主要归因于经营者群体老龄化，对电子信息技术与电商平台的理解与掌握不足，加之传统经营观念的束缚，电商渠道的开发与利用受限。此外，家族传承中对创新经营模式的接受度不高，亦阻碍了电商业务的拓展。因此，当前销售模式难以覆盖更广泛的潜在客户群体，导致客户资源流失与挖掘不足，进而限制了新会陈皮市场的进一步增长与发展。最后，销售渠道单一。陈皮的销售渠道一般分为传统销售渠道和网络销售渠道。传统销售渠道较为集中在加盟、商超铺货、茶叶店等，网络销售渠道如京东、天猫以及微商、私域等。

六　广东省广陈皮产业发展的对策建议

（一）发挥电商作用，扩大销售渠道

电子商务作为现代商业模式的典范，有效缓解了生产集中与消费分散之间的张力，为区域特色商品如新会陈皮开辟了新的市场空间。针对新会陈皮产业因地域集中生产导致的市场认知受限及销售困境，本文提出以下策略性建议。

首先，需确立电子商务发展战略的必要性认知，紧跟时代发展趋势，确

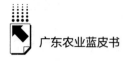

保产业与时俱进，避免被市场淘汰。深刻理解电子商务在拓宽市场通路、增强品牌影响力方面的关键作用，为新会陈皮产业注入强劲的发展动能。

其次，强化电商专业人才的引进与培育机制。通过与具备电商专业技能的团队合作，利用其在产品包装设计、内容创意及营销推广等领域的专长，为新会陈皮产品定制精准营销策略，以提升其在线市场的吸引力和市场竞争力。

再次，充分利用电子商务平台的传播优势，实施多维度、深层次的品牌传播战略。依托电商平台的广泛影响力和精准营销能力，推动新会陈皮由地域性特色产品向全国性乃至国际性知名品牌转型。通过持续的内容创造与品牌故事塑造，深化消费者对产品的认知与情感共鸣，进而实现市场份额的稳定增长与品牌价值的持续提升。"陈皮+数字营销"紧跟直播带货发展潮流，推动"新会陈皮+直播+电商"数字化发展，打造"直播卖陈皮""云赏柑花""云品柑茶"等数字化营销案例，扶持打造"葵客"等电商品牌，助力新会陈皮产业拓销路、打品牌、增效益。

最后，建立跨境电商人才培养体系，完善跨境电商金融支撑体系，引入培育第三方跨境电商服务商，如各类跨境电商联盟、广告服务商、跨境电商创业咨询机构等，为新会陈皮跨境电商大卖家、果农、陈皮加工商等关键群体提供增值服务。企业可以开设员工培训课程，加大对外贸行业知识的培养力度。

（二）统筹规划生产要素，推广标准化种植模式

新会柑因其"皮肉兼用、药食同源"这一独特的品质，而区别于其他地区的柑橘，品种的独特性和质量的优越性是新会柑产业获得长远发展的基础优势。因此，必须用科学的标准来规范新会柑的种植，以保证新会柑柑果以及柑皮的质量和安全水平。为此，提出以下建议。一是督促新会柑行业协会组织专家学者编制出版新会柑标准化种植规范，把相关内容制成影像资料，以乡村为单位，定期为农户免费播放，并在映后安排人员为农户答疑解惑。二是大力推广陈皮村柑橘种植专业合作社，在各个乡村建立分支机构，

让更多的农户加入其中。三是以乡镇为单位，设立一个奖励基金，并附上检验标准，每年末为表现优秀的农户颁发荣誉证书以及奖金，从而激发农户实行新会柑标准化种植规范内容的热情，也在一定程度上促使农户实现自我管理。

从资源要素来看，还应成立陈皮产业发展扶持基金，持续引导民间资本投入发展壮大陈皮产业，加强金融支持。通过建立以农产品为标的资产的集合资产管理计划，以新会陈皮为例，借助陈皮可增值属性建立一个集合资产计划，向社会筹集资金，并以陈皮的市场变动情况给出一个浮动的利率，不同期限的管理计划在锁定资金使用期限的同时使得融资过程更为灵活。

从土地要素来看，可多路径保障用地，确保在守住耕地保护红线前提下，有效保障陈皮产业大基地建设用地需求，研发新技术突破新会陈皮道地性瓶颈，鼓励引导广陈皮种出去，不断扩大种植区域，有效破解产业规模化后的用地瓶颈。

从生产技术要素来看，茶枝柑初加工环节的机械化示范与推广成为核心要素。尽管新会地区已涌现若干体系完善、标准化程度高、规模较大的陈皮生产企业，但小微及作坊式企业的广泛存在仍不容忽视。此类企业生产条件差异大、管理水平不一及机械化程度低，生产模式粗放，资源浪费与环境污染问题严峻，严重制约了广陈皮产业的可持续发展能力。针对于此，本文倡导以标准化建设为基石，首要构建并广泛推广茶枝柑初加工机械化的标准化体系。同时，加大机械化示范项目的推广力度，依托政府与企业（特别是龙头企业）的紧密合作，建立示范性机械化生产基地，作为引领中小型企业向规范化、标准化生产转型的标杆。此举旨在加速茶枝柑初加工机械化的普及，促进资源优化配置与环境友好型生产，为广陈皮产业的持续繁荣奠定坚实基础。

（三）整合相关支持产业，建立规范化产业链条

大健康产业发展是新会区乡村振兴的重要支撑，也是新会陈皮产业发展的重要契机。在未来，应充分挖掘新会陈皮的养生保健价值，搭上大健康产

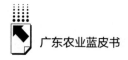

业发展的便车，延长新会陈皮产业链，加快陈皮产业的发展，为此提出以下建议。一是强化新会陈皮养生保健功能的宣传。新会陈皮对美容、减肥、抗癌、护肺等领域都已证明是有显著效果的，对这些公认的养生保健功能加强宣传，同时，对一些养生保健的新兴领域，紧跟热点宣传新会陈皮的对应功能。二是制作并推广新会陈皮养生保健的具体食谱。经过前期新会陈皮相关食品、饮品的广泛开发，需要对其进行系统整理以提高其使用效率与传播效果。三是加大与文旅医疗产业的合作力度。一方面，丰富新会陈皮大健康相关产品的种类，通过多产业的融合，激发产品创新；另一方面，拓展新会陈皮相关产品的市场，通过嵌入文旅医疗产业中陈皮相关的板块，扩大新会陈皮的市场。

（四）把握环境结构机遇，引领战略化发展路径

随着 2020 年省内第四大轨道交通枢纽——珠西综合交通枢纽江门站正式开通，江门市政府在 2021 年提出珠西枢纽新城的江门市发展新定位。新会陈皮产业可借力新会区位优势，加快发展陈皮产业，为此提出以下建议。一是借助交通枢纽的建设，推动新会陈皮生活方式辐射大湾区。江门站的建成，使得新会区与粤港澳大湾区主要城市实现一小时生活圈，新会陈皮的辐散范围扩大，可获得更多优质客户。二是依托枢纽新城完善的公共设施与优越的营商环境，吸引资本与人才汇聚，以驱动新会陈皮产业蓬勃发展。三是利用大数据平台，整合政府、行业协会及社会各界资源，优化服务生态，构建集管理咨询、政策分析、金融支撑、科技创新、数据服务、电商服务、协会协调及农资农技指导等功能于一体的新会陈皮公共服务中心，为产业全面发展提供坚实支撑。同时，应深入挖掘并有效利用新会陈皮的文化价值，促进产业升级。新会陈皮以其卓越的药食同源特性著称，历经数百年沉淀，形成了深厚的文化底蕴，成为联结海内外华人情感的独特桥梁。政府及相关部门可采取撰写学术论文、旅游推广、申请非遗保护、媒体合作制作纪录片、举办陈皮文化节及产业发展研讨会等措施，广泛传播其文化内涵与健康价值。在此过程中，应强调新会陈皮作为"中国和药"的独特身份，加强品

牌塑造与产品创新，旨在摆脱传统市场的低价竞争困境，树立国际独特的品牌形象。

（五）精耕细作，强化品牌建设

一是筛选评级，完善新会陈皮的评价体系。政府应构建完善的新会陈皮评价体系，对已注册陈皮企业进行筛选评级，明确各级陈皮企业的投放资源比重，采取不同的扶持方式，集中资源发展区域内具有明显优势的陈皮企业，保证有限资源的优化配置。

二是推动标准化建设，保障新会陈皮的品质，保护新会陈皮的名牌。进一步完善标准化的细则，扩大种植、加工、储存的标准化覆盖面，从过程保障新会陈皮的品质，从而增强新会陈皮产品的稳定性。

三是强化品牌营销强度，加大品牌保护力度。政府和企业要加大新会陈皮的宣传力度，提升品牌营销意识，加大企业维权力度，鼓励和支持新会陈皮行业协会积极探索新型维权机制，严厉打击一切侵权行为。加快商标推广使用，督促新会陈皮证明商标持有人新会区农学会尽快制定证明商标许可使用实施细则，细化操作规则，完善协同管理、监督机制，健全追溯防伪链条。加大宣传推广力度，突出新会陈皮"道地性"，提升新会陈皮品牌高度，组织相关企业参加中国国际商标品牌节、国际地理标志产品交易博览会等活动，推动"新会陈皮"公用品牌名气更响亮、更厚重。

（六）深化"陈皮+"多业态，提升全产业链效益

产业融合的本质是通过深度挖掘农业产业的潜力，延长农产品的产业链，提高农产品价值，实现农业经济效益的提高，加快农业转型升级，为此提出以下建议。一是丰富产业融合的方式。新会陈皮与交通、餐饮、旅游、医疗、美容、教育培训、影视等服务业相融合，与新会陈皮文旅纪念品、食品、饮料等制造业相融合，与新会陈皮产业相关配套行业相融合。从新会陈皮的生产、加工、储存、销售到物流配送，从种源、农具、肥料到物流配送再到融资服务，更深度地与新会陈皮企业合作，推动新会陈皮

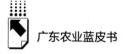

产业的快速发展。通过多元的融合方式，带动更多的就业，辐射更多的领域。二是融合层次的提高。创新融合模式，提高融合质量与效益。重点培育优质新会陈皮企业，通过规模效应，打通产前、产中、产后的全链条，提高产品附加值。三是鼓励差异化竞争，充分利用农产品的剩余价值，建立健全市场机制，形成良性竞争氛围，提高新会陈皮产业的经济带动效应。鼓励新会陈皮企业走出去，用国内产业融合的经验开拓新的应用领域，提升融合的效率。

参考文献

[1] 谢伟、萧萧、熊星：《广东新会加快陈皮产业高质量发展步伐》，《中国食品报》2023 年 4 月 7 日。

[2] 黎彩凤、陈远云：《"小陈皮"做成 30 亿元"大产业"的密码》，《当代广西》2023 年第 5 期。

[3] 曾艳、陈金涛、方凯等：《广东新会陈皮产业现状、问题及发展对策》，《南方农村》2015 年第 6 期。

[4] 刘桥辉、闫国琦、屈佳蕾等：《茶枝柑（广陈皮）初加工机械装备技术现状与对策》，《中国农机化学报》2021 年第 7 期。

[5] 杨思瑶、陈翠怡、冯国雄等：《金融创新助力农村特色产业发展研究——乡村振兴背景下以新会陈皮金融为例》，《北方经贸》2022 年第 6 期。

[6] 莫鑫：《一块果皮如何串起百亿规模产业链》，《新华每日电讯》2022 年 6 月 16 日。

[7] 谢伟、萧萧、熊星：《新会聚力陈皮全产业链发展》，《中国食品报》2022 年 1 月 14 日。

[8] 农发行广东省分行、江门市分行联合课题组：《信贷支持新会陈皮产业发展调研》，《农业发展与金融》2021 年第 10 期。

[9] 张德海、傅敬芳、陈超：《现代农业价值共创：社会动员与资源编排——基于新会陈皮产业的案例观察》，《中国农村经济》2020 年第 8 期。

[10] 《陈皮村：三产融合的现代农业发展新路》，《财经界》2020 年第 16 期。

[11] 潘华金、毕文钢、杨雪：《新会陈皮道地性密码释译》，载《第三届中国·新会陈皮产业发展论坛主题发言材料》，2011。

B.7
2023年广东生猪产业发展报告

谭　莹*

摘　要：　广东省是我国生猪生产消费大省，是港澳生猪供应的最主要力量。"十四五"以来，广东省生猪产业以"保供给、保安全、保生态、促发展"为目标，统筹推进生猪稳产保供和产业的转型升级、高质量发展。本文在对广东省生猪产业发展现状进行梳理的基础上，综合分析广东省生猪产业的价格波动、成本收益、产业链、进出口情况等方面的发展形势，分析目前广东省生猪产业发展存在生猪产业用地困难、环境制约生猪产业发展、疫病持续影响生猪产业发展等主要问题，并对此提出相关的对策建议：合理规划生猪生态化养殖，加强生猪产业的现代化建设，加强疫病防控能力，以期为广东省科学规划生猪养殖布局，充分发挥区域比较优势，分类推进珠三角产区、粤东西北产区建设，实现生猪生产布局与土地、资源、环境、经济社会发展的相互协调提供借鉴。

关键词：　生猪产业　产业发展　产业链　广东省

一　引言

经过几十年的产业飞速发展，我国生猪产业格局出现新形势，散户和小规模户逐渐淡出市场，规模养殖逐年增加，头部企业生产继续扩张，寡头垄断格局初步形成。大型生猪生产企业扩产增容，生猪生产的规模化、集聚

---

* 谭莹，管理学博士，华南农业大学经济管理学院教授，博士生导师，主要研究方向为农业政策分析、畜牧经济学、农产品价格波动。

化、区域化加强，生猪产业整体上面临着产业调整、技术进步及降本增效的压力。

从生产能力上来看，2018年非洲猪瘟疫情结束后，经过2019～2022年的生猪产能恢复，到2023年我国生猪存栏量、生猪出栏量和猪肉产量分别达到43422万头、72662万头和5794万吨，同比分别增长-4.1%、3.8%和4.6%。其中，生猪出栏量和猪肉产量创近5年新高；从市场需求来看，受新冠疫情及消费者膳食消费转型的影响，猪肉消费缓慢下降，2023年我国人均猪肉消费量为23.5公斤，比2022年下降12.64%，比2021年下降6.75%。供给增加、需求不振造成我国近年来生猪价格新一轮下降周期，生产企业承受着巨额的亏损和压力。如何在新一轮竞争中存活下来和进行下一轮生产布局，是生猪企业面临的迫切问题。

二　全国及广东省生猪产业发展概况

（一）全国生猪生产情况及主要生产省份基本情况

1. 全国生猪、能繁母猪存栏情况

国家统计局和农业农村部的相关数据显示，2013～2019年，我国生猪存栏量持续下降，尤其在2018年受到非洲猪瘟的影响，生猪存栏量一路走低，2019年末生猪存栏大幅度降至31041万头，严重影响市场供给。经过四年的调整，生猪养殖行业的产能逐渐恢复。2019～2022年，生猪存栏量呈现总体上升的趋势，2022年存栏达45256万头，达到非洲猪瘟前期水平，2023年稍许下降至43422万头，同比减少4.1%（见图1）。

虽然我国生猪存栏出现大幅波动，但能繁母猪存栏整体运行相对平稳。2023年，我国能繁母猪存栏量总体呈现下降趋势。从环比增长率看，1～12月均为负数。从同比增长率来看，1～6月均为正数，7～12月均为负数。从总体来看，能繁母猪存栏量在2023年内虽呈下降趋势，但各月环比增长率均在正常波动区间内，为应对突发事件的冲击提供了保障（见图2）。

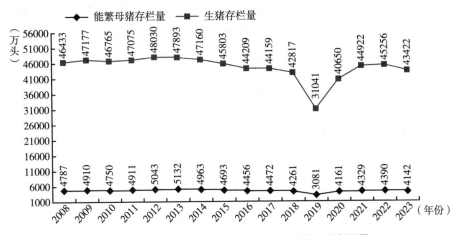

图1 2008~2023年全国生猪存栏量及能繁母猪存栏量

资料来源:《中国统计年鉴》(2009~2024年)。

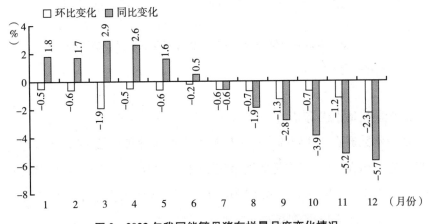

图2 2023年我国能繁母猪存栏量月度变化情况

资料来源:《中国统计年鉴(2024)》。

2023年我国能繁母猪存栏量均大于正常保有量。1~2月能繁母猪存栏规模大于正常保有量95%~105%区间,处于黄色区域,产能大幅过剩。此时,启动减少产能调节机制,由省、市、县人民政府引导和督促生猪产能调控基地采取延迟能繁母猪补栏、加快淘汰低产母猪等措施,压减生猪产能，使其下降至合理水平；3~12月，能繁母猪存栏在正常保有量区间内，处于绿色区域，产能正常波动。此时以市场调节为主，政府不需要启动相关调控措施（见图3）。

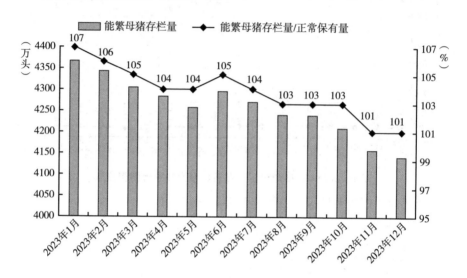

图3　2023年能繁母猪月度存栏量及正常保有量变动情况

资料来源：农业农村部。

2. 全国生猪出栏情况

从历年数据看，我国的生猪出栏数量基本保持在6亿~7亿头，出栏量比较稳定，但在2018年末受非洲猪瘟影响后，2019年、2020年生猪出栏量分别大幅下降至54419万头和52704万头。2023年的生猪生产供应形势持续向好，生猪年末出栏量为72662万头（见图4）。

从各地2023年生猪出栏量来看，四川、湖南、河南三省是生猪出栏量最多的省份，三省生猪出栏量共占全国的26.3%。其中，四川以6662.7万头位居第1，湖南以6286.3万头位居第2，河南达6102.3万头位居第3；山东、云南、湖北的生猪出栏量占比都在6%以上，出栏量居于4000万~5000万头区间，属于第二梯队，出栏量分别为4659.7万头、4626.95万头和4438.53万头；第三梯队的广东、广西、江西、安徽、辽宁，出栏量占全国

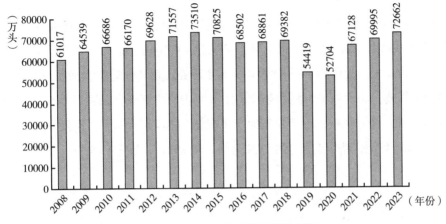

图4 2008~2023年全国生猪出栏量

资料来源：《中国统计年鉴》（2009~2024年）。

的比重也都在4%以上；黑龙江、江苏的生猪出栏量占全国的比重达到3%以上，接近第三梯队水平（见图5）。

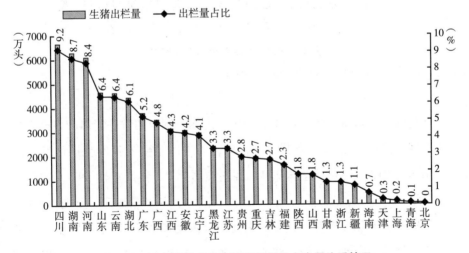

图5 2023年部分省份生猪出栏量及占全国比重情况

资料来源：各省份统计局（调查总队）。

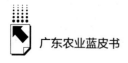

3. 全国猪肉产量情况

2008~2023 年我国猪肉产量整体稳定，仅重大疫情期间出现大幅震荡。2008~2014 年，我国猪肉产量上升态势明显，6 年间上涨 1139 万吨，2015 年后猪肉市场去产能化而导致产量呈现下降态势。其中，受非洲猪瘟以及新冠疫情的影响，2019~2020 年猪肉产量创 10 年内历史新低，分别为 4255 万吨和 4113 万吨。经过调整，2021 年猪肉产量恢复至往年正常水平，达到了 5296 万吨，2023 年全国猪肉产量达到 5794 万吨，较 2021 年增长 9.4%（见图 6）。

图 6　2008~2023 年全国猪肉产量

资料来源：《中国统计年鉴》（2009~2024 年）。

同生猪出栏数量一致，山东、四川、河南、湖南四省是猪肉产量最多的省份，四省猪肉产量共占全国的 49.5%，为中国主要的猪肉生产区域。其中，山东以 910 万吨位居全国第 1，四川位居第 2，年产量达 697 万吨，河南位居第 3，年产量达 679 万吨，湖南位居第 4，年产量达 582 万吨。云南、广东、安徽、河北、广西、辽宁的猪肉产量占比都在 8% 以上，属于第二梯队；第三梯队的湖北、江西、江苏、黑龙江、福建、吉林、内蒙古的猪肉产量在 5% 及以上。

4. 猪肉在我国肉类产品产量中的比重

我国是猪肉生产和消费大国，2019 年之前，猪肉产量长期占肉类总产量的 60% 以上，是我国最主要的肉食品。2019 年，受非洲猪瘟和新冠疫情影响，猪肉产量出现下滑，截至 2020 年，猪肉产量降至 4113 万吨，仅占肉类总产量的 53.1%，为历年最低值。2021 年，生猪市场回暖，猪肉产量占比增加，截至 2023 年，猪肉产量占比增至 59.4%，虽未恢复至疫情前水平，但已实现较快增长（见图 7）。

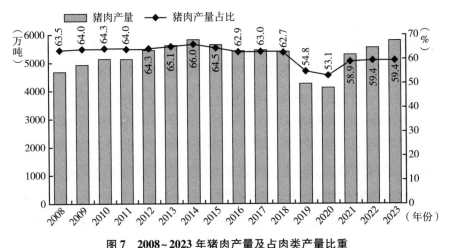

图 7 2008~2023 年猪肉产量及占肉类产量比重

资料来源：国家统计局。

从细分肉类产品产量看，2023 年我国猪肉产量为 5794 万吨，同比增长 4.6%；牛肉产量 752 万吨，同比增长 4.8%；羊肉产量 531 万吨，同比增长 1.3%；禽肉产量 2670 万吨，同比增长 4.9%（见图 8）。

（二）广东省生猪生产情况分析

广东省是生猪生产大省，为生猪生产出台多项政策和方案。为配合国家整体生猪产能调控方案，广东省建立了生猪产能调控基地，以便更好地实施生猪生产逆周期调控，稳定生猪产能，预防生产和猪价异常波动。2022 年 3 月，广东省农业农村厅发布《广东省 2022 年度国家级和省级生猪产能调控基地名单》。经养殖场自愿申报、市县农业农村部门审核、省农业农村厅复审，确定 2022 年广东省国家级生猪产能调控基地 175 个、省

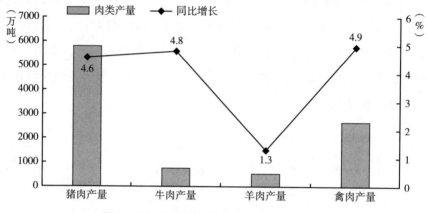

图8　2023年我国各类肉类产量及增长情况

资料来源：国家统计局。

级生猪产能调控基地193个。为更好地发挥生猪产能调控政策的保障作用，稳固基础生产能力，有效防止生猪产能大幅波动，在总结前期生猪产能调控工作实践的基础上，广东省农业农村厅制定了《广东省生猪产能调控实施方案（修订）》，自2024年7月1日起实施，有效期3年。该实施方案中提到，全省能繁母猪保有量稳定在190万头左右，规模猪场（户）保有量不低于5000户，生猪自给率保持在70%以上。全省能繁母猪正常保有量分解下达各市与相应的规模猪场（户），促使能繁母猪保有量回归至合理水平。

1. 广东省生猪存栏情况

广东省作为生猪生产大省和消费大省，除受重大疫情影响外，生猪生产基本保持稳定增长态势。2008~2023年广东省生猪存栏规模在短时间内经历大幅涨跌，但总体维持在2200万头左右，发展态势相对稳定。2008~2017年广东省生猪存栏在2100万~2400万头，存栏规模整体水平比较稳定。2018年，受非洲猪瘟影响，生猪存栏规模开始断崖式下跌，2019年减少至1334万头，为历年最低值。2020年，随着非洲猪瘟得到基本控制，生猪市场回暖，生猪存栏开始增长。2022年，生猪存栏增至2177万头，同比增长

4.9%，基本恢复至疫情前水平。2023年，生猪市场产能过剩，通过淘汰过剩产能，生猪存栏缩减至2049万头，同比减少5.9%（见图9）。

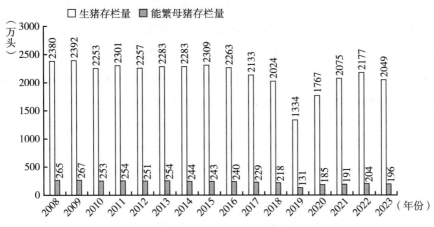

图9　2008～2023年广东省生猪存栏量及能繁母猪存栏量

资料来源：广东省统计局。

对于能繁母猪而言，其存栏规模变化与生猪存栏基本保持一致，同样是短期受疫情影响存在波动，长期发展态势相对稳定。2008～2017年，广东省能繁母猪存栏规模维持在240万头左右，基本保持稳定。2018年，受非洲猪瘟疫情暴发、养殖利润下滑及需求疲软等因素影响，能繁母猪存栏开始断崖式下跌。2019年，能繁母猪存栏跌至谷底的131万头，同比减少40%，造成未来生猪市场供给短缺的隐患。随着非洲猪瘟得到控制、市场需求回暖、扶持政策出台等利好信息的不断出现，2020年能繁母猪存栏开始呈现上升态势，截至2022年，存栏规模达到204万头，较2019年增长55.7%。结合2021年农业农村部印发的《生猪产能调控实施方案（暂行）》来看，2022年能繁母猪存栏大于正常保有量的105%，处于黄色波动区域，在政府相关调控措施与市场调节共同作用下，能繁母猪存栏量回归到正常区间。随着产能去化的成果逐渐显现，2023年能繁母猪存栏开始下降，同比减少4%。

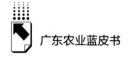

2. 广东省生猪出栏情况

2008~2023年广东省生猪出栏量整体呈平稳波动趋势。2008~2018年广东省生猪出栏量稳定在3700万头左右，部分年份达到4000万头，总体呈波动上升的趋势。2018年，受非洲猪瘟影响，生猪出栏量开始断崖式下跌，猪肉严重供不应求，导致生猪价格大幅上涨。这种下跌态势持续至2020年，生猪出栏量跌至2537万头，较2018年减少了32.5%。随着非洲猪瘟得到基本控制，生猪市场回暖，生猪存栏开始波浪式增长。截至2023年，生猪出栏量增至3794万头，较2020年增加了50%，基本恢复至疫情前出栏水平（见图10）。

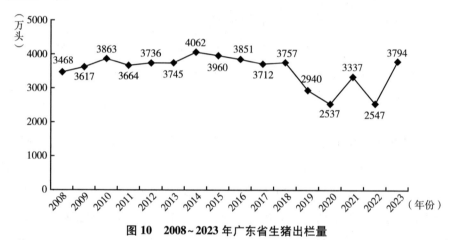

图10 2008~2023年广东省生猪出栏量

资料来源：广东省统计局。

2023年自1月起猪价整体处于成本线之下，供给大于需求，生猪企业积极增加出栏，各季度生猪出栏量均实现同比增长，也造成年末存栏量显著下降。全年生猪出栏量约为3794.0万头。全年生猪屠宰量总体增长，屠宰量约为4589.5万头，同比增长9.6%。年末生猪存栏降至2049.2万头，其中能繁母猪存栏195.8万头。

从2023年各季度分析，广东省第一季度生猪出栏991.93万头，同比增长4.1%。受第二季度仔猪出生增长影响，第二季度生猪出栏992.39万头，同比增长4.8%，生猪供应节奏加快，处于同年季度出栏量的最高位。上半年，广东生猪存栏 2065.77 万头，同比增长 2.6%，其中能繁母猪存栏 211.98 万头，同比增长 8.8%。进入下半年，受猪价低迷影响，企业生产积极性不高，出栏较前减少，存栏也持续下降。仔猪出生量环比下降 5.6%，仔猪销量环比下降 11.1%。第三季度生猪出栏量仅为 866 万头，为全年季度出栏最低值，同比增长 7.3%。第三季度末生猪存栏 2066.7 万头，环比下降 0.4%，同比下降 3.0%，其中能繁母猪 210.0 万头，环比增长 0.4%，同比增长 3.0%。猪场种猪销量下降，环比下降 5.9%。第四季度受天气和春季旺季影响，出栏整体增长，生猪出栏量约为 945.3 万头、猪肉 68.4 万吨，环比分别增长 9.4%、下降 3.9%，同比分别增长 12.2%、9.6%（见图 11）。

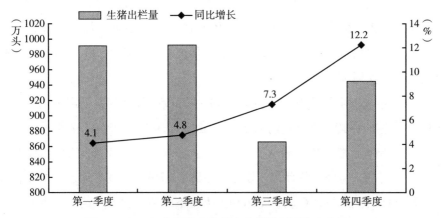

图 11　2023 年广东省生猪季度出栏量及同比变化情况

资料来源：《中国统计年鉴（2024）》。

三　全国及广东生猪价格波动状况

（一）全国生猪价格波动特征分析

我国生猪价格波动幅度较大，且具有周期性特点。2021 年 11 月 12 日，国务院印发《"十四五"推进农业农村现代化规划》，提出在"十四五"时

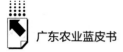

期，我国应健全生猪产业平稳有序发展长效机制，推进标准化规模养殖，将猪肉产能稳定在5500万吨左右，防止生产大起大落，形成以稳定能繁母猪存栏量为目标的生猪产能调控机制。

从2022年初开始，生猪价格进入下行周期。2022年初我国生猪价格一波多折，在春节后猪价触底反弹，直至冲上云霄，又在对市场的乐观预期中迎来年底"旺季不旺"的局面。2~3月猪价恐慌性杀跌，甚至部分小标猪也跟随性出栏，导致了2022年第二季度大猪可供给量下降。5月全国生猪平均价格连续上涨，养殖亏损减少，逐渐回归到成本线附近。虽然5月能繁母猪存栏量环比增长由负转正，但6月市场中大猪偏少，供应吃紧导致猪价连番上涨，6月末7月中猪价频繁出现单日超过1元/公斤暴涨。7月初虽有政策频繁调控，但由于市场可供应大猪整体增量不显著，加上两节备货需求，第三季度猪价大体在21~23.5元/公斤波动。2022年12月以来，生猪价格进入下跌通道。

2023年全年生猪价格整体维持在14~17元/公斤区间上下震荡，已跌回2018年发生非洲猪瘟疫情之前的水平，是自2014年以来首个全年亏损的年份，行业总体上都承担了较大的亏损压力。2023年，我国生猪产量增加，猪肉供给充足，能繁母猪存栏规模逐步下降，但仍然呈现产能过剩局面，全年生猪价格低位运行，行业企业净利润大幅下降或亏损。生猪出栏量大，猪肉产量增幅明显，长期的产能过剩，是2023年全年生猪价格低位运行的主要原因。

（二）2022~2023年居民消费价格指数（CPI）和猪价相关关系

CPI走势与猪价走势一直是经济学家和百姓所关注的问题之一。据相关数据测算，两者呈现高度正相关性。猪肉位于CPI商品篮子基本分类之首，猪价对于CPI的影响主要由以下几个因素驱动：一是猪肉在CPI篮子商品中的权重高，二是猪肉相对于其他篮子商品价格波动大，三是猪肉价格的提升对其他畜禽产品等替代品的价格提升有传导作用。

猪肉价格作为食品中权重最高的一项，2023年猪肉价格偏低位运行对

CPI 稳定运行起到了重要作用。Mysteel 农产品数据监测显示，截至 12 月 6 日，2023 年全国外三元生猪出栏均价为 15.03 元/公斤，年均价较 2022 年同期相比下跌 3.77 元/公斤，跌幅为 20.05%。从全年整体趋势来看，2023 年猪价仅出现两波明显的上涨，分别出现在 2 月和 7 月。2 月、7 月猪肉价格阶段性反弹，主要是由供需短期波动引起的，推动猪肉价格短期走高。2023 年我国 CPI 月度同比涨幅均低于 3% 左右的年度预期目标，其中 1 月涨幅最高，达 2.1%。食品和能源价格的核心 CPI 同比上涨 0.7%，工业消费品以及服务消费价格保持稳定。

（三）2022~2023年全国种猪价格与仔猪价格走势

种猪价格和仔猪价格是生猪价格重要的指标和市场走势预测的依据，是分析猪价走势的重要因素。从长周期来看，驱动仔猪价格走势的逻辑主要是产能周期的变化；从年内短周期来看，仔猪价格波动的主要原因是供需关系变化；从产业链的关系来看，仔猪的理论供应量由能繁母猪存栏量决定。2022 年全国能繁母猪存栏量整体呈先减后增的趋势，总存栏量较 2021 年有所提高。同时，2022 年母猪配种率较 2021 年略有提升，因而仔猪理论供应量较为充足，价格呈现下降态势，均价同比跌幅 37% 左右，年均价处于近五年偏低水平。

除了供应量的影响之外，需求减少也是 2022 年仔猪价格跌幅较大的重要原因，主要表现为二次育肥补栏增加以及补栏成本较高。2022 年猪价的高频宽幅震荡，使得短期补栏的盈利风险低于中长期补栏，因此养殖方短线的二次育肥补栏需求高于仔猪的中长线补栏。仔猪补栏的预期盈利较低，养殖方多选择通过缩短生猪养殖时间来最大限度换取生猪价格上涨空间，造成了市场对仔猪的需求降低。

2023 年活猪价格同猪肉价格持续低迷，"猪粮比价"多次跌入一级预警区间。上半年，全国活猪及猪肉价格持续低位运行，活猪价格整体在 14~16 元/公斤区间内震荡。进入 7 月下旬，猪价才开始较快回升。农业农村部监测数据显示，2023 年 8 月第 4 周，活猪价格达到 17.21 元/公斤，较 2023 年

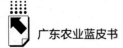

7月第2周的年内低点上涨21.3%，9月开始猪价连续下跌，直到12月，活猪价格再次跌破15.0元/公斤。国家发展改革委数据显示，反映生猪养殖盈亏情况的"猪粮比价"指标，多次进入《完善政府猪肉储备调节机制 做好猪肉市场保供稳价工作预案》确定的过度下跌一级预警区间，国家先后3次启动冻猪肉收储，一定程度上提振了市场信心。从价格波动幅度来看，2021年生猪平均价格为20.7元/公斤，当年月度价格最大价差为22.7元/公斤；2022年生猪平均价格为19.0元/公斤，当年月度价格最大价差为13.9元/公斤；2023年生猪平均价格为15.4元/公斤，当年月度价格最大价差降到3.0元/公斤以内，猪价波动幅度明显趋缓。

（四）2022~2023年广东省生猪价格波动特征分析

从2022年广东省全年的生猪价格波动来看，1~3月处于供应过剩阶段，生猪出栏价持续下降。4月13日，为了切实加强动物疫病区域化管理，统筹做好非洲猪瘟等重大动物疾病防控、生猪调运监管和生猪产品稳产保供等工作，广东省农业农村厅发布《关于进一步加强生猪及生猪产品调运管理的通知》，明确自5月1日起，暂停省外屠宰用生猪（种猪、仔猪除外）调入广东。在外省生猪调运受限后，广东本地生猪供不应求，价格上涨。2022年4月，广东省生猪存栏量环比下降0.45%，同比上升15.39%；能繁母猪存栏量环比下降0.43%，同比下降2.90%；生猪出栏平均价格为14.43元/公斤，环比上涨7.21%，同比下降44.90%。4~5月供应减少，6月整体供求平衡，出栏价持续回升，虽然肉猪养殖整体亏损，但6月末已有盈利。总的来说，2022年上半年规模化基地每出栏一头生猪平均亏损306元左右，其中1~5月持续亏损，但6月逐步回升至盈亏平衡点。

受2022年4月猪价止跌回升的影响，2022年广东省生猪存栏量持续增长，年末生猪存栏量增至2177万头，同比增长4.9%，其中能繁母猪同比增长10.9%。2022年肉猪出栏量约为3547万头，同比增长6.3%。受广东省肉猪供应总体增长影响，2022年肉猪屠宰量总体增长，屠宰量约为4186万头，同比增加317万头。

整体来看，随着 2022 年上半年生猪产能集中释放，第三季度供应量逐渐减少，商品肉猪价格开始回升，下游价格呈相同趋势。2022 年 10 月开始肉猪价格高位回落，11 月、12 月肉猪价格持续下行，白条肉批发价、猪肉零售价相应下跌。受上游肉猪出栏价影响，白条批发价格整体与商品肉猪出栏价走势趋同，全年均价为 25.1 元/公斤，同比下跌 7.7%，猪肉零售价格走势也基本一致。

2023 年 1 月春节前生猪价格下跌至成本线之下，随后缓慢回升。第二季度生猪价格整体低位震荡运行。第三季度由于前期雨季造成防疫压力，叠加台风影响运输，造成阶段性供应偏紧，肉猪价格上涨，随后趋稳。第四季度整体低位震荡运行。商品肉猪出栏价下跌。据广东省农业信息监测体系数据，12 月肉猪出栏均价为 15.3 元/公斤，环比基本持平，同比下跌 31.1%。全年肉猪出栏均价为 15.5 元/公斤，同比下跌 16.7%。白条肉批发价、猪肉零售价相应下跌。受上游肉猪出栏价影响，白条肉批发价格整体与商品肉猪出栏价走势趋同，全年均价为 21.0 元/公斤，同比下跌 16.3%，猪肉零售价格走势也基本一致。

四　广东省生猪产业链及成本收益情况

（一）生猪产业成本与收益总体情况

生猪成本和收益是产业发展的基础，在当前猪价下跌周期内"降本增效"是企业赖以生存的重要支撑，也是企业追求的目标。据广东省农业农村厅统计，2022 年广东省养殖头均成本总体呈现上涨趋势，2022 年全年总成本为 2161.6 元/头，同比上涨 3.5%。受玉米、豆粕价格上涨及防疫管理加强影响，饲料费、间接费用分别同比上涨 7.2%、5.0%。仔畜费、医疗防疫费、工具材料维修维护费下降，同比下降 2.2%、4.7%、20.4%。人工成本微降，同比下降 2.3%。2023 年，广东省养殖成本总体呈现下降趋势，2023 年全年总成本为 2129.2 元/头，同比下降 1.5%。养殖成本的下降主要

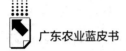
得益于占比较高的饲料费以及仔畜费成本下降。受玉米和豆粕价格下降、能繁母猪繁殖性能提高以及仔猪成活率提高等影响，饲料费、仔畜费和死亡损失费分别同比下降3.0%、10.0%和6.9%。随着防疫管理的加强，医疗防疫费、人工成本、水及燃料费、工具材料维修维护费同比分别上涨6.3%、8.8%、13.2%和14.8%。土地成本微增，同比上涨2.0%。

据广东省农业信息监测体系数据，2022年上半年规模化基地每出栏一头肉猪平均亏损306.1元，其中1~5月持续亏损，在6月已由亏损转为盈亏平衡。在第一季度仅有11.1%的规模化基地盈利，同比下降81.2个百分点，平均亏损约为484.6元/头。下半年规模化基地持续盈利，第三季度平均每出栏一头肉猪盈利556.2元，第四季度平均每出栏一头肉猪盈利779.3元，12月平均每头肉猪出栏可盈利408元。在下半年盈利支撑下，规模化基地平均盈利达到了42元/头。自2023年1月肉猪出栏价格下跌至成本线下以来，养殖基地只在2023年8月有微利，其余月份整体处于亏损状态。规模化基地2023年全年头均亏损291.2元，但仍有部分养殖成本较低的基地盈利。

（二）生猪生产结构情况

从生猪养殖主体结构来看，广东省生猪养殖主体以散养户和小规模养猪场为主，但近年来生猪养殖规模化不断提高。2022年，广东省生猪年出栏1~99头户数的占比高达72.66%。相比散户养殖而言，大规模养殖场具有综合成本低、生物防控要求高、管理效益好等特点。在非洲猪瘟和新冠疫情逐渐好转的情况下，各养殖主体开始进行复产补栏，由于中大规模养猪场的疫情防控技术优势和政策利好，其复产形势远优于散户和小规模养猪场，广东省生猪养殖行业逐步呈现规模化发展（年出栏500头及以上）的趋势。从出栏量分析，2021~2022年，出栏500头以下的养殖场出栏量占比从23.96%下降至20.04%，出栏500头及以上的养殖场出栏量占比从76.04%提升至79.96%，其中年出栏数3000~4999头和年出栏数50000头及以上的养殖场增幅较大，分别为28.80%和39.65%。从出栏户数分析，2021~2022

年，年出栏数 500 头以下的养殖场从 12.24 万户下降至 11.11 万户，年出栏数 500 头及以上的养殖场从 1.14 万户上升至 1.27 万户。

（三）不同规模养殖户收益比较

对于散养、小规模、中规模以及大规模的生猪养殖主体而言（散养养殖：年均存栏 30 头以下；小规模养殖：年均存栏 30~100 头；中规模养殖：年均存栏 101~1000 头；大规模养殖：年均存栏在 1000 头以上），2022 年散养的收益利润最低且为负收益，小规模、中规模和大规模养殖户的收益为正，最高可达每头 459.5 元的净利润。总的来说，广东省的生猪养殖人工成本随着经营规模的不断扩大而逐渐降低，规模生猪养殖户的低人工成本优势明显。2021~2022 年，在广东省不同规模生猪养殖户的生产成本项目构成中，物质与服务费用项目所占比例较高，由此可见，物质与服务费用项目支出高低是影响生猪养殖户生产成本高低的主要因素（见表 1）。

表 1 2021~2022 年广东省不同规模养殖户成本比较

项　目	2021 年				2022 年			
	散养	小规模	中规模	大规模	散养	小规模	中规模	大规模
净利润(元)	-233.06	353.10	-15.96	84.63	-277.66	414.05	459.5	310.94
成本利润率(%)	-9.46	15.95	-0.58	3.55	-10.43	18.44	20.49	14.35
物质与服务费用(元)	1725.20	2062.57	2616.38	2312.44	1911.78	2080.03	2120.68	2103.69
人工成本(元)	738.61	149.00	141.37	65.67	749.73	161.15	116.60	60.47
仔畜费(元)	400.00	755.34	1209.18	946.43	442.78	627.33	598.44	588.34
精饲料费(元)	1145.23	1211.43	1284.43	1139.01	1343.89	1365.81	1406.99	1304.53
饲料加工费(元)	0.00	0.00	0.31	0.00	0.33	0.00	0.17	0.00
燃料动力费(元)	2.07	5.33	6.58	17.46	2.68	6.01	5.46	15.51
医疗防疫费(元)	29.83	42.04	39.24	57.89	36.37	29.5	44.23	58.93
死亡损失费(元)	5.00	20.80	27.43	22.26	5.00	23.98	19.37	20.57

资料来源：《全国农产品成本收益资料汇编 2023》，中国统计出版社，2023。

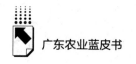

五　广东省生猪产业园及我国主要生猪养殖企业情况

（一）广东省生猪产业园建设情况

2017 年中央一号文件首次提出"建设现代农业产业园"，把做大做强优势特色产业、建设"生产+加工+科技"的现代农业产业园，作为优化产品产业结构、着力推进农业提质增效的重要载体；旨在发挥产业园技术集成、产业融合、创业平台、核心辐射等功能作用，促进农业生产、加工、物流、研发、示范、服务等功能相互融合，形成现代农业产业集群；并对产业园的规划编制、基础设施及配套服务建设、运营管理和带动升级等提出了要求。2021 年中央一号文件将建设现代农业产业园继续作为实施质量兴农战略、提升农业发展质量、培育乡村发展新动能的重要抓手。

广东省一直把创建现代农业产业园作为广东省农业农村现代化、促进乡村振兴的重中之重。2019 年 8 月，广东省人民政府办公厅出台的《关于支持省级现代农业产业园建设的政策措施》指出，2020~2022 年，省级现代农业产业园作为广东省重点建设项目，对产业园用地保障、财政和金融支持力度、税费减免、流通和品牌建设、基础设施建设、环境保护、科技与人才支持等七大板块提供政策支持，全力推动省级产业园高质量发展。

截至 2020 年 12 月，广东省级财政资金已经投入 5 亿元，撬动各地配套和社会投资超过 50 亿元，建设了 1 个畜禽种业国家级现代农业产业园和 9 个生猪省级现代农业产业园。引领推动全省新建、改扩建生猪规模养殖场 719 个，全部建成后存栏生猪达 1295.4 万头、母猪 124.6 万头，在生猪稳产保供方面发挥了重要作用。

目前，在已建设的 1 个畜禽种业国家级现代农业产业园和 9 个生猪省级现代农业产业园中，涵盖了地方猪、瘦肉型猪的畜禽种业产业园和扩繁育肥屠宰融合发展的生猪产业园，不仅实现了种质资源的保护和开发利用，还通过推进"生产+科技+加工+品牌+营销"的全产业链升级，促进了一二三产业融合发展和带动农户就业增收。广东省科学规划生猪养殖布局，充分发挥区域比较优势，分类推进珠三角产区以及粤东西北产区建设，逐步实现生猪生产布局与土地、资源、环境、经济社会发展相互协调。

（二）2022年广东省主要生猪养殖企业生产状况

根据《广东省推进农业农村现代化"十四五"规划》，"十四五"期间广东省规划建设农业农村重大项目43项，计划总投资5376亿元，包括科技支撑、农田建设、产业发展、农村人居环境整治、农房管控与风貌提升、农村公共基础设施提升等方面，将全力推动生猪产业平稳有序发展，到2025年实现出栏生猪3300万头以上，并将最低生猪出栏量纳入"菜篮子"市长负责制考核，重点打造42个生猪大县，全省能繁母猪保有量稳定在190万头左右，规模猪场（户）保有量不低于5000户，生猪自给率保持在70%以上。

2020年上半年广东省以生猪为主的畜牧业投资大幅增长147.9%，拉动第一产业投资增长33.9%，生猪产业投资达到近年高位水平。2022年，新建改扩建生猪规模养殖场615个。预计项目全部建成后可新增生猪产能近200万头，将进一步提升广东的生猪稳产保供水平。在非洲猪瘟发生后，广东的4家养猪国企广垦畜牧、越秀集团、广弘控股、广东省食出集团积极响应稳产保供号召，扩大养猪规模。此外，在其各自制定的"十四五"规划中，到2025年，广垦畜牧预计实现年出栏500万头（含对外合作200万头），越秀集团在广东布局600万头生猪产能，4家国企合计或将出栏1300万头，占广东省消费需求量的28%。除了这4家国有养猪企业，广东生猪上市企业温氏股份、广东海大集团和金新农也在不断扩大生猪的投资规模。

1. 广垦畜牧

广垦畜牧以生猪全产业链为发展方向，持续推动养猪产业规模化，针对发展养猪，广垦畜牧还制定实施了"513"战略规划，通过生猪优势特色产

业集群三年行动方案的实施，到 2025 年实现年可出栏商品猪 500 万头（其中自有基地 300 万头、对外合作 200 万头），助力猪肉市场稳产保供，其中与牧原、新希望合作的部分项目已经开工建设。

2. 越秀集团

越秀集团将生猪养殖作为食品板块的重点发展业务之一，相继在广东、贵州、湖南等地签下养猪项目，投入 400 亿~500 亿元发展生猪饲养产业，并通过房地产、金融等板块在资金等方面支持生猪养殖发展。到 2025 年，越秀集团将在广东布局 600 万头产能，在产能兑现后，或占广东全省生猪出栏量的 18%。

3. 广弘控股集团

广弘控股集团在"十四五"时期计划出栏 100 万头生猪。在 2019 年前，广弘控股集团生猪出栏量不超过 10 万头。2020 年后，广弘控股集团加大投资养猪业，相继投资惠州市广丰农牧有限公司智能数字化种猪繁育一体化项目、梅州兴宁广弘农牧规模化生猪养殖项目，两个项目投产后预计合计可新增超过 1.5 万头能繁母猪、每年 30 万头生猪出栏。

4. 温氏股份

2022 年，温氏股份毛猪销售均价为 19.05 元/公斤，同比上涨 9.55%，带动肉猪业务销售收入增长超五成。在其年报报告期末，公司能繁母猪存栏 140 万头，创历史新高。2022 年上半年，温氏股份根据政府稳价保供政策，制定了应急预案，确保整体销售畅通。下半年及时把握猪价市场回升机遇，推动销售模式改革，出台合同订单考核奖励政策，灵活实施合同销售与竞价销售策略，力争经营成果最大化；及时推动"增重增效"专项行动，实现量价齐升；深耕高价区生猪市场，强化产销区量价调控，获得了良好的经营效益。

5. 海大集团

海大集团首个生猪屠宰项目在韶关浈江落户，韶关海大集团现代生猪屠宰与冷链物流项目位于浈江区浈江工业园，是韶关市生猪优势产区现代农业产业园的核心重点项目。项目占地面积 123 亩，设计年屠宰生猪 100 万头，主要建设生猪屠宰生产线 2 条、分割线 3 条、精加工线 1 条、肉制品加工线 1 条、物流冷库 4000 吨。该项目是海大集团在打造"猪苗—动保—饲料—养猪—肉品"全产业链发展模式方面的第一个屠宰一体化试验项目。项目达产后可直接创造 700 个就业岗位,间接带动上千人就业。

6. 金新农

2022 年 7 月 12 日,深圳市市场监管局与深圳市金新农科技股份有限公司、东瑞食品集团股份有限公司两家大型生猪养殖企业在深圳签订生猪产销战略合作框架协议。根据该协议,项目投产后,将以深圳为中心,向大湾区每年提供超过 400 万头的生猪及各类肉制品,为深圳生猪供应奠定更坚实的基础。金新农仍将生猪产能扩张视作重点。根据金新农制定的《五年(2020~2024 年)发展战略规划》,计划在东北、华中、华南、华东四个重点区域内,结合"自繁自养"的产业发展模式,大力发展生猪养殖,力争在 2024 年实现年生猪出栏 560 万头。此次募投项目建设,将重点部署公司在华中和华南区域的产业布局。

六　广东省生猪产业发展存在的问题和对策建议

当前,广东省生猪生产供应形势向好,生猪产能基本恢复正常,生猪出栏节奏加快。2023 年末,全省能繁母猪存栏 195.79 万头,相当于国家下达广东省 190 万头保有量的 103%,处于生猪产能调控的绿色合理区域。年末全省生猪存栏 2049.2 万头,同比下降 6.7%,全年全省生猪出栏 3794.01 万头,同比增长 8.5%。总体来看,一是当前广东省生猪供应情况较宽裕;二是生猪供需有所改善,价格总体低位震荡运行。2023 年 1 月以来,广东省生猪价格总体下行,6 月开始价格有所反弹。下半年前期由于台风等影响,造成供应偏紧,肉猪价格上涨,涨幅趋稳处于相对高位;后期猪价整体低位震荡运行,受终端需求、养殖户心态等因素影响,经过供需博弈,国内生猪市场再度陷入供过于求的困境,猪价整体震荡下跌。2023 年,广东省生猪存栏下降,出栏创新高。

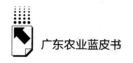
（一）存在的问题①

1.生猪产业用地困难

生猪养殖受地理因素、土地资源、城镇化率和养殖技术等因素的影响。通常在建设用地的选择上需要综合考虑基本农田避让、养殖污染治理和动物疫病防控等方面的因素，因此生猪养殖场的建设大多使用荒地和农村集体建设用地等。随着近20年来生猪规模养殖的快速发展，生猪养殖用地需求不断增加，而适合建设养殖用地的地坡不足，"用地难"成为生猪养殖业所面临的困境之一。2018年，因非洲猪瘟暴发，全国生猪产能大幅下滑，生猪价格创历史新高。为实现猪肉稳产保供，国务院各有关部门集中出台了一系列利好政策支持生猪生产加快恢复，特别是在生猪养殖用地方面。根据《中华人民共和国畜牧法》《自然资源部办公厅关于保障生猪养殖用地有关问题的通知》《自然资源部 农业农村部关于设施农业用地管理有关问题的通知》等规定，生猪养殖用地属于设施农业用地，按农用地管理，允许使用一般耕地和林地。2019年，广东印发《关于乡村振兴用地政策的补充意见（试行）》，指出生猪养殖用地作为设施农用地，在不占用永久基本农田的前提下，允许生猪养殖用地使用一般耕地。但在政策实施过程中，因生猪养殖用地并未得到明确规划，加上环保等因素，导致找地难、用地贵等问题依然存在。

2.环境制约生猪产业发展

近年来，我国非常重视环境保护，"绿水青山就是金山银山"这句话突出了我国对环境保护的重视程度。而畜牧业的畜禽养殖必定会对环境造成危害，尤其是生猪产业。为了应对畜禽养殖带来的污染，2001年国家环境保护总局颁布《畜禽养殖污染防治管理办法》；2010年，环境保护部发布《畜禽养殖业污染防治技术政策》；2013年，国务院颁布实施《畜禽规模养殖污染防治条例》，明确以综合利用作为解决畜禽养殖废弃物污染问题的根本途

---

① 袁仁强、陈瑶生、刘小红：《广东省生猪产业发展历史演变、问题与对策》，《广东农业科学》2022年第5期。

径；2014 年，十二届全国人大常委会第八次会议审议通过新版《中华人民共和国环境保护法》，对畜禽养殖场、养殖小区、定点屠宰企业等的选址、建设和管理作出明确规定。

从广东各区域生猪生产量的变化可以看出，为降低生猪养殖对生活环境的污染和生态环境的破坏，生猪养殖正从经济发展快速、城市化程度高的珠三角地区向粤西等区域转移。在环境治理方面，广东于 2009 年制定第一部《畜禽养殖业污染物排放标准》，之后相继印发《关于加强规模化畜禽养殖污染防治促进生态健康发展的意见》（2010 年）、《广东省环境保护和生态建设"十二五"规划》（2011 年）、《广东省农村环境保护行动计划（2011~2013）》、《广东省畜禽养殖水污染防治方案》（2017 年）、《广东省畜禽养殖废弃物资源化利用工作方案》（2017 年）、《广东省畜禽养殖废弃物资源化利用工作考核办法（试行）》（2018 年），以提升畜禽养殖废弃物资源化利用，推进生产发展和环境保护。养殖业的环保政策持续收紧，一方面清理了大量环保不达标的养殖场，使得生态环境得到了一定的保护；另一方面也提高了生猪养殖的进入门槛，大量的限制以及规定降低了养殖户的积极性，影响了生猪产业的发展。

3. 疫病持续影响生猪产业的发展

2018 年 8 月，我国首例非洲猪瘟在辽宁省出现，12 月传入广东省，广东首例非洲猪瘟有 22 头，其中死亡 11 头。至 2019 年，广东能繁母猪数为 131.01 万头，相比非洲猪瘟暴发前的 2017 年（229.43 万头）下降 43%；养殖户数量也从 2017 年的 46 万户减少到 12.5 万户，减少 73%。从 2017 年至 2019 年以上数据的变化足以看出，非洲猪瘟的暴发对广东乃至全国的生猪产业造成了严重冲击。从各项数据上看，2022 年末的生猪存栏、生猪出栏以及生猪价格等都基本恢复到非洲猪瘟前的水平，2023 年的年出栏量更是创下了近 7 年来的最高值，但是非洲猪瘟对生猪产业带来的冲击至今仍留有一定的影响。疫病暴发对生猪产业造成巨大损失，而且很多疫病（如猪流感、流行性腹泻）目前仍无有效疫苗。疫病得不到清除，病菌种类越来越多，给生猪疫病防控带来极大压力，十分不利于生猪行业的发展。

（二）对策建议

1. 合理规划生猪生态化养殖

2016 年，为贯彻落实《畜禽规模养殖污染防治条例》和《水污染防治行动计划》，环境保护部办公厅和农业部办公厅制定了《畜禽养殖禁养区划定技术指南》，明确并划分了生猪禁养区。同年，《全国生猪生产发展规划（2016~2020 年）》将南方水网地区划入约束发展区，广东作为南方水网地区 11 个省市之一。在多项环保政策下，广东珠三角地区的生猪生产已逐步减少。为保障、稳定广东生猪生产规模，一方面要将生猪养殖适度转移到粤北等地区，利用当地的环境优势及其他资源发展生猪产业；另一方面要发展治污减排技术，加强粪污无害化处理，推动有机肥生产利用，减少生猪养殖对自然环境带来的破坏。

2. 加强生猪产业的现代化建设

集约化、规模化、工厂化、自动化是养猪业的发展趋势，现代化设施水平程度越高，养殖效益越高。打造现代化的栏舍（如楼房猪场），一方面，可以有效阻止疫病的暴发和传染，起到强化疫病防控的作用；另一方面，可为生猪提供舒适的生长环境，并提高土地利用率，减少对自然土地的污染。改造生产设备，发展机械化、自动化设备，可在摊销人工成本的同时提高生产效率，获得更高的收益；推广集成传感器、控制器、饲喂设备等在生产中的使用，可实现精准饲喂，减少饲料浪费，降低生产成本；互联网等通信技术的发展及应用可实现信息化、智能化管理和远程管理控制。通过对产业进行现代化建设，促进生猪产业的高质量发展。

3. 加强疫病防控能力

加强疫病防控是生猪养殖中最重要的一环，要做好传染源的防控，各场户应严格把关进场的人、物、车、料等，从源头控制病原进入；做好猪舍及养殖场的日常消毒杀菌工作，定期对水和场内环境进行检疫；做好病死猪无害化处理，严防病原扩散；健全应急预案，提高突发重大动物疫情应急处理能力。加强基层畜牧兽医体系建设，增加基层防疫人员的力量，提高基层防疫人员的综合业务素质。同时，也要加强培训养殖户学习关于生猪疾病等方面的防疫知识，做好日常的生猪健康监测工作，以便第一时间发现问题，并及时采取相应的应对措施，在严格监管的前提下具备快速应对疫情的能力，进而保障生猪产业健康、稳定有序发展。

（三）前景预测

1. 规模化水平将会进一步提升

相较于农户散养，规模化养殖具有生产效率高、标准化程度高、产业链衔接配套和方便管理等优点。近年来，广东省的规模化水平不断提升，特别是由小农户散养向着规模化养殖发展。政府应当引导养殖户进行升级改造，大力建设规模化的养殖场地，走生猪养殖规模化、集约化、自动化、智能化路线。逐步加强产业集中度，建设现代化生猪种业，优化生猪屠宰加工布局。加快现代化生猪养殖废弃物资源化利用，增强环保意识，提高养殖户的绿色养殖水平，进而提高生猪产业抗风险能力。

2. 现代化生猪产业预警体系将会继续健全

政府职能部门要加强对生猪生产、流通、销售等各个环节的监测，用好规模化直联直报平台，定期调度各地生猪存栏情况和能繁母猪存栏情况，为宏观调控决策提供有效的数据支撑。同时，开展国内外生猪及产品市场风险分析，定时向社会发布市场预警分析报告，科学预测生猪市场和消费需求走势，进而科学引导养殖户生产经营决策，保护好养殖户的利益。

3. 生猪疾病防控体系将会不断完善

做好非洲猪瘟防控，落实落细各项防控措施。此外，还要做好口蹄疫、猪瘟等重大动物疫病疫苗免疫，高度关注仔猪腹泻等常见病，进一步完善生物安全机制，从硬件、软件、人员、系统等方面全面确保生物安全措施的实施，有效建立防疫安全屏障，降低疫病损失。加大生猪养殖从业者的培训力度，推广先进技术，指导生猪养殖场户调整优化饲料配方和生产工艺流程，预防生产过程中的疫病传入，利用大数据等先进技术，结合养殖场合理优化软硬件，提高自动化、标准化、智能化的养殖水平，有效预防疫病传入，实现高效养猪。

B.8
2023年广东家禽产业发展报告

谭 莹*

摘　要： 我国是世界第一大禽蛋生产国、第二大禽肉生产国，而广东又是我国家禽生产和消费大省。作为中国畜牧业产业体系的支柱之一，"十四五"期间中国家禽产业在现代畜牧业产业体系中被规划为万亿级产业，规模化、数智化、品牌化已经成为家禽产业发展的主要趋势。本文通过梳理全国及广东省家禽产业的发展概况，分析广东家禽价格波动状况、产业链发展及收益成本等。研究认为，当前广东省家禽产业发展在外部环境上面临疫情高风险、环保高要求、需求高压力等难题，在内部结构上存在规模化程度、废弃物资源化利用水平不高，屠宰加工流通方式落后等短板，家禽产业持续稳定发展和畜产品有效供给面临严峻挑战。据此，本文提出政策法规先行、建立更加科学的科技成果与人才评价激励长效机制、加大防疫科研投入、加强财政补贴和信贷支持以及提高现代化水平、提升本土品牌知名度和影响力等对策建议，为实现广东省家禽养殖规模化、产业一体化、科技创新现代化发展，构建产业持续健康发展的长效机制提供参考。

关键词： 家禽产业　产业化发展　产业链　广东省

一　引言

家禽的豢养在我国有悠久的历史，随着经济的发展和人民生活水平的提

---

* 谭莹，管理学博士，华南农业大学经济管理学院教授、博士生导师，主要研究方向为农业政策分析、畜牧经济学、农产品价格波动。

升，家禽饲养已经成为我国主要的畜牧生产之一。在家禽之中，鸡是最早豢养的家禽，其他还包括鸭、鹅、鹌鹑等。家禽产业在我国的养殖生产中占据重要地位，分为各类肉禽养殖和蛋禽养殖，产品主要包括各类禽肉和禽蛋。

改革开放40多年来，我国家禽养殖取得了飞速发展，产业链不断延长，产业规模不断扩大。家禽饲养量、禽蛋产量已连续多年保持世界第1、禽肉产量世界第2。2020年，发达国家美国年人均肉类消费量为123.5公斤，居全球首位。澳大利亚年人均肉类消费量为113.5公斤，居世界第2位。我国年人均肉类消费量为67.5公斤，猪肉消费占比不断下降，占肉类消费量的比重从2000年的65.6%下降到2023年的57.8%；同时期禽肉消费占比稳步提升，从20.2%增至25.5%。人均禽肉消费量从2000年的9.7公斤增至2022年的17.5公斤，增幅为80.4%，高于人均17.07公斤的世界平均水平。预计到2030年，我国年人均禽肉消费量约为22公斤，在肉类消费中占比达到32%。[①] 我国肉类消费还具有持续增长的潜力。从近几年猪肉与禽肉的人均消费量走势中可以看出，鸡肉是猪肉的主要替代产品，二者的人均消费量整体呈负相关关系。

近年来，国家积极出台各项措施支持促进畜禽业发展。2021年12月，农业农村部印发《"十四五"全国畜牧兽医行业发展规划》，提出到2025年要打造生猪、家禽两个万亿级产业以及奶畜、肉牛肉羊、特色畜禽、饲草四个千亿级产业。其中，家禽发展目标为禽肉、禽蛋产量分别稳定在2200万吨、3500万吨，保持基本自给，家禽养殖业产值要达到1万亿元以上；家禽养殖率先基本实现现代化，禽肉和禽蛋保持基本自给，畜禽粪污综合利用率达到80%以上，形成种养结合、农牧循环的绿色循环发展新方式；实现畜禽核心种源自给率达到78%，畜禽养殖规模化率达到78%以上；实现养殖、屠宰、加工、冷链物流全产业链生产经营集约化、标准化、自动化、智能化水平迈上新台阶。

---

① 《关于政协第十四届全国委员会第二次会议第00298号（农业水利类021号）提案答复的函摘要》，农业农村部网站，http://www.moa.gov.cn/govpublic/xmsyj/202406/t20240628_6458031.htm。

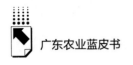
二 全国及广东省家禽产业的发展概况

2022~2023 年我国家禽产业呈现稳定增长的态势，广东省的家禽产业发展在年度内没有发生大范围的疫病，禽蛋出栏量和存栏量也稳定增长，供给充足，价格略有增长。生产成本尤其是饲料成本呈现增长趋势，利润水平保持在 6.2% 的合理区间内，发展态势良好。

（一）全国家禽产业发展形势

根据百谏方略（DIResaerch）研究统计，全球家禽市场规模呈现稳步扩张的态势，2024 年全球家禽市场规模将达到 4323.1 亿美元，预计 2030 年将达到 5464.4 亿美元，2024~2030 年间年复合增长率（CAGR）为 3.98%。亚太是全球最大的市场，其市场份额约为 41%，其次是北美和欧洲，分别约占 19% 和 18%。[①] 我国是世界上最大的家禽养殖生产国家，作为我国畜牧业的基础性产业，家禽养殖已成为我国农村经济中最活跃的增长点和主要的支柱产业。2022 年，我国家禽产业呈现稳定增长的态势，家禽产业作为我国重要的肉类产业，产业链较长，据估算，我国活禽行业总产值大约为 7352.69 亿元[②]，且有较大发展潜力。

目前，畜牧生产主体由散户向规模户、超大规模企业甚至上市公司转变，头部企业所占市场份额逐渐增大。我国家禽还以散户养殖为主，但规模养殖的趋势逐步显现，且发展迅速。其中，肉鸡产业是畜禽养殖中规模化程度最高的产业，已经形成相当的集约化生产和垄断竞争格局。2022 年全国肉鸡年出栏量达 100 万只以上的养殖场有 1929 户，根据规模化畜禽养殖的标准，规模化肉鸡养殖场定义为肉鸡年出栏量达 1 万只及以上，中国肉鸡规模养殖场占全国肉鸡养殖场的 0.63%。以白羽肉鸡生产为例，据统计，18

---

① 《养殖业细分市场：2024 年全球家禽市场规模达到 4323.1 亿美元》，搜狐网，https://www.sohu.com/a/793645504_121794459。

② 《中国活禽市场深度分析与发展战略规划报告》，杭州中经智盛市场有限公司，2022。

家集团 2023 年白羽肉鸡屠宰总量为 50.6 亿只，占全国白羽肉鸡屠宰量的 61.3%。居于前 3 位的分别是禾丰集团、圣农集团、正大（中国），白羽肉鸡屠宰量分别为 8.5 亿只、6.8 亿只、4.6 亿只。[①]

近年来，家禽养殖在全球范围内经历了由传统向现代的转型升级。规模化、自动化养殖模式的推广，有效提升了生产效率和动物福利，降低了疫病风险。然而，行业仍面临养殖环境污染、遗传资源保护等挑战，需要通过技术创新和政策引导加以解决。同时，消费者对食品安全和营养健康的关注，促使行业加强了饲料安全、抗生素使用等方面的管理，推动了绿色、有机家禽产品的开发。

我国按照稳生猪、增牛羊、强禽业、兴奶业的发展思路，加快家禽业种业创新，引导发展多层立体养殖，推进冷链体系建设，全面提升家禽生产设施化智能化水平和市场竞争力，不断满足多元化消费需求。未来，家禽养殖行业将朝着规模化、智能化、生态化、品牌化方向发展。首先，生产的集聚规模会逐渐增大，头部企业会争抢市场份额。其次，物联网、人工智能等技术的应用，将实现养殖环境的精准控制，提高资源利用率，减少环境污染。再次，生态循环农业模式的探索，如粪污资源化利用，将促进养殖业与种植业的融合发展，实现经济效益与生态效益的双赢。最后，随着社会整体生活水平的提高，人们对消费品品质的追求也越来越高，打造独立品牌是必然趋势。此外，随着全球蛋白质需求的增加，昆虫养殖等新型蛋白来源的开发，也可能为家禽养殖行业带来新的增长点。

（二）广东省家禽生产布局及产业发展

1. 广东省家禽重点发展区域

广东省大力发展畜禽标准化规模养殖，加快推进畜牧业转型升级高质量发展。为优化区域农业农村发展定位，广东省划定了 8 个家禽产业重点发展区域，包括江门市、肇庆市、惠州市、湛江市、茂名市、云浮市、清远市和

---

① 《18 家上市禽企 2023 年白羽肉鸡屠宰总量超 50 亿只》，《南方农村报》2024 年 2 月 2 日。

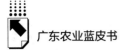

梅州市，该重点发展区域的家禽年产量在 5000 万只以上，且为广东四大名鸡（清远麻鸡、杏花鸡、胡须鸡、怀乡鸡）的养殖区域。2022 年，广东省肉鸡年出栏量达 100 万只以上的养殖场有 48 户，广东省肉鸡规模养殖场占全国肉鸡养殖场的 1.17%，高于全国平均水平。

2. 广东省家禽养殖产业发展

为推动广东省家禽养殖行业发展，广东扶持 42 个生猪大县及 8 个肉鸡重点市，以保障基本畜禽的稳定供给（见表 1），广东省为重点生产大县提供资金扶持、保险及各项环保措施的补贴等，并鼓励生产大县在自身发展的基础上，形成以畜禽产业为主导、以企业为主体、以基地为依托，产学研相结合、育繁推一体化的现代产业体系拓展上下游产业链，并进一步形成包括饲料、种猪、生猪、兽药、技术服务、屠宰、加工、冷链物流等功能的全产业链条。

表 1　广东生猪大县与肉鸡重点市

珠三角地区	生猪大县(12 个)：惠州市博罗县、惠州市惠城区、惠州市惠东县、肇庆市高要区、肇庆市广宁县、肇庆市怀集县、肇庆市四会市、江门市恩平市、江门市鹤山市、江门市开平市、江门市台山市、江门市新会区 肉鸡重点市(3 个)：江门市、肇庆市、惠州市
粤西地区	生猪大县(13 个)：茂名市电白区、茂名市高州市、茂名市化州市、茂名市茂南区、茂名市信宜市、湛江市雷州市、湛江市廉江市、湛江市坡头区、湛江市遂溪县、湛江市吴川市、阳江市阳东区、阳江市阳春市、阳江市阳西县 肉鸡重点市(2 个)：湛江市、茂名市
粤东地区	生猪大县(4 个)：揭阳市揭西县、揭阳市普宁市、汕尾市陆丰市、潮州市饶平县
粤北地区	生猪大县(13 个)：韶关市乐昌市、韶关市曲江区、韶关市南雄市、清远市阳山县、清远市英德市、清远市连州市、清远市清城区、清远市清新区、河源市龙川县、梅州市梅县区、梅州市五华县、梅州市兴宁市、云浮市新兴县 肉鸡重点市(3 个)：云浮市、清远市、梅州市

资料来源：作者根据有关资料整理。

为促进家禽种业振兴，防止种业卡脖子，发展我国的畜禽种业，广东省支持建设了 16 个家畜场、32 个家禽保种场。粤强种芯建设项目建设完善全省作物种质中长期库、水产种质资源库及畜禽基因库，持续支持全省现有 25 个国家和省级农作物种质资源保护库（圃）及原生境保护点建设，支持建设 16 个家畜场、32 个家禽保种场。建设全省种质资源大数据平台，建设 2 个以上的遗传评估重点实验室。支持成立 20 个重点行业省级实体种业创新联合体或新型育种研发中心，开展包括黄羽肉鸡、肉鸽、鹅、瘦肉型猪等畜禽品种及优势水产品种育种联合攻关，建设一批育繁推一体化示范基地。支持建设 5 个以上种业产业园，推动建设新兴与清城畜禽种业硅谷、白云农作物种业硅谷、南沙水产种业硅谷和广州种业科技产业园。重点做强特色家禽产业，突出清远麻鸡、惠阳胡须鸡、怀乡鸡、杏花鸡等特色品种，建设以梅州、惠州、江门、茂名、肇庆、清远、云浮等市为主的家禽优势区，确保全省禽肉产量稳定在 140 万吨以上，支持建设高效安全、绿色环保的标准化养殖场（小区），提升家禽养殖机械化智能化水平，推动畜禽就地屠宰，建设完善冷链配送体系，促进运活畜禽向运肉转变。

三　2023年全国及广东省家禽产量

（一）2023年全国主要家禽产量

国家统计局数据显示，2023 年我国家禽累计出栏 168.2 亿只，比上年增长 4.2%；禽肉产量 2563 万吨，增长 4.9%；禽蛋产量 3563 万吨，增长 3.1%。中国畜牧业协会监测数据显示，白羽肉鸡出栏量最大，黄羽肉鸡产量持续下降，2023 年白羽肉鸡和黄羽肉鸡累计出栏量分别为 71.95 亿只和 35.95 亿只，分别较 2022 年增加 18.14% 和下降 3.52%；白羽肉鸡、黄羽肉鸡产量分别为 1429.37 万吨和 467.31 万吨，分别较 2022 年增加 20.01% 和下降 0.85%。

2023 年，全国水禽产业总产值增长，肉鸭、肉鹅出栏量和产值均有增长。水禽产业总产值 2172.41 亿元，较 2022 年增长 2.54%。2020~2021 年，行业由繁荣转向低迷，鸭业亏损较大，随后产能进入调整期。2021年鸭肉占比回落至27%。但到2023年，鸭肉在禽肉类消费中的占比呈上升态势，为34%。2023年，商品肉鸭出栏42.18亿只，较2022年增长5.40%；肉鸭总产值1263.69亿元，较2022年增长5.04%。蛋鸭存栏1.49亿只，较2022年下降1.32%；鸭蛋产量267.05万吨，较2022年增长0.81%；蛋鸭总产值377亿元，较2022年下降3.03%。商品鹅出栏5.15亿只，较2022年增长10.04%；肉鹅产值531.72亿元，较2022年增长0.95%。

2023年，全国肉禽料产量为9511万吨，同比增长7%。蛋禽料生产以北方地区为主，2023年全国蛋禽料产量为3274万吨，同比增长2%。位居蛋禽料生产量前3的省份分别为河北省、湖北省和山东省，三省年产量分别为406.56万吨、347.03万吨和344.37万吨。

（二）2023年广东家禽、蛋禽出栏及生产状况

广东省的家禽产业在2023年度内没有发生大范围的疫病，家禽出栏量和存栏量也稳定增长，供给充足，价格略有增长。生产成本尤其是饲料成本呈现增长趋势，利润水平保持在8%的合理区间内，发展态势良好。

1. 广东家禽出栏及生产状况

2023年，广东省家禽生产供应充足，春节过后需求较为疲软，出栏量呈下行趋势，直至下半年开始回升。2023年，广东省全年出栏量约为13.7亿只，同比增长2.8%，其中肉鸡出栏量约为9.2亿只，占比67.3%；春节以及6~9月肉鸡出栏量保持在1亿只左右，其余月份肉鸡出栏量均多于1.1亿只；禽肉总产量约为194.68万吨，同比增长2.7%，月度禽肉产量均保持在14万吨及以上，其中11月更是提供了21万吨的禽肉产量，禽肉自给率约为63.1%，生鲜家禽供应主要为黄羽肉鸡，广东省黄羽肉鸡供应充足，冻品家禽供应以白羽肉鸡为主，主要依赖省外调入及进口。2023年末家禽存栏量约为4.0亿只，同比增长3.7%。

2. 广东蛋禽出栏及生产状况

广东省农业信息监测体系数据显示，2023年广东省禽蛋产量为49.9

万吨，同比增长 5.7%，鲜蛋自给率约为 46.4%，广东省禽蛋生产供应有所增加，但仍依赖省外入场。年末在产蛋鸡存栏量略有增加，同比增长 1.2%（见图 1）。

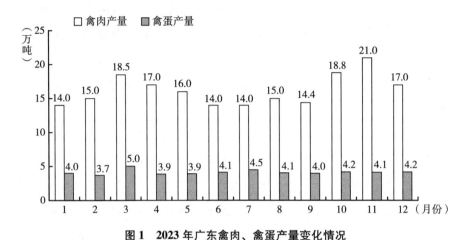

图 1　2023 年广东禽肉、禽蛋产量变化情况

资料来源：广东省农业农村厅。

四　2023年广东省家禽产销形势分析

（一）流通消费情况

2023 年上半年，流通消费情况呈现家禽流通有所减少、禽蛋流通大幅增加的特征。省内主要批发市场肉鸡总成交量有所减少，同比下降 10%。鸡蛋消费需求大幅增加，线下批发总成交量同比增长 31%。下半年，肉鸡和鸡蛋消费均基本保持对比上年同期消费量增加的趋势。2023 年餐饮等堂食活动逐渐回暖，省内主要批发市场人流量逐渐恢复往常，家禽和禽蛋成交量增加。广东省农业信息监测体系数据显示，省内主要批发市场肉鸡总成交量同比增长 6.1%。运输限制解除后，省外鸡蛋大量入场，鲜鸡蛋交易量大幅增加，总成交量同比增长 44.7%。

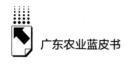

（二）市场行情分析

多数养殖基地看好 2023 年行情，开始增栏。但导致市场肉类整体供强需弱，五一、中秋等节假日消费和餐饮消费需求回暖对鸡肉消费提振作用有限，需求疲软行情总体处于低迷状态。广东省农业信息监测体系数据显示，2023 年肉鸡出栏均价为 17.2 元/公斤，同比下跌 6.5%；批发均价为 20.6 元/公斤，同比下跌 3.1%；零售均价为 38.6 元/公斤，同比下跌 0.4%。

2023 年，广东省肉鸡价格保持在 16.7~17.7 元/公斤，上半年肉鸡出栏均价有所下跌。上半年节假日对肉鸡市场提振作用有限，且猪价持续低位，肉鸡需求不振价格难以上行。上半年肉鸡出栏均价为 16.7 元/公斤，同比下跌 5%；批发均价为 20.5 元/公斤，同比上涨 3%；零售均价为 38.7 元/公斤，同比上涨 1%。下半年肉鸡出栏均价为 17.3 元/公斤，批发均价为 20.92 元/公斤，零售均价为 38.62 元/公斤，除零售价外出栏均价和批发均价均比上半年有小幅提升。

五　广东省家禽产业链及成本收益情况

（一）家禽产业链主要经营模式

1. 家禽产业经营模式的基本情况

现阶段广东省家禽的养殖有两大特点。一是养殖量大，2023 年广东省家禽出栏约为 13.74 亿只，同比增长 2.8%，居全国第 2 位；禽肉产量约为 194.54 万吨，同比增长 2.7%，居全国第 3 位，其中肉鸡出栏 9.2 亿只，全国占比 67.3%，国鸡出栏 8 亿只，全国占比 22.8%，国鸡养殖稳居全国第 1 位。因此，家禽养殖是广东农民致富、乡村振兴的支柱产业之一。二是养殖压力大，2023 年广东家禽养殖量虽大，但受养殖周期、饲料、疫病、环境、消费萎缩等因素影响，企业基本无盈利。面对以上问题，广东省的家禽产业链的主要经营模式为农业龙头企业带动、建设现代农业产业园、发展预制菜产业和培育广东特色品牌等。打造家禽产业的"双循环"，形成"供应—养殖—屠宰加工"的家禽产业生产循环，构建"种、养、品、销"的家禽品牌销售循环。总的来说，产业链覆盖了育种、疫病、营养、生产、环境、屠宰加工等环节。

在经营模式上广东省家禽产业以龙头带动为主，主要表现为"龙头企业+养殖户"的形式。以家禽企业为龙头，通过合同契约和养殖户结成较为紧密的生产经营体系，养殖户负责投资建场、提供设备和劳动力以及从事生产管理，按照公司的生产计划和技术规范进行生产，公司有偿向农户提供雏鸡、饲料、运输及技术服务等，带动养鸡户从事专业生产，并按合同价约定回收养殖户生产的肉鸡，按其饲养数量和质量提供报酬（见图2）。

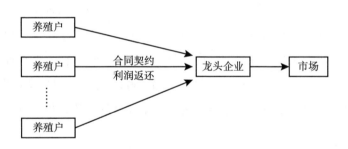

图2 广东龙头企业带动的经营模式

资料来源：作者自绘。

2. 家禽农业现代产业园建设情况

近年来，广东以现代农业产业园为引领，推进富民兴村产业发展，构建"跨县集群、一县一园、一镇一业、一村一品"的现代农业产业体系，结合乡村振兴示范带建设等工作，在更大地域和更大范围集中优势资源。其中，广东省级家禽现代农业产业园包括温氏新兴优质鸡产业园、江门市开平家禽产业园、澄海狮头鹅产业园。根据广东省家禽现代农业产业园建设要求，园区内需建有整洁干净的鸡舍，规范化、标准化的生产流水线，严格把控的防

疫措施，并在厂区内配备大数据信息平台实时监测家禽的情况。

2023 年，中国预制菜行业市场规模已达 5165 亿元，同比增长 23.1%，预计到 2026 年市场规模将突破 1 万亿元，其中 2022 年广东省预制菜市场规模为 545 亿元，同比增长 31.3%，占全国的 13%，居全国第 1 位。广东省发布的《加快推进广东预制菜产业高质量发展十条措施》是国内首个省级预制菜产业政策，旨在通过政策引导，支持和规范行业的发展，推动预制菜产业的高质量发展。广东预制菜发展前景良好，各地市也在逐步探索以预制菜全链条为定位的禽类现代产业园区。

3. 家禽特色品牌建设情况

农业品牌是农业农村现代化的重要标志。加快农业品牌打造，能够充分发挥农业品牌对全面推进乡村振兴、加快农业农村现代化发展的重要作用。自 2022 年农业农村部发布《农业品牌精品培育计划（2022～2025 年）》以来，农业品牌建设工作不断提速。近年来，广东省成功培育了一些家禽农业品牌，如清远市三源的清远麻鸡，集科研、生产和销售于一体；肇兴封开县的杏花鸡，智诚家禽育种基地是广东省原种杏花鸡的保种、育种场，基地坚持走"稳定核心育种、促进农业循环、做好高端消费"的高质量发展道路；龙门胡须鸡、信宜怀乡鸡产业善于利用网络口碑的优势，积极发展电商提升品牌影响力。

（二）饲料生产成本、利润分析

1. 饲料生产情况

饲料行业集中度不断提高，2023 年，广东省共有饲料及饲料添加剂企业 960 家，其中，205 家企业产量占企业总产量 70%，广东省年产 10 万吨级别的饲料生产单厂 128 个，饲料产业呈现集群化发展的态势。全省饲料工业总产值 1660.8 亿元，其中饲料产品总产值 1603.2 亿元，饲料添加剂总产值 57.7 亿元。饲料总产量 3610.65 万吨，同比增长 3.2%。其中，配合饲料总产量 3517.80 万吨，同比增长 3.3%（见表2）。

表2　2023年广东省工业饲料生产情况

单位：万吨，%

项目	总产量	配合饲料	浓缩饲料	添加剂预混合饲料	宠物饲料
2023年	3610.65	3517.80	25.51	64.91	2.42
同比增长	3.2	3.3	−8.1	4.7	−15.1

资料来源：中国饲料工业协会。

2.原料价格变动情况

饲料成本在家禽养殖成本中占比较高，目前我国饲料产量整体处于高位，玉米、豆粕作为饲料中主要的能量和蛋白质来源，二者的成本占饲料总成本的60%以上。因此，玉米、豆粕等农产品的价格变动将直接影响饲料产品的成本，并进一步向家禽产业链下游传导。2023年，受俄乌冲突影响，进口成本上升，饲料原料价格不断上涨，2023年豆粕、玉米价格现货整体高位运行，9月豆粕价格达到4777元/吨，玉米价格达到3013元/吨，均处于近年高位水平（见图3），导致饲料价格走高，养殖成本持续提升，进而对广东省家禽养殖的原料价格产生了影响。

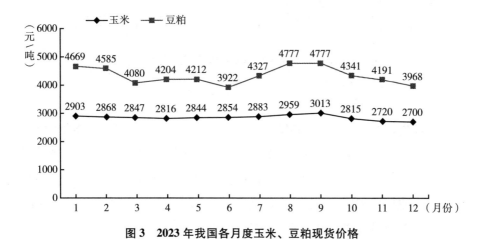

图3　2023年我国各月度玉米、豆粕现货价格

资料来源：布瑞克农业数据库。

3. 盈利情况

肉鸡养殖成本略减，但因价格行情低迷，养殖端盈利有所减少。广东省农业信息监测体系数据显示，2023年肉鸡平均养殖成本约为16.2元/公斤，同比下跌2.1%；多数养殖基地为保本微盈利状态，规模化基地平均养殖盈利1.0元/公斤，同比下跌46.5%，成本利润率为6.2%，有部分养殖场处于亏损状态（见图4）。肉鸡养殖成本中饲料成本占比达68.8%，2023年饲料原料价格下跌，肉鸡养殖饲料成本也有所下降，同比下跌8.0%。

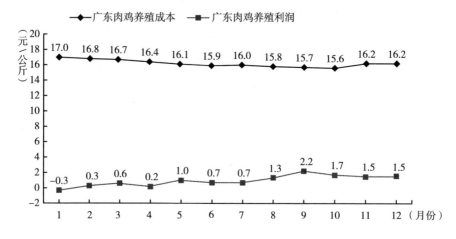

图4 2023年广东省肉鸡养殖成本、利润走势变化情况

资料来源：广东省农业农村厅。

因蛋鸡养殖基地自动化程度较高、折旧等间接费用上涨，鸡蛋生产成本有所增加。广东省农业信息监测体系数据显示，2023年鸡蛋生产成本为10.4元/公斤（见图5），同比上涨4.8%；规模化基地平均生产盈利0.9元/公斤，同比下跌4.2%，成本利润率为8.7%，部分养殖场有亏损。鸡蛋生产成本中饲料成本同比下跌3.9%，饲料成本占比较高，占总生产成本的69.1%。

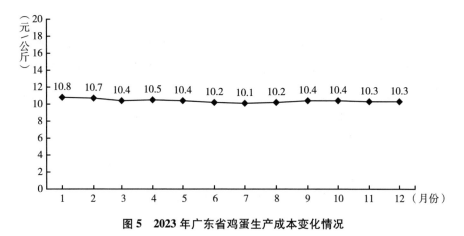

图5　2023年广东省鸡蛋生产成本变化情况

资料来源：广东省农业农村厅。

六　广东省家禽产业发展存在的问题和对策建议

（一）存在的问题

1.补齐自身发展短板压力大

一是品牌带动效应较弱。优质禽产品供给不足，结构性不足与过剩并存，阶段性过剩尤为突出；禽蛋消费较为单一、加工落后，附加值低；部分产品品质、风味难以满足消费者需求；品牌运营能力弱、高端品牌少，缺乏特色产品、拳头产品，影响着消费市场的拓展和产业溢价。

二是生产调控能力较差。只有市场配置资源与行业调控相辅相成，才能维持禽业经济良好运转。但广东省的宏观调控能力和行业自我调控能力滞后于产业发展，因此生产盲目无序、低水平重复生产、行业动荡频繁等一系列问题时常发生，制约着产业健康稳定发展。

三是运行质量和效率低。广东省多数企业科技水平较低，具有核心技术和核心竞争力的企业较少，如在种质方面，主导饲养品种对外依赖严重，商品生产中，低水平、同质化生产现象严重，议价能力差，制约产业价值和竞

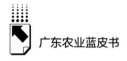

争能力的提升。

四是产业对环境影响大。目前，广东省养殖生产与废弃物消纳用地不配套，有机肥开发、应用滞后，无论是配套技术体系还是政策保障仍然较弱，种植与养殖两大板块配置错位问题突出，养殖粪污对环境影响较大。特别是近年来环保政策、法规的出台，给产业发展带来了严峻挑战。

2. 外部竞争和风险冲击大

一是国外市场竞争冲击加剧。广东的产业在国际上是开放的，国外禽产品生产效率高、成本低的优势，对广东家禽业造成了非常大的压力。反观国内家禽业，成本"地板"不断抬升，用工、用地、投入品等成本不断攀高，而在开放的市场环境下价格"天花板"封底短期内难以突破。

二是食品安全风险隐患不断。随着消费转型，人们对产品质量安全更加重视，食品安全事件往往引发消费者恐慌和对产业的不信任，影响消费甚至重创一个产业。广东食品安全风险控制和保障体系还较为薄弱，食品安全风险还存在多发性、不确定性。特别是现在信息传递便捷、渠道多元，加之信息传递过程中的失真，一旦出现食品安全问题，其对产业的影响难以估量。

三是生物安全风险压力不减。疫病问题依然是困扰家禽业的重大风险，几乎每一次大的疫情发生，都会引起生产的大幅动荡，给产业造成重创。广东生物安全屏障和疫病风险控制能力，无论是从整体上还是从单个养殖场，仍然较为脆弱，隐患较多、风险较大。禽流感疫情年年发生，不同程度影响了广东家禽生产的发展。每当禽流感发生时，家禽市场消费量锐减，价格暴跌，家禽生产者为避免损失，大幅缩减生产规模，提前淘汰种禽，严重影响家禽生产的后续发展。到后期又造成市场短期供应量不足，家禽价格暴涨，使家禽生产陷入恶性循环中，产业发展面临巨大压力和风险。

（二）对策建议

1. 政策法规先行

创造家禽核心种源创新转化的良好发展环境。家禽核心种源创新培育具有长周期、高投入特点。建议强化立法和执法，保护核心种源，确保家禽种业土地使用政策稳定和周边环境安全。促进有序竞争，严格技术性能和市场占有率相结合的绩效评价，实施精准高效财政补贴，坚决杜绝劣币驱逐良币。加强创新品种审定的科学性，提高质量和效率，加快转化进程。建议充分发挥政府引导作用，加强种业创新过程的监管、指导和服务，减少滞后评审，避免"夹生饭"甚至推倒重来，提高创新培育质量和效率，加快推广应用进程。

2. 建立更加科学的科技成果与人才评价激励长效机制

充分尊重畜禽品种创新培育的客观规律，针对长期性、基础性的产业特点，实事求是，建立具有畜禽种业特色的科技成果与人才评价、激励的长效机制，创造有利于种业创新转化和人才队伍成长的良好文化与业态。

3. 加大防疫科研投入

目前，我国面临的动物防疫工作局面复杂，不仅家禽品种多样化，还有很多新兴家禽品种，对这些种类的疫病预防和处置甚至检疫工作，都还存在一定的技术短板。面对这种形式，加大科研投入是非常有必要的，应当加强对新型家禽品种检疫工作的研究，包括制定检疫策略、分析常见疫病、宣传预防手段等。对目前较为常见的动物疫病，应继续研发或改进动物疫苗，充分研究国内外新产品研发趋势、国内动物疫病流行状况、家禽业的现实需求、新产品技术的可靠性、产业化实施可行性等因素，保障动物疫苗的稳定性和商品化，以应对全球化带来的外来动物疫病风险。

4. 加强财政补贴和信贷支持以及提高家禽生产现代化水平

促进家禽业健康稳定发展。落实国家和省制定的各项养禽业扶持政策，加大对家禽养殖的财政补贴力度，优先保护种禽场和家禽龙头企业的稳定发展，维护家禽生产者的利益。积极协调信贷资金，完善价格调节基金临时性补贴机制，建立和健全家禽产品储备收储制度，协调、指导加工储备龙头企业加大对家禽产品的储备规模，及时解决家禽产品严重滞销的问题，保障市场稳定供给。大力提高家禽生产现代化水平。积极引导家禽生产企业采用先进的技术和生产设备，加快推进家禽养殖业向规模化、标准化和现代化方向

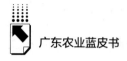

发展。着力发挥龙头企业带动作用，推进家禽产业化发展步伐，创新发展合作社生产模式，引导和支持小规模养殖户建立专业合作经济组织，提高家禽养殖组织化程度，促进家庭农场发展，增加农民收入。

5. 提升本土品牌知名度和影响力

实施品牌战略，提升家禽产品质量安全水平。引导和鼓励家禽企业树立、培育家禽品牌，促进企业规范养殖。加强家禽业投入品监管，推行家禽产品质量可追溯制度，建立家禽信息档案，严把市场准入关，努力提高家禽产品质量安全水平。加强舆论宣传引导，积极推进家禽业转型升级。大力普及家禽及其产品安全消费知识，引导公众转变消费习惯，逐步推广、扩大生鲜家禽产品消费，消除消费者的恐慌心理，恢复市场消费信心。同时，大力支持、鼓励家禽加工企业建设和提升改造屠宰、冷藏和收储等配套设施，逐步推行"集中屠宰、冷链配送、生鲜上市"的销售模式，推动家禽养殖业的可持续健康发展。

（三）发展前景展望

1. 养殖规模化发展将会进一步集中

规模化养殖相比于小规模散养，具有生产效率高、标准化程度高、便于管理等优点。近年来，产业链上游养殖端，特别是商品禽养殖由小规模散养为主向规模化、标准化养殖发展，规模化生产程度不断提高。广东省应该优化养殖规模结构，引导养殖场户升级改造，支持发展标准化规模养殖。大力引进大型企业建设现代化畜禽养殖场，积极协调解决用地、环保、防疫等手续问题，加快标准化规模养殖场落地投产，形成高质量产能。鼓励龙头企业以入股、合作等方式，带动小散养殖场户升级改造。支持龙头企业开展村企合作，统一规划建设标准化畜禽栏舍，统一饲养技术规范、动物疫病防控和粪污处理利用措施，建设高效安全、绿色环保的标准化集中养殖小区。

2. 产业发展呈现一体化趋势

在资金、技术、规模等优势帮助下，部分优势企业逐步向产业链其他环节延伸，直接打造全产业链循环的生产体系，优先形成多环节多业务的产业链多元化生产企业，保持市场优势竞争地位。产业一体化将成为行业发展重要方向。同时优化屠宰行业布局，清理撤并小散厂（场），推进屠宰标准化建设。为推进畜牧发展，2019年广东省人民政府办公厅印发了《关于加快推进生猪家禽产业转型升级的意见》（以下简称《意见》），提出到2025年，建设200个标准化屠宰企业，全省屠宰厂（场）数量压减50%以上，规模企业屠宰量占比达90%以上。[①]

3. 养殖模式将会更加绿色科学

淘汰粗放养殖模式，推广科学高效饲养技术，推进畜禽养殖废弃物资源化利用。《意见》提出到2025年，建设100个现代化美丽牧场，规模养殖场粪污综合利用率达到85%以上，粪污处理设施装备配套基本全覆盖。实施畜禽粪污资源化利用整县推进项目，支持推广清洁养殖和粪污全量收集处理利用技术模式，扶持发展第三方服务业和有机肥产业，实施有机肥替代化肥行动，促进农牧结合循环发展。推进符合入网标准的生物天然气接入城市燃气管网，落实沼气和生物天然气增值税即征即退政策，对开展畜禽养殖废弃物资源化利用的养殖场生产销售和批发、零售有机肥产品免征增值税，对开展畜禽养殖废弃物综合利用和无害化处理的养殖场，不征收环境保护税。

4. 发展更加依靠现代化和科技创新

一是加快科技创新推广。推进产学研结合，开展关键技术和设施设备攻关研究，提升畜禽业科技创新能力。引导科研机构和企业深化合作，支持建设畜禽业科技研发、交流、展示、示范平台。强化饲料研发，积极推广低氮、低磷和低矿物质饲料，发展安全、绿色、高效饲料产品。建立健全畜禽产业技术体系，发挥技术推广机构和行业协会作用，加强高效实用技术示范推广，加快科技成果转化应用。

二是实施畜禽种业振兴行动。加强品种资源保护和开发，支持建设广东省畜禽遗传资源基因库和畜禽保种场、核心育种场、良种扩繁推广基地，创

---

① 《广东省人民政府办公厅关于加快推进生猪家禽产业转型升级的意见》，广东省人民政府网，http://www.gd.gov.cn/zzzq/zxzc/content/post_3551126.html。

建以种业为龙头的畜禽科技产业园。加强新品种（配套系）选育和扩繁，开展畜禽良种联合攻关，提升主要品种核心种源自给率和育种企业国际竞争力。打造一批"粤字号"特色优质畜禽产业品牌。

5. 科学规划养殖用地，保障产业发展空间

一是保障家禽养殖用地。各地要做好生猪、家禽产业发展规划与国土空间规划的衔接，将畜禽业用地纳入国土空间规划，保障畜禽业用地需求。鼓励利用低丘缓坡、荒山荒坡、灌草丛地等建设标准化规模养殖场。允许在Ⅱ、Ⅲ、Ⅳ级保护林地建设规模养殖设施，优先保障安排林地指标，对申请使用林地材料齐全的即到即办。规模化、工厂化养殖项目用地，涉及新增建设用地的，由各地优先安排新增建设用地指标，应保尽保。结合新农村建设适当预留用地，规划建设标准化集中养殖小区，强化龙头企业或合作社带动，引导农村散养户移栏出村，发展标准化规模养殖。

二是简化养殖设施农用地备案手续。对收购、租赁、入股已有畜禽养殖场进行整改重建、升级改造，原养殖场已办理设施农用地备案的，依法办理备案主体变更。已备案设施农用地的畜禽养殖场整改重建、升级改造，在与原备案内容一致的前提下，无须重新备案。对扩建养殖设施的，依法对新增设施办理设施农用地备案。

三是规范禁养区管理。严格依法依规划定禁养区，除饮用水水源保护区、风景名胜区、自然保护区、城镇居民区、文化教育科学研究区等人口集中区域以及法律法规规定的其他禁止养殖区域之外，不得超范围划定禁养区。禁养区划定后 5 年内不得随意调整。各地要制定禁养区矢量化边界图，形成禁养区范围"一张图"。禁养区内省级以上畜禽保种场、核心育种场需关闭和搬迁的，地级及以上市人民政府应征求省农业农村厅意见。

6. 加大改革和监管力度，确保屠宰行业健康有序发展

一是优化屠宰行业结构布局。推进屠宰行业减数控量、提质增效。支持建设标准化屠宰厂（场），对新建大型标准化产加销一体屠宰加工企业予以优先审批，不受规划数量限制。督促屠宰厂（场）落实污水集中处理、达标排放，加快小型屠宰厂（场）关停并转，依法取缔不符合动物防疫和环

保要求的屠宰厂（场）。鼓励和引导屠宰企业从销区向产区转移，逐步形成与养殖规模相匹配的屠宰加工新格局。

二是加强对屠宰企业的监管。压实屠宰企业食品安全主体责任和属地政府监管责任，严格生猪定点屠宰管理，加强肉品检验检疫，实行屠宰企业非洲猪瘟自检和肉品品质检验制度，建立暂存产品抽检制度，强化溯源追踪，堵住监管漏洞，严格处置风险隐患。对定点屠宰厂（场）要足额配备官方兽医，探索建立签约兽医或协检员制度，落实检疫和监管职责。加强对官方兽医和屠宰行业从业人员的管理教育，严肃查处失职渎职人员。

三是加强肉品冷链物流体系建设。支持屠宰加工企业建设冷链仓储配送设施，减少活畜禽跨区流动。鼓励企业延伸产业链，通过自建、联建、订单、协议等方式，建立稳定的养殖、屠宰加工、冷链配送、产品销售联结机制，推进产加销一体化发展。

B.9
2022年广东水产品产业发展报告

薛春玲*

摘　要：　广东省是我国的渔业产业大省，其水产品总产量、渔业经济总产值均居全国前列，是广东省重要的经济支柱之一。分析广东省水产业发展的实际情况，发现广东水产业总产量大、单产较高，产业专业化程度较高，具有一定的比较优势，拥有良好的产业化发展平台和较强的种业创新能力。但与此同时，广东省水产业仍旧面临生产效率有待进一步提升、水产品加工能力较弱、贸易竞争力较差、渔业整体科技实力较弱以及产业附加值有待提高等问题。针对上述问题，提出以下对策和建议：优化渔业产业结构，提升现代化养殖效益；增强水产加工实力，保障食品质量安全；拓展多样化出口产品和多元化销售市场，提升水产业贸易竞争力；加快科技创新及成果转化，实施科技兴渔；加快推进渔业品牌建设，提升水产经济效益。

关键词：　渔业经济　水产品　品牌建设　广东省

一　引言

广东是海洋渔业大省，也是水产品生产、消费和出口大省，在全国占有举足轻重的地位。广东省海域辽阔，热带、亚热带气候特征明显。广东省海

---

* 薛春玲，博士，华南农业大学经济管理学院教授，广东省现代农业产业技术体系南药（广陈皮）创新团队产经岗专家，主要研究方向为农村发展、技术经济。

域面积达45万平方公里，居全国第2位，拥有4114公里的大陆海岸线，占全国的16.7%，居全国第1位；海岛岸线1650公里，占全国的12%。年平均气温超过20℃,[①] 日照充足，海区终年无冬，非常有利于水生生物的生长和繁育。内陆河流纵横，水网交织，珠江长2122公里，是中国第三大河流。优越的自然条件为渔业的发展奠定了坚实的基础。在广东省政府"渔业强省"的战略规划引导下，广东大力发展现代渔业，集约使用自然资源和生产要素，保护渔业生态环境，加快渔业生产现代化。2022年，广东省渔业经济总产值为4226.02亿元，居全国第2位，仅次于山东；渔业产值为1898.2亿元，居全国第1位，占全国渔业总产值的12.27%；水产品产量为894.03万吨，居全国第1位，占全国水产品总产量的13.02%，这些都为广东省带来了巨大的经济效益、社会效益和环境效益。然而，广东渔业在快速发展的同时，仍旧存在一些制约因素，如生产效率有待提高，传统的水产养殖面临资源、环境等多种因素制约，水产品加工能力有待提升，贸易竞争力不足等。渔业产业发展中存在发展方式粗放、结构不合理，区域发展不平衡、不协调、不可持续问题等依旧制约广东省水产业发展。[②]

二 广东省水产品产业发展现状

（一）广东省水产业生产态势

广东省海洋面积广阔，海岸线绵长，渔业资源丰富，是我国渔业经济大省。《中国渔业统计年鉴》统计数据显示，广东渔业总体发展态势良好，渔

---

① 张汉月、罗乔军、张进疆等：《广东省水产品加工产业现状及发展趋势》，《现代农业装备》2017年第5期。

② 林群、王琳、黄修杰等：《广东工厂化水产养殖发展前景与对策研究》，《广东农业科学》2011年第9期；吴锦辉：《广东现代渔业经济的现状及困境分析》，《农业与技术》2021年第1期。

业经济呈现持续、稳定的发展势头，产业规模大幅度扩大，水产品市场供给充足，渔民收入稳步增长。

自2016年以来，广东省的渔业总产量稳定，2019年首次位居全国第1，2022年继续以894.03万吨的产量稳居全国第1位。根据《中国渔业统计年鉴》统计，2016~2022年，广东渔业经济总产值从2863.09亿元增长到4226.02亿元（见表1）。2022年广东渔业第一产业（渔业产值）为1861.18亿元，占农业总产值的比重达到21.3%；第二产业为（渔业工业和建筑业产值）489.59亿元，比上一年增长6.67%；第三产业为（渔业流通和服务业产值）1875.25亿元，比上年增长1.78%。

表1　2016~2022年广东省渔业总产量及渔业经济总产值

单位：万吨，亿元

年份	渔业总产量	全国排名	渔业经济总产值	全国排名
2016	873.79	2	2863.09	3
2017	833.54	2	3146.08	3
2018	842.44	2	3452.54	2
2019	866.40	1	3623.94	2
2020	875.81	1	3840.71	2
2021	884.51	1	4022.87	2
2022	894.03	1	4226.02	2

资料来源：2017~2023年《中国渔业统计年鉴》。

广东省海水养殖和淡水养殖规模较小，但单产较高。2022年，广东海水养殖面积为166596公顷，相较其他全国主要水产生产省份面积较小，但是从单产来看，广东海水养殖单产可以达到20.39吨/公顷，仅次于福建（32.62吨/公顷）；淡水养殖面积达到307059公顷，单产达到13.94吨/公顷，在各主要水产生产省份中最高（见表2）。

表2　2022年中国主要水产生产省份海水养殖与淡水养殖面积及产量

单位：公顷，万吨

地区	海水养殖面积	海水养殖产量	淡水养殖面积	淡水养殖产量
山东	617464	556.08	154864	109.04
福建	167953	547.79	85259	91.75
广东	166596	339.67	307059	428.06
辽宁	677201	339.29	192286	83.13
广西	67393	165.65	133604	142.16
浙江	83439	149.57	167120	130.70
湖北	—	—	526602	498.06
江苏	172188	92.40	412403	351.95

资料来源：《2023中国渔业统计年鉴》。

广东省海水养殖品种结构较多样。由表3数据可以发现，广东省海水养殖的生产优势较大，尤其是鱼类，2022年鱼类产量达851381吨，占全国海水养殖鱼类总产量的44.21%，虾类和蟹类的海水养殖产量也占到全国总产量的三成以上。

表3　2016~2022年广东省海水养殖主要种类产量及占全国比重

单位：吨，%

年份	鱼类产量	占比	贝类产量	占比	虾类产量	占比	蟹类产量	占比
2016	516304	38.31	2003199	14.10	462875	36.40	66312	22.64
2017	540350	38.07	1861066	12.95	476424	35.42	66338	23.19
2018	59748	4.00	1898078	13.15	507543	36.02	74578	25.38
2019	666312	41.49	1922398	13.36	525478	36.24	80949	27.57
2020	742823	42.45	1862058	12.58	542379	36.46	87219	30.34
2021	780049	42.31	1784907	11.7	638110	40.58	85006	30.07
2022	851381	44.21	1704619	10.86	681005	40.98	90796	31.23

资料来源：2017~2023年《中国渔业统计年鉴》。

广东淡水养殖的优势略低。2022年，广东省淡水养殖的主要三个品类，都仅占全国淡水养殖总产量的一成左右，尤其是贝类，产量呈总体降低的趋势。一方面，可能是由于广东贝类养殖主要集中在近海进行海水养殖，淡水贝类养殖较少；另一方面，可能是由于贝类混养等生态养殖模式还未获得广泛产业化，且有效养殖时间短，淡水贝类养殖产量较低，效益较低（见表4）。

表4 2016~2022年广东省淡水养殖主要种类产量及占全国比重

单位：吨，%

年份	鱼类产量	占比	贝类产量	占比	虾类产量	占比
2016	3597435	12.78	16747	6.29	297328	14.63
2017	3377700	13.29	14288	6.65	255125	11.77
2018	3497894	13.75	12870	6.57	249906	9.32
2019	3668328	14.40	10658	5.62	271445	8.61
2020	3794906	14.67	5692	3.06	297571	8.55
2021	3814767	14.44	8213	4.19	314876	8.34
2022	3875007	14.30	3627	1.91	332296	8.14

资料来源：2017~2023年《中国渔业统计年鉴》。

值得注意的是，贝类的养殖具有重要的生态效益。研究表明，滤食性贝类含碳率较高，扩大近海贝类生态养殖可在实现水产增收的同时发挥贝类固碳作用，达到净化水质以及保护生物多样性的效果。华南农业大学海洋学院余祥勇教授认为，近海贝类生态养殖有望被纳入碳汇。[①] 贝壳固碳容量可观，在合适的养殖海区，在维持海域环境平衡的前提下选择固碳能力突出的贝类品种进行养殖，会对气候调节产生正向的影响，贝类养殖的价值需要得到重视。

广东省水产养殖地区结构集中。2022年，广东省的主要水产品生产城市为湛江、阳江、茂名、江门和佛山，这五个城市的水产品产量之和占全省水产品总产量的55.48%，尤其是湛江和阳江两市，水产品产量都在110万吨以上，这主要得益于两地得天独厚的资源禀赋条件，水产业是两地的重要经济支柱（见图1）。

---

① 吴利婷：《近海贝类养殖，会不会成为下一个碳汇风口？》，《南方日报》2021年12月24日。

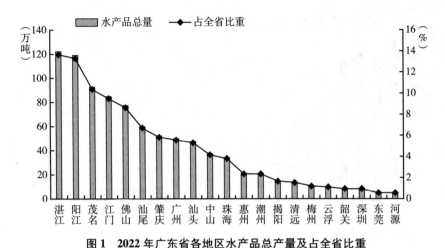

图1　2022年广东省各地区水产品总产量及占全省比重

资料来源：《广东农村统计年鉴（2023）》。

结合渔业经济总产值来看，湛江渔业经济总产值占广东省渔业经济总产值的11.50%，与其广东第一大水产品生产大市的地位相匹配，水产业的经济效益良好，而阳江的渔业经济总产值仅占到全省渔业经济总产值的7.52%，与其水产总产量占到全省的13.32%不匹配，可能是在水产养殖科技水平、水产从业者相关人才等方面存在缺口，产品附加值总体不高，以及第二、第三产业等其他方面的发展不足制约了阳江渔业发展。[①] 广州的情况恰好相反，尽管广州不是广东省主要水产品生产城市，水产品总产量仅占全省的5.57%，但2022年，广州渔业经济总产值为545.80亿元，占到全省的12.92%，这可能得益于广州的销售市场（拥有华南地区最大的水产批发市场）、发达的餐饮行业支撑，以及在水产种业、渔业科技、水产品深加工、休闲渔业等第二、第三产业实现了渔业经济价值（见图2）。

（二）广东省水产业加工态势

广东省水产加工业薄弱。总体来看，2022年广东水产加工率仅为

---

① 《阳江渔业如何实现高质量发展? 听听专家学者怎么说》，水产养殖网，https：//www. shuichan. cc/news_ view-424039. html。

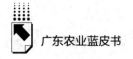

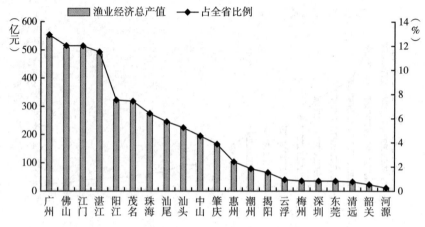

图2 2022年广东省各地区渔业经济总产值及占全省比重

资料来源：《广东农村统计年鉴（2023）》。

17.01%，远低于全国31.28%的平均加工率水平，与山东73.30%的加工率相比更是有巨大差距。从加工明细来看，广东的水产冷冻品和鱼糜制品及干腌制品的加工量较大，主要以粗加工为主，与山东、福建等水产加工发达的省份仍存在差距，尤其是精深加工领域较为薄弱（见表5）。

表5 2022年全国主要水产生产省份水产加工情况

单位：吨，%

地区	水产加工品总量	水产冷冻品	鱼糜制品及干腌制品	藻类加工品	罐制品	鱼粉	鱼油制品	其他水产加工品	水产品加工率
全国	21477911	15320045	2819151	1000774	342801	723456	61650	1210034	31.28
广东	1520347	1064989	204585	4566	51813	85021	50	109323	17.01
山东	6459335	4996688	601112	388936	126037	247714	35977	62871	73.30
江苏	1314594	626044	131375	24339	19325	1562	0	511949	26.04
福建	3974317	2637793	681691	305563	35882	28240	21480	263668	46.14
浙江	1831418	1409417	178076	30330	37579	161652	508	13856	29.46
辽宁	2287152	2266004	148069	242460	19215	63186	2881	135236	46.75

资料来源：《2023中国渔业统计年鉴》。

广东水产加工能力低，地区结构集中。从加工能力来看，广东省的水产加工能力在主要水产生产省份中相对较低，规模以上加工企业数量仅170个，在各主要水产生产省份中数量最少，冷库数量仅594座，在各主要水产生产省份中仅略高于辽宁（见表6）。加工企业基础薄弱，规模效益缺乏，这可能是导致广东水产加工率低、加工能力差的主要原因。

表6 2022年全国主要水产生产省份加工能力

地区	加工能力（吨/年）	规模以上加工企业数量（个）	冷库数量（座）
广东	2450450	170	594
辽宁	3045810	326	586
山东	8165056	511	1847
福建	5454177	402	838
江苏	2116603	319	1132
浙江	2160882	247	1065

资料来源：《2023中国渔业统计年鉴》。

从加工能力的地区结构来看，广东省的水产加工企业主要分布在汕头、汕尾、江门、湛江、茂名以及揭阳6个城市，冷库主要分布在汕头、汕尾、江门、阳江以及湛江，这与广东省水产品生产地区结构相匹配。广东省主要水产加工种类为水产品冷冻，加工能力集中在汕尾、阳江、湛江以及茂名，其次是鱼糜制品及干腌制品，主要加工能力集中在汕尾、阳江、湛江和茂名，其余加工类型的加工量较少，加工分布较少，总的来看广东水产品主要加工地为汕头、汕尾、阳江、湛江和茂名（见表7）。有针对湛江加工能力的研究认为，湛江水产加工存在质量监测体系不完善、水产加工企业综合实力较弱（企业规模小、研发能力低以及冷链保鲜能力弱）、水产加工技术水平低、精深加工少、加工设备落后、技术管理人才不足等问题。[1]

---

① 陆瑶：《湛江市水产加工业问题及对策分析》，硕士学位论文，广东海洋大学，2021。

表 7 2020 年广东省各市水产加工情况

地区	加工企业数量（个）	水产冷库数量（座）	水产加工品总量（吨）	水产品冷冻（吨）	鱼糜制品及干腌制品（吨）	罐制品（吨）	水产饲料（吨）
全省	944	566	1454584	1041549	180848	41562	80151
广州	3	8	12861	9310	3551	—	—
深圳	2	1	4795	3615	30	360	—
珠海	21	32	37490	37210	270	—	—
汕头	64	78	117179	89162	9371	28	341
韶关	—	1	—	—	—	—	—
梅州	2	—	2703	—	2703	—	—
惠州	5	3	9214	6447	2746	—	—
汕尾	56	68	190505	117119	57994	2905	2272
东莞	15	—	438	—	438	—	—
中山	21	28	39124	30678	2933	3013	—
江门	79	47	73889	41145	5892	6016	2441
佛山	20	33	57359	38167	797	18300	—
阳江	27	89	160742	106095	34058	1441	15420
湛江	120	86	332241	272823	21509	35	23768
茂名	205	29	307483	192614	29895	9450	34936
肇庆	7	6	42852	42838	—	14	—
潮州	11	18	37910	35770	744	—	973
揭阳	284	34	18489	9349	7814	—	—
云浮	2	5	9310	9207	103	—	—

资料来源：《广东农村统计年鉴（2021）》。年鉴未报告清远市和河源市的相关数据。

（三）广东省水产业贸易态势

2017~2023 年《中国渔业统计年鉴》数据显示，2022 年，广东省水产品进口量和进口额分别为 51.91 万吨和 295370.58 万美元，同比分别增长-23.38%和 5.40%；出口量和出口额分别为 61.50 万吨和 343961.49 万美元，同比分别增长 8.65%和 56.71%，贸易顺差 48590.91 万美元。可见，广东省近几年水产品进口和出口皆有波动，尤其是自 2018 年中美贸易摩擦以来，出口总额呈现总体下降趋势。在中国水产品进入净进口的大背景下，广东水产贸易保持顺差实属不易。

表8　2016~2022年广东水产品进出口情况

单位：吨，万美元

年份	进口量	进口额	出口量	出口额
2016	548886	140891.71	534246	322737.34
2017	795096	181194.37	574075	343606.22
2018	872903	262390.29	603976	358331.46
2019	556147	251697.48	572204	294986.21
2020	566169	219582.16	538035	281415.99
2021	677472	280239.19	565984	219486.71
2022	519089	295370.58	614966	343961.49

资料来源：2017~2023年《中国渔业统计年鉴》。

贸易竞争优势指数（TC）是对国际竞争力分析时比较常用的测度指标之一，其表示一国（或地区）进出口贸易的差额占进出口贸易总额的比重，TC综合考虑了进口与出口两个因素，该指标作为一个与贸易总额的相对值，剔除了经济膨胀、通货膨胀等宏观因素方面波动的影响，能够反映一国（或地区）某一产业部门在国际市场竞争中是否具有竞争优势，其计算公式为：

$$TC = \frac{(X-M)}{(X+M)}$$

其中，X为出口总额，M为进口总额。

如果TC>0，表示该国（或地区）该种产品的生产效率高于国际水平，具有贸易竞争优势，数值越大，优势越大；反之，如果TC<0，则表示该种产品的生产效率低于国际水平，处于竞争劣势。

中国主要水产生产省份贸易竞争优势指数计算结果显示，总体来看，广东仅拥有微弱的竞争优势，且这一优势在逐渐缩小，与其他主要水产生产省份相比，广东的贸易竞争优势指数较低，尤其是与浙江相比存在较大差距。2019年，可能受中美贸易摩擦影响，以及大规模的减税降费政策，尤其是水产品的进口税率下降，百姓对进口水产品的消费需求进一步释放，进口量增大，广东、江苏以及福建贸易竞争优势指数有所异常，出现较大幅度的下降，2020 年贸易竞争优势指数都有所提升（见表 9）。

表 9　2016~2020 年中国主要水产生产省份 TC 指数计算结果

年份	广东	山东	江苏	浙江	福建	辽宁
2016	0.39	0.31	0.53	0.71	0.39	0.18
2017	0.31	0.28	0.29	0.60	0.31	0.16
2018	0.15	0.24	0.40	0.58	0.15	0.14
2019	0.08	0.19	0.07	0.43	0.08	0.12
2020	0.12	0.21	0.21	0.36	0.46	0.15

资料来源：根据 2017~2021 年《中国渔业统计年鉴》数据整理计算。

（四）广东省水产市场和消费态势

据表 10 数据，广东水产市场成交额总体呈现波动上升的趋势，但是成交额较低。2019 年广东水产市场的交易额为 2856328 万元，在 6 个主要水产生产省份中，仅高于江苏，与水产市场交易活跃的山东和浙江相比有较大差距。

表 10　2015~2019 年中国主要水产生产省份水产市场交易额

单位：万元

年份	广东	山东	江苏	福建	浙江	辽宁
2015	2262028	6209201	2849551	3004917	5825815	2022158
2016	3025965	5104657	2735425	3038185	6211885	2057936
2017	2744723	5811561	2917939	3086512	6174440	4472422
2018	2895527	5054684	2785508	3761301	6489091	5059475
2019	2856328	6295550	2388233	3501445	6338437	5103229

资料来源：2016~2020 年《中国商品交易市场统计年鉴》。

从市场角度分析广东水产交易市场成交额较低的原因发现，广东水产交易市场数量较少，营业面积较小，平均市场面积较小（见表 11）。据《2020

中国商品交易市场统计年鉴》统计，2019年中国前20所水产交易市场为长沙马王堆农产品股份有限公司、沈阳水产批发市场、山东济南维尔康肉类水产综合批发市场、福州海峡水产品交易市场、武汉白沙洲农副产品大市场、舟山水产品中心批发市场、四季水产物流港（郑州市）、烟台九田国际水产品批发市场、杭州农副产品物流中心水产品交易市场、上海江阳水产品批发交易市场、上海东方国际水产中心市场、西安市方欣冷冻市场、北京大红门京深海鲜批发市场、厦门夏商国际水产交易中心、上海江杨水产品市场、广州黄沙水产交易市场、湛江市霞山区水产品批发市场、日照市岚山区安东卫海货城市场、浙江松门水产品批发市场（台州市）、大连辽渔国际水产品市场，广东省有两个市场在榜，但是排名靠后。

表11　2019年中国及主要水产生产省份的水产交易市场基本情况

地区	市场数量（个）	总摊位数（个）	年末出租摊位数（个）	营业面积（平方米）	平均市场面积（平方米/个）
全国	127	70633	65105	4583142	36087.73
辽宁	6	4148	3846	255200	850538.17
江苏	18	5799	5297	467293	25960.72
浙江	31	15437	13861	637306	204465.71
福建	9	3147	3023	293220	32580.00
山东	20	15093	14001	986948	314777.50
广东	14	4108	3859	281655	20118.21

资料来源：《2020中国商品交易市场统计年鉴》。

三　广东省水产品产业产业化发展概况

（一）广东省水产业专业化程度

本地专业化系数是分析产品生产专业化程度的指标，用于判断某产业是否为某地区的支柱性产业。计算公式为：

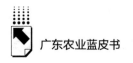
$$LSC_v = \frac{vp}{va} \times 100\%$$

其中，LSC_v表示广东水产本地专业化系数，vp 表示广东渔业经济总产值，va 表示广东农林牧渔总产值，LSC_v值越大，表明广东水产在广东农业中的占比越大，是广东农业的专业化产业，竞争优势越大。LSC_v值越小，表明广东水产在广东农业中占比越小，竞争优势越小。

广东省水产业本地专业化程度较高。从表 12 可以发现，广东水产业自2016 年以来本地专业化系数均大于 0.4，表明广东水产在广东农业中占比较大，是广东农业的专业化产业。且本地专业化系数总体呈波动上升趋势，2018 年更是达到 0.55 的高峰，一方面是 2017~2018 年广东水产产量有所增加，另一方面是渔业经济第二、第三产业产值有更大的增加，后者可能才是使得广东水产本地专业化程度提升的主要原因，2019 年后该系数有所下降，水产业生产和产值基本保持稳定提升，可能的主要原因是广东农业其他产业专业化水平有较大提升（见表 12）。

表 12　2016~2020 年广东水产业本地专业化程度

单位：亿元

年份	广东渔业总产值	广东农林牧渔总产值	本地专业化系数
2016	2863.1	6078.4	0.47
2017	3146.1	5969.9	0.53
2018	3452.5	6318.1	0.55
2019	3623.9	7175.9	0.51
2020	3840.7	7901.9	0.48

资料来源：2017~2021 年《广东农村统计年鉴》。

通常用区位商来判断一个产业是否构成地区专业化部门。区位商是指一个地区特定部门的产值在地区工业总产值中所占的比重与全国该部门产值在全国工业总产值中所占比重的比值。区位商大于 1，可以认为该产业是地区的专业化部门，区位商越大，专业化水平越高；如果区位商小于或等于 1，则认为该产业是自给性部门。一个地区某专业化水平的具体计算，是以该部门可以用于输出部分的产值与该部门总产值之比来衡量。

一个地区某一部门产值在本地区的比重与全国同一部门在全国的比重之比，具体计算公式可表示为：

$$R_{ij} = \frac{e_{ij}/e_j}{E_i/E}$$

式中，R_{ij}表示 j 区域 i 产业的区位商，具体到本文，e_{ij} 是广东省渔业产业经济总产值，e_j 是广东省生产总值，E_i 是我国渔业经济总产值，E 是我国生产总值。

广东省水产业是本地区的专业化部门。从图 3 来看，自 2016 年，广东水产业的区位商指数逐年提高，且指数均大于 1，可以认为水产业是广东地区的专业化部门。据《2021 中国渔业统计年鉴》，广东省草鱼、鳜鱼、鲈鱼、乌鳢、鳗鲡、罗非鱼、罗氏沼虾等 10 个淡水鱼品种的养殖产量均居全国第 1 位，鲈鱼、军曹鱼、鲷鱼、石斑鱼、南美白对虾、青蟹等 10 多个海水养殖品种的养殖产量均居全国第 1 位，不仅与国内各省份交易密切，是中国鱼虾产品主要供应省份之一，更是输出海外。

图 3　2016~2020 年广东省水产业区位商指数

资料来源：整理自 2017~2021 年《中国渔业统计年鉴》以及 2017~2021 年《中国统计年鉴》。

（二）广东省水产业比较优势分析

效率优势指数 EAI（Efficiency Advantage Indices）主要是从资源内涵的生产力的角度来反映产业的比较优势，可体现生产效率，效率优势指数的计算公式为：

$$EAI_{ij} = \frac{AP_{ij}/AP_i}{AP_j/AP}$$

式中，EAI_{ij} 是 i 区 j 种水产养殖方式的效率优势指数，AP_{ij} 是 i 区 j 种水产养殖方式的单产，AP_i 是 i 区水产养殖单产，AP_j 是全国 j 种水产养殖方式的单产，AP 是全国水产养殖的平均单产。EAI_{ij} 数值越大，表示优势越大；反之亦然。

由表 13 可以看出，2020 年淡水水产养殖效率优势指数 EAI>1 的地区包括江苏、辽宁以及广东，其效率优势指数值分别为 1.35、1.12 和 1.03，因此，效率优势最显著的地区为江苏。2016~2020 年，江苏效率优势指数保持较高位的稳定，辽宁则呈现效率总体下降的趋势，广东省 EAI 指数呈现总体递增的良好势头，但与江苏、辽宁存在一定的差距，在 6 个主要水产生产省份中位于中上游水平，这可能与政府对淡水养殖的大力扶持、养殖技术和病害防治更加成熟有关。

表 13　2016~2020 年中国主要水产生产省份淡水及海水养殖效率优势指数

年份	淡水养殖效率优势指数					
	广东	山东	江苏	福建	浙江	辽宁
2016	0.99	0.91	1.31	0.58	0.82	1.36
2017	1.01	0.87	1.36	0.49	0.82	1.26
2018	1.01	0.82	1.34	0.50	0.85	1.29
2019	1.02	0.83	1.34	0.50	0.86	1.24
2020	1.03	0.90	1.35	0.49	0.84	1.12

续表

年份	海水养殖效率优势指数					
	广东	山东	江苏	福建	浙江	辽宁
2016	0.95	0.80	0.95	1.30	0.71	0.52
2017	0.91	0.76	0.91	1.27	0.68	0.50
2018	0.92	0.78	0.91	1.16	0.69	0.52
2019	0.90	0.77	0.90	1.12	0.69	0.52
2020	0.89	0.74	0.92	1.14	0.71	0.51

资料来源：整理计算自 2017~2021 年《中国渔业统计年鉴》。

2020 年海水水产养殖效率优势指数 EAI>1 的地区仅有福建（1.14），各主要水产生产省份的海水养殖效率均不高。而广东海水工厂化水产养殖效率优势指数为 0.89，同样位于中上游水平，但与具备优势的福建相比有较大劣势，且呈现总体下降的趋势。因此，在海水水产养殖效率方面，广东省整体上处于劣势地位。

这种劣势地位的原因可能来自如下几点。首先，广东海域辽阔、海岸线漫长，极易受到赤潮、台风等自然灾害的影响，限制了海水养殖的发展。其次，受海水养殖品种退化大趋势的影响，广东水产养殖的流行病较多、苗种成活率不高，致使养殖品种生长减缓，严重影响了单产的提高，如九孔鲍和黑鲍。[1] 最后，据黄文积和袁蓓的测算，广东海水养殖效率低，竞争力评分中生产条件与规模、相关产业支持和科技支持评分低、排名靠后，这三点也是限制广东海水养殖效率优势提高的重要因素。[2]

规模优势指数 SAI（Scale Advantage Indices）以水产养殖面积为基础，可以综合反映消费需求、养殖模式、养殖投入以及资源状况等多个方面的影响，其计算公式为：

$$SAI_{ij} = \frac{GS_{ij}/GS_i}{GS_j/GS}$$

---

[1] 石秋艳：《广东工厂化水产养殖竞争力评价研究》，硕士学位论文，广东海洋大学，2015。

[2] 黄文积、袁蓓：《高质量发展要求下我国海水养殖业竞争力评价》，《中国渔业经济》2021 年第 4 期。

其中，SAI_{ij} 是 i 区 j 种水产养殖方式的规模优势指数，GS_{ij} 是 i 区 j 种水产养殖方式的养殖面积，GS_{ij} 是 i 区水产养殖面积，GS_{ij} 是全国 j 种水产养殖方式的养殖面积，GS 为全国水产养殖的面积。SAI_{ij} 数值越大，优势越明显；反之亦然。

这一指数主要反映的是某地某种水产养殖方式的养殖规模及其专业化程度。从表 14 不难看出，2020 年所有主要水产生产省份的淡水水产养殖规模优势指数都小于 1，从高到低分别是江苏、浙江、广东、福建、辽宁和山东，其中江苏和浙江的优势较明显，广东省的规模优势指数为 0.911，处于中上等水平，规模优势较为稳定。2020 年 6 个省份的海水水产养殖规模优势指数都大于 1，从高到低分别是山东、辽宁、福建、广东、浙江和江苏，其中以山东和辽宁的优势最为显著，达到 2.5 以上，广东省的规模优势指数为 1.225，也拥有较大的规模优势。数据显示，广东淡水和海水养殖的规模优势指数较为稳定，整体处于主要水产生产省份中的中等水平，尤其是淡水养殖方面有较大的提升空间。

表 14　2016～2020 年中国主要水产生产省份淡水及海水养殖规模优势指数

年份	淡水养殖规模优势指数					
	广东	山东	江苏	福建	浙江	辽宁
2016	0.911	0.389	0.979	0.500	1.002	0.286
2017	0.915	0.372	0.966	0.495	1.004	0.285
2018	0.914	0.378	0.984	0.483	0.963	0.284
2019	0.910	0.361	0.975	0.480	0.943	0.294
2020	0.911	0.308	0.982	0.486	0.944	0.314
年份	海水养殖规模优势指数					
	广东	山东	江苏	福建	浙江	辽宁
2016	1.227	2.557	1.053	2.276	0.994	2.821
2017	1.220	2.617	1.088	2.301	0.991	2.841
2018	1.217	2.568	1.040	2.302	1.092	2.803
2019	1.231	2.640	1.065	2.336	1.147	2.812
2020	1.225	2.748	1.046	2.299	1.142	2.734

资料来源：整理计算自 2017～2021 年《中国渔业统计年鉴》。

综合优势指数 AAI（Aggreg-ated Advantage Indices）是效率优势指数与规模优势指数的综合结果，能够更为全面地反映一个地区水产养殖的优势度。规模优势指数是从规模的大小说明专业化水平，效率优势指数是从产出上说明优势状况，而综合优势指数把规模优势指数和效率优势指数结合起来，则可全面地反映这个问题。综合优势指数的计算公式为：

$$AAI_{ij} = \sqrt{EAI_{ij} \times SAI_{ij}}$$

从表 15 可以看出，2020 年，仅江苏省淡水水产养殖的 AAI>1，综合比较优势较为显著，广东省 AAI 值为 0.97，排名第 2，也具有较高的综合比较优势。从历年 AAI 指数变化情况来看，江苏、广东和浙江的综合优势较为明显，广东省淡水水产养殖 AAI 指数基本保持在 0.9 以上，变化比较平稳。2020 年，福建、山东、辽宁和广东的海水水产养殖 AAI>1，其中福建的综合优势指数为 1.62，综合比较优势在 6 省中最为明显。广东省的 AAI 指数为 1.04，较广东省淡水水产养殖的 AAI 水平稍显优势，但与福建、山东和辽宁水平相比仍有差距。

表 15　2016~2020 年中国主要水产生产省份淡水及海水养殖综合优势指数

年份	淡水养殖综合优势指数					
	广东	山东	江苏	福建	浙江	辽宁
2016	0.95	0.59	1.13	0.54	0.91	0.62
2017	0.96	0.57	1.15	0.49	0.91	0.60
2018	0.96	0.56	1.15	0.49	0.90	0.61
2019	0.96	0.55	1.14	0.49	0.90	0.60
2020	0.97	0.53	1.15	0.49	0.89	0.59
年份	海水养殖综合优势指数					
	广东	山东	江苏	福建	浙江	辽宁
2016	1.08	1.43	1.00	1.72	0.86	1.21
2017	1.05	1.41	1.00	1.71	0.86	1.19
2018	1.06	1.42	0.98	1.63	0.84	1.21
2019	1.05	1.42	0.98	1.61	0.85	1.21
2020	1.04	1.43	0.98	1.62	0.86	1.18

资料来源：整理计算自 2017~2021 年《中国渔业统计年鉴》。

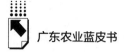

总的来看，广东综合优势主要受海水养殖效率以及淡水养殖规模的制约，需要加强海水养殖技术支撑体系建设，提高海水养殖效率，淡水养殖需要进一步集约化，除了扩大养殖面积，更要提升单产效率，重视病害多发以及滥用药物问题。

（三）广东省水产产业发展平台

广东渔业谋求转型发展，产业结构正逐步优化，但发展不平衡不充分等问题依然存在。为了不断创新现代渔业产业体系，大力发展绿色水产养殖业，拓展休闲渔业，打造水产品牌，促进一二三产业融合发展，广东建设了多个国家级和省级水产产业园。

自 2017 年以来，广东省共建设 12 个国家级现代农业产业园，其中广东省湛江市坡头区现代农业产业园以水产对虾为主导建设。湛江市对虾养殖逐渐形成完整产业链，对虾产业也成为湛江市坡头区的特色优势产业和支柱产业，2019 年 6 月，坡头区现代农业产业园入选国家现代农业产业园，成为湛江市唯一以对虾为主导的国家级现代农业产业园。园区主导产业为对虾养殖，总面积 25 万亩（含水域），其中对虾养殖面积超 5.6 万亩。依托现代农业产业园建设，坡头区加大资金投入，打造产业园核心养殖区养殖池塘集中取水排水工程，提高了用水效率，降低了用水成本，实现了养殖尾水集中处理，显著改善了养殖生态环境质量。同时，园区实施了联农带农标准化虾塘改造、水产养殖尾水处理系统工程、园区道路建设，改善对虾养殖生产条件，由政府财政支持升级更新生产设备，聘请专家授课指导，促进养殖户、产业园、专家学者之间形成长期的合作关系。园区条件不断完善，吸引了更多养殖户在此经营。打造对虾一二三产业融合发展先导区，加快对虾产业数字化升级，建成了产业园对虾智慧信息平台，搭建了对虾产业大数据基础平台，建立了覆盖产业园对虾基地的数据采集上报机制，建成对虾文化、科技与科普的数字化展示中心。推动工厂化对虾养殖数字化改造升级，提升智慧养殖设施装备，建成一批对虾养殖数字工厂示范基地。建设对虾质量监督检验和溯源中心，对全区对虾生产过程和质量全程追溯，提高产品质量、可信度及附加值。实施渔业休闲观光项目，以沿海岸线渔旅融合示范带为核心，着力探索"园区+景区+渔家乐"的联动发展模式。

至2022年，广东省已建设29个涉及水产业的省级现代农业产业园，较为均匀地分布在珠三角地区和粤东粤西地区，其中珠三角建设11个（广州2个、佛山3个、江门3个、惠州1个、中山1个、肇庆1个）、粤西10个（茂名3个、阳江4个、湛江3个）以及粤西8个（汕头3个、汕尾3个、梅州1个、揭阳1个）（见表16）。建设性质各不相同，划分为优势产区现代农业产业园、特色产业园、跨县集群产业园以及功能性产业园等。2018~2019年水产类省级现代农业产业园主要按品类建设，如江门市台山市鳗鱼产业园、茂名市茂南区罗非鱼产业园、阳江市阳东区对虾产业园以及湛江国联水产（吴川）对虾产业园，2020~2021年，水产类产业园建设转向以多品种养殖，更强调水产种业渔业科技、水产品深加工、休闲渔业、环保技术等一二三产业融合发展，以及品牌打造，到2022年新增跨县集群以及功能性产业园（广东省南美白对虾现代种业产业园），谋求进一步集群化发展，更加强调科技支撑，产学研合作突破种业"卡脖子"技术以及名优品种的养殖。

比较效益不高，产业全但链条不长，第一产业大而精深加工发展不足，二三产业带动能力弱，产业融合度不高是中国渔业产业普遍存在的问题。[①] 依托水产现代农业产业园建设，有利于促进广东水产业向高效益、全产业链融合发展。近年来，休闲渔业快速发展，市场拓展空间十分广阔，成为渔业经济的新增长极。据《广东年鉴2021》数据，2020年，广东休闲渔业产值119亿元，从2017年的全国排名第11跃居全国第2。至2020年底，全省建成国家级休闲渔业示范基地19个、省级休闲渔业示范基地49个，获农业农村部认定"国家级示范性节庆（会展）"3个、"最美渔村"1个、"国家海洋公园"6个。除专门的休闲渔业示范基地，多个水产现代农业产业园也积极发展休闲渔业，以广州番禺区名优现代渔业产业园为例，产业园利用番

---

① 乔金亮：《养殖业谋求转变方式　中国渔业何以"减量增收"》，《决策探索》（上）2018年第3期。

禺国家全域旅游示范区优势，利用莲花山国家级中心渔港、莲花山景区、海鸥岛等资源，全力打造休闲渔业新标杆。发展观光旅游、科普教育、民宿美食等休闲渔业业态，大力发展园区第三产业，探索"渔村占股、渔民参与、企业主导"的运营模式，带动渔民致富，实现渔村振兴。①

表16　2018～2022年广东省水产类现代农业产业园名单

建设批次	产业园名称	所属地区	建设性质
2018年第二批	江门市台山市鳗鱼产业园	江门	省级现代农业产业园
	茂名市茂南区罗非鱼产业园	茂名	
2019年第一批	汕尾市城区水产产业园	汕尾	
	阳江市阳东区对虾产业园	阳江	
2019年第二批	江门市水产产业园	江门	
	湛江国联水产(吴川)对虾产业园	湛江	
2020年第一批	湛江市深海网箱养殖优势产区产业园	湛江	优势产区现代农业产业园建设
	惠州市粤港澳流动渔民深海网箱养殖产业园	惠州	2020年粤东粤西粤北地区第一批特色产业现代农业产业园建设
	阳江市深海网箱养殖产业园	阳江	
	阳江市阳西县程村蚝产业园	阳江	
	茂名市电白区对虾产业园	茂名	
	广州市番禺区名优现代渔业产业园	广州	2020年珠江三角洲地区第一批自筹资金建设现代农业产业园
	广州市花都区渔业产业园	广州	
	佛山市南海区九江鱼花产业园	佛山	
	佛山市顺德区优质草鲩产业园	佛山	
2021年第一批	汕头市濠江区水产产业园	汕头	特色产业园
	肇庆市鼎湖区水产产业园	肇庆	
2021年第二批	梅州市梅江区水产产业园	梅州	特色产业园
	汕尾市城区晨洲蚝业产业园	汕尾	
	茂名市化州市水产产业园	茂名	
	佛山市三水区渔业产业园	佛山	珠三角自筹资金建设
	中山市三角镇生鱼产业园	中山	
	江门市新会区南美白对虾产业园	江门	

---

① 孙岁寒：《三个关键词解读番禺"渔业王国"》，《南方农村报》2022年8月11日。

续表

建设批次	产业园名称	所属地区	建设性质
2022年	广东省海洋渔业跨县集群产业园	阳江	跨县集群产业园
	广东省南美白对虾现代种业产业园	湛江	功能性产业园
	汕头市南澳县水产产业园	汕头	特色产业园
	汕头市金平区水产产业园	汕头	
	汕尾市陆丰市水产产业园	汕尾	
	揭阳市惠来县鲍鱼产业园	揭阳	

资料来源：广东省农业农村厅网站。

四　广东省水产品产业科技支撑与品牌建设概况

（一）广东省水产业科技支撑情况

广东省水产良种培育能力较强。广东坚持"科技兴农、良种先行"，水产种业得到快速发展。全省农业种质资源保护利用能力、育种创新能力、供种保障能力、种业服务能力和企业核心竞争力明显增强，种业"产学研用"深度融合，至2022年，广东通过国家审定的畜牧水产新品种（配套系）合计73个，在全国占比近两成。[①] 2017~2022年，广东培育经国家审定通过的水产品种达15个，其中，广东的南美白对虾自主选育工作走在全国前列，早在2010年就成功培育出"中科1号""中兴1号"新品种，实现了国产南美白对虾新品种"零的突破"。目前，中国培育的11个凡纳滨对虾（即南美白对虾）新品种，由广东省主导选育的就有7个，分别为"中兴1号""中科1号""海兴农2号""正金阳1号""兴海1号""海兴农3号""海茂1号"，凡纳滨对虾养殖业是广东乃至全国水产养殖的支柱产业，对沿海

[①] 叶卡斯：《打破国外垄断！广东南美白对虾品种培育取得重大突破》，《广州日报》2022年8月4日。

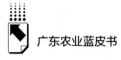

地区经济发展、增加渔民收入、维持农村渔业经济的稳定发展等方面具有举足轻重的作用,"海茂1号""海兴农3号"等性状优良稳定的凡纳滨对虾新品种的出现,有利于打破种源受制于人的现状,大大促进了水产业的发展(见表17)。

表17　2017~2022年广东省获国家审定水产新品种

审定年份	品种名称	育种单位
2017	凡纳滨对虾"海兴农2号"	广东海兴农集团有限公司、广东海大集团股份有限公司、中山大学、中国水产科学研究院黄海水产研究所
	长珠杂交鳢	中山大学、广东海大集团股份有限公司、佛山市南海百容水产良种有限公司
	虎龙杂交斑	广东省海洋渔业试验中心、中山大学、海南大学、海南晨海水产有限公司
2018	凡纳滨对虾"兴海1号"	广东海洋大学、湛江市德海实业有限公司、湛江市国兴水产科技有限公司
	凡纳滨对虾"正金阳1号"	中国科学院南海海洋研究所、茂名市金阳热带海珍养殖有限公司
2019	大口黑鲈"优鲈3号"	中国水产科学研究院珠江水产研究所、广东梁氏水产种业有限公司、南京帅丰饲料有限公司
2020	中华鳖"珠水1号"	中国水产科学研究院珠江水产研究所、广东绿卡实业有限公司
	罗非鱼"粤闽1号"	中国水产科学研究院珠江水产研究所、福建百汇盛源水产种业有限公司
2021	禾花鲤"乳源1号"	中国水产科学研究院珠江水产研究所、乳源瑶族自治县畜牧兽医水产事务中心、广东省渔业技术推广总站、乳源瑶族自治县一峰农业发展有限公司、广东梁氏水产种业有限公司
	翘嘴鳜"广清1号"	中国水产科学研究院珠江水产研究所、清远市清新区宇顺农牧渔业科技服务有限公司
	建鲤2号	中国水产科学研究院淡水渔业研究中心、深圳华大海洋科技有限公司
	全雌翘嘴鳜"鼎鳜1号"	广东梁氏水产种业有限公司、中山大学

审定年份	品种名称	育种单位
2022	凡纳滨对虾"海兴农3号"	湛江海兴农海洋生物科技有限公司、中国水产科学研究院黄海水产研究所、中山大学、广东海兴农集团有限公司
	杂交鳢"雄鳢1号"	中国水产科学研究院珠江水产研究所、佛山市南海百容水产良种有限公司、中国科学院水生生物研究所、海南百容水产良种有限公司、广东海大集团股份有限公司
	凡纳滨对虾"海茂1号"	海茂种业科技集团有限公司、中国科学院南海海洋研究所、广东金海角水产种业科技有限公司、青岛卓越海洋集团有限公司

资料来源：整理自农业农村部渔业渔政管理局公告，包含广东自主培养品种及联合培养品种。

广东省疫病防治支持能力较强。据全国水产技术推广总站公布的2022年水生动物防疫系统实验室检测能力验证结果①（包括鲤春病毒血症等15种检测项目），在2022年参检并达到验证结果满意的224个单位中，广东检测机构数量达49个，与2017年相比数量有所增加。检测能力覆盖了受检验的所有疫病项目，其中各检验结果达到满意级别的项目所匹配的检测机构数量如下：鲤春病毒血症7个，传染性造血器官坏死病8个，病毒性神经坏死病15个，罗非鱼湖病毒病17个，草鱼出血病17个，锦鲤疱疹病毒病17个，鲫造血器官坏死病10个，包纳米虫病9个，白斑综合征24个，虾肝肠胞虫病21个，十足目虹彩病毒病22个，急性肝胰腺坏死病21个，传染性皮下和造血组织坏死病26个，对虾病毒性偷死病15个，鲤浮肿病15个，为广东水产疫病的防治提供了重要的检疫支撑。为进一步解决实际养殖过程中鱼病发生时养殖户面临的两个主要问题，即专业检测机构的昂贵收费，专业检测机构距离远以及控制鱼塘鱼病扩散的急迫需求间的矛盾，2022年广东打造了首个塘头水产疫病检测实验室，由中国太平洋财产保险股份有限公司广东分公司与广州双螺旋基因技术有限公司合作共建并正式落户广州市花

---

① 《全国水产技术推广总站关于公布2022年水生动物防疫系统实验室检测能力验证结果的通知》，全国水产技术推广总站、中国水产学会网站，http://www.nftec.agri.cn/tzgg/202210/t20221009_7903028.htm。

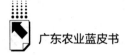

都区。以"太保 e 检站"为依托,为农户提供"保防救赔"一体化的服务,通过"保险+防灾"的创新模式,更科学防治养殖鱼类病虫害,推动水产养殖业健康发展,提高渔民经营效益。

广东省渔业科技推广投入大。据《2021 中国渔业统计年鉴》数据,2020 年广东水产技术推广经费达 3.34 亿元(深圳另外统计,为 2446 万元),仅次于江苏(3.53 亿元),居全国第 2 位,其中市级技术推广站投入最多,达 1.32 亿元,乡镇站次之,为 5242 万元。但是在技术推广机构数量上,广东仅有 663 个水产技术推广机构,居全国第 11 位,远低于全国推广站最多的广西(1032 个),在结构分布上乡镇站数量最多达 545 个,而投入资金最多的市级站仅 20 个。在人员配置上,广东水产技术推广站的人员配置较为充足,达 2360 人,仅次于山东和广西,人员主要配置于乡镇站。2020 年,广东拥有水产技术推广机构自有试验示范基地 113 个、技术推广机构合作试验示范基地 147 个,试验示范基地数量名列前茅,但是养殖面积小。

(二)广东省水产产业品牌建设

据广东省农业农村厅"一村一品、一镇一业"相关资料,自 2019 年以来,经过 4 轮专业镇建设、3 轮专业村建设,目前广东省已建设 203 个水产类专业村及专业镇。其中,水产养殖专业村镇 45 个,水产加工专业村镇 3 个,水产种苗专业村镇 18 个,以及专业品种养殖村镇 137 个,涵盖鱼类、虾类、龟鳖、蟹类、贝类等多个品种,以专业村镇为基础,打造村镇特色品牌。以中山市港口镇(水产养殖)专业镇为例,2020 年,中山市港口镇获评广东省"一村一品、一镇一业"水产养殖专业镇,建立流通可追溯体系,促进商品流通,产品远销南美、欧洲和非洲等市场,实施品牌战略,宝平牌草鱼、鲮鱼、鳙鱼先后被中国绿色食品发展中心认定为"绿色食品",并获得"广东省名牌产品"称号,宝平牌草鱼、鳙鱼还获得"广东名鱼"称号。宝平鱼在中山、广州等地建立了品牌连锁销售体系,得以获取市场溢价。

当前,广东省水产类地理标志农产品包括斗门白蕉海鲈、大桥石鲤、金湾黄立鱼、信宜凼仔鱼、清新桂花鱼、台山蚝、梅州市的客都草鱼、顺德鳗鱼、台山鳗鱼、台山青蟹，国家地理标志保护产品包括南澳牡蛎、文鲤、文鲩、麦溪鲩、麦溪鲤、中山脆肉鲩、罗定皱纱鱼腐。可见，广东已拥有多个水产"名牌"，但是许多广东名优水产的品牌影响力有限，与同为地理标志农产品的阳澄湖大闸蟹等的影响力有较大差距，如何扩大广东水产品牌的全国知名度，乃至打开国际知名度，是重要议题；而在国家地理标志保护产品方面，广东水产受保护的仍旧以初级水产品为主，水产加工食品类仅罗定皱纱鱼腐一种，在预制菜快车道背景下，要推进渔业高质量发展和现代化建设，离不开水产预制菜产业发展，产销对接、菜式研发，让广东水产行业从产品研发、加工、销售走上预制菜品牌化道路，这是促进水产业现代化、乡村振兴现代化的重要途径。

五 广东省水产品产业面临的问题与对策建议

（一）广东省水产业面临的问题

生产效率仍需提高。广东渔业发展仍旧是主要依靠产量的增长和规模的扩张，以及自然资源和廉价劳动力资源发展起来的，但是资源始终是有限的，若不提高生产效率，仅依靠产量增长和规模扩张维持收入将使广东渔业发展和渔民的生活都面临巨大的资源压力与经济压力。

加工能力亟待提升。广东省水产加工能力低，与广东水产的巨大产量不相匹配。加工多以初级加工为主，精深加工少，规模以上加工企业数量、冷库数量少，加工企业基础薄弱，缺乏规模效益。生产设备较为落后，先进加工设备较多依赖进口，加重了广东水产加工企业的经营成本负担，制约了广东水产加工能力的提升。

贸易竞争力受多种因素制约。近年来，广东水产出口额呈现下降趋势，进口额增加，贸易顺差缩小，贸易竞争优势小。高水产品技术性贸易壁垒，水产品出口市场集中、品种单一，水产品出口结构不合理，第一产业比重过

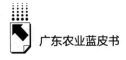

高等因素制约着广东水产贸易竞争力。

渔业整体科技实力较弱。尽管广东省渔业种业科技不断取得突破性成就，拥有科技专利数量也居我国前列，但2018年广东省渔业创新科技带来的贡献率仅为36.87%，① 相比其他海洋大省和发达国家及地区，广东省的整体渔业科技水平不高，渔业科技推广力度不够，科研成果转化率不高，仍有较多科研成果未能运用于疫病防控、质量监管、应急管理等方面，难以转化为实际生产实践成果，设施渔业、智慧渔业等方面的关键技术有待实质性突破。

产业附加值和经济效益较低。广东水产业的发展仍然以出口初加工产品为主，产品附加值低且经济效益不高，和渔业有关的加工业、服务业等二三产业发展缓慢，优质渔业品牌少。尽管已建设200余个水产类专业村镇，拥有多个水产类地理标志农产品及国家地理标志保护产品，但现有名优品种品牌尚未"擦亮"，与品牌影响力大的水产品种有较大差距，且国家地理标志保护产品以初级水产品为主，加工食品类品牌少，品牌效应无法向高产业附加值的下游产业延伸，品牌溢价无法体现。

（二）促进广东省水产业发展的对策建议

1. 优化渔业产业结构，提升现代化养殖效益

培育现代渔业主体，利用现代技术装备研发积极探索远洋渔业、深水网箱养殖业等现代化养殖方式，培育适合大规模、高密度的工厂化、自动化水产养殖企业，促进资源可持续型渔业捕捞业和环境保护型水产养殖业的发展，推动渔业结构优化升级。合理利用区域内丰富的鱼类资源，建设休闲渔业、观光渔业、家庭渔场等渔业第三产业，使以捕捞、养殖为主的渔业第一产业向第二、第三产业融合发展，支持渔业服务业的发展。

2. 增强水产加工实力，保障食品质量安全

加强第二产业发展，开发水产品深加工业，拓宽加工产品类别。例如，

---

① 吴锦辉：《广东现代渔业经济的现状及困境分析》，《农业与技术》2021年第1期。

在食品加工类，发展养生水产食品、保健水产食品等；同时，对有医药价值的可加工生产为药材，并对现有的水产品加工企业的养殖、加工、销售等环节严格把关，采用规模化、规范化、专业化的养殖方式，保证食品质量安全。

3. 拓展多样化出口产品和多元化销售市场，提升水产业贸易竞争力

关注国际水产品市场的变化情况，根据市场需求调整生产和出口品种，积极开拓多元化的销售市场，开发中东、拉美等潜力市场，改变当前出口市场集中单一以及出口产品缺乏多样性的现状。同时，提升产品质量，转变初级水产品出口为精深加工产品出口，提升产品定位，获取更高产品附加值。

4. 加快科技创新及成果转化，实施科技兴渔

政府要充分发挥资源整合和引导作用，优化配置科技资源，鼓励企业参与科技创新，龙头企业要发挥技术创新和应用的主体作用，利用现有的现代农业产业园、新型研发机构等载体，积极转化渔业科技成果，提高科技在现代渔业中的成果转化率和贡献率。

5. 加快推进渔业品牌建设，提升水产经济效益

要注重培育广东水产的知名品牌，依托众多专业村镇打造地域特色突出、产品特性鲜明的渔业品牌，鼓励渔业龙头企业打造竞争力强的企业品牌。加强品牌推荐，充分利用渔业展会、电商、农业电视及网络节目等活动和平台推荐渔业品牌，提升广东渔业品牌影响力和知名度。

参考文献

[1] 张汉月、罗乔军、张进疆等：《广东省水产品加工产业现状及发展趋势》，《现代农业装备》2017年第5期。

[2] 林群、王琳、黄修杰等：《广东工厂化水产养殖发展前景与对策研究》，《广东农业科学》2011年第9期。

[3] 吴锦辉：《广东现代渔业经济的现状及困境分析》，《农业与技术》2021年第1期。

［4］吴利婷：《近海贝类养殖，会不会成为下一个碳汇风口?》，《南方日报》2021年12月24日。

［5］《阳江渔业如何实现高质量发展? 听听专家学者怎么说》，水产养殖网，https://www.shuichan.cc/news_ view-424039.html。

［6］陆瑶：《湛江市水产加工业问题及对策分析》，硕士学位论文，广东海洋大学，2021。

［7］许力夫、毕志毅：《封顶! 广州黄沙水产新市场将打造旅游体验中心》，《新快报》2022年9月29日。

［8］石秋艳：《广东工厂化水产养殖竞争力评价研究》，硕士学位论文，广东海洋大学，2015。

［9］黄文积、袁蓓：《高质量发展要求下我国海水养殖业竞争力评价》，《中国渔业经济》2021年第4期。

［10］乔金亮：《养殖业谋求转变方式 中国渔业何以"减量增收"》，《决策探索》（上）2018年第3期。

［11］孙岁寒：《三个关键词解读番禺"渔业王国"》，《南方农村报》2022年8月11日。

［12］叶卡斯：《打破国外垄断! 广东南美白对虾品种培育取得重大突破》，《广州日报》2022年8月4日。

B.10
2022年广东饲料产业发展报告

余建斌　周丽花*

摘　要： 广东省是中国饲料产业的重要发展中心，饲料产业的发展历史可以追溯到20世纪50年代。近年来，广东饲料产业发展迅速，饲料产量保持在3000万吨以上，占全国饲料总产量的11%以上，居全国第2位。但与此同时，广东饲料产业面临原料短缺、环保约束、饲料加工技术水平不均衡和环保意识不足、缺乏核心竞争力等问题。针对上述问题，提出要促进饲料原料供应稳定，推动饲料行业环保技术转型升级，强化饲料质量安全监管，培养和提升饲料产业核心竞争力等促进广东省饲料产业发展的政策建议。

关键词： 饲料产业　产业竞争力　广东省

一　我国饲料产业发展情况

我国饲料工业发展起步于20世纪80年代，经过40余年的发展，达到了饲料总量全球第一的水平。2022年，中国工业饲料总产量为30223.4万吨，占全球饲料总产量12.66亿吨的23.87%。然而，在过去的20年里，由于产能过剩和原料涨价的双重影响，饲料行业的成本上升而利润下滑，中小企业面临生存危机。同时，随着人民生活水平的不断提高，对养殖产品乃至对饲料产品也提出了更高的要求。加入世界贸易组织以后，跨国公司大举进

---

* 余建斌，博士，华南农业大学经济管理学院副研究员，硕士生导师，主要从事农产品市场与贸易、农业经济理论与政策研究；周丽花，华南农业大学经济管理学院硕士研究生，主要研究方向为农产品市场与贸易。

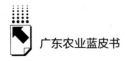

入中国市场,使得国内饲料市场竞争的深度、广度和激烈程度都超过以往,我国饲料企业数量由 2010 年的 1 万多家,减少到 2021 年的 6000 多家。优势企业利用行业整合机遇及规模优势,通过兼并和新建扩大产能进行产业链的延伸或者发展多元化的业务,主要表现在以下几个方面。

第一,2022 年我国饲料工业经济效益持续向好,各项主要经济指标均达到了较高水平。2022 年全国饲料工业总产值 13168.5 亿元,比上年增长 7.6%;营业收入 12617.3 亿元,增长 8.0%。其中,饲料产品产值 11816.6 亿元、营业收入 11363.8 亿元,分别增长 7.8%、8.2%;饲料添加剂产品产值 1267.7 亿元、营业收入 1167.9 亿元,分别增长 9.8%、5.2%;饲料机械产品产值 84.2 亿元,下降 26.9%,营业收入 85.6 亿元,增长 11.1%。

第二,2022 年全国工业饲料总产量增速放缓。2022 年全国工业饲料总产量 30223.4 万吨,同比增长 3.0%(2021 年同比增长 16.1%)。其中,配合饲料产量 28021.2 万吨,同比增长 3.7%(2021 年同比增长 17.1%);浓缩饲料产量 1426.2 万吨,同比下降 8.1%(2021 年同比增长 2.4%);添加剂预混合饲料产量 652.2 万吨,同比下降 1.6%(2021 年同比增长 11.5%)。2022 年全国饲料产量超千万吨的省份有 13 个,与 2021 年持平,分别为山东、广东、广西、辽宁、河南、江苏、河北、四川、湖北、湖南、福建、安徽、江西。

第三,2022 年全国反刍动物饲料、水产饲料和宠物饲料产量呈现较快增长。2022 年全国猪饲料产量 13597.5 万吨,同比增长 4.0%;蛋禽饲料产量 3210.9 万吨,下降 0.6%;肉禽饲料产量 8925.4 万吨,增长 0.2%;反刍动物饲料产量 1616.8 万吨,增长 9.2%;水产饲料产量 2525.7 万吨,增长 10.2%;宠物饲料产量 123.7 万吨,增长 9.5%;其他饲料产量 223.3 万吨,下降 7.2%。

第四,2022 年全国饲料产业行业集中度出现小幅下降。2022 年全国 10 万吨以上规模饲料生产厂有 947 家,比上年减少 10 家(2021 年增加 208 家),合计饲料产量 17381 万吨,比上年下降 1.8%,在全国饲料总产量中的占比为 57.5%,比上年下降 2.8 个百分点。全国有 13 家饲料生产厂年产量超过 50 万吨，比2021年减少1家（2021年增加5家），单厂最大产量127.6万吨。年产百万吨以上规模饲料企业集团36家，比2021年减少3家（2021年增加6家），其中有6家企业集团年产量超过1000万吨，与2021年持平。

第五，2022年全国饲料配方结构持续调整。2021年全国饲料生产企业的玉米用量比上年下降24.7%，在配合饲料中的比例比上年减少15.3个百分点；2022年，全国饲料生产企业的玉米用量比上年增加30.1%，在配合饲料中的比例比上年提高7.0个百分点。2021年，小麦、稻谷、大麦、高粱等谷物原粮和麦麸、米糠等粮食加工副产物用量较快增加；2022年，小麦、大麦用量大幅减少，高粱用量大幅增加，麦麸、米糠、干酒精糟（DDGS）等加工副产品用量较快增加。2021年，菜粕、棉粕等其他饼粕用量增长17.9%，豆粕用量比上年增加5.7%，但豆粕在配合饲料和浓缩饲料中的比例比上年减少了4个百分点；2022年，菜粕、棉粕等杂粕用量增长11.5%，在配合饲料和浓缩饲料中的比例比上年提高0.3个百分点。

二 广东饲料产业发展状况

（一）广东饲料生产概况

广东省是中国饲料产业的重要发展中心，饲料产业的发展历史可以追溯到20世纪50年代。近年来，广东饲料产业更是取得了突飞猛进的发展，2022年全省饲料产量高达3527.2万吨，是2005年的2.8倍，饲料产业为养殖业提供了有力支撑，具体表现在以下几个方面。

第一，2022年全省产销值增速出现大幅回落。2022年，全省饲料产销值在经历2021年高速增长后增速出现大幅回落，全省饲料工业总产值达到1578.1亿元，同比增长2%（2021年同比增长34%）；总营业收入1593.5亿元，同比增长6.2%。其中，饲料产品产值1517.5亿元、营业收入1534.3亿元，分别增长2.4%、6.6%，饲料添加剂产品产值60.6亿元、营业收入59.1亿元，分别减少7.1%、3.8%，而同期全国饲料添加剂产品产

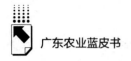

值和营业收入分别增长9.8%、5.2%。

第二，2022年全省饲料总产量出现下降。在2022年全国饲料产量持续增长的情况下，广东饲料产量却出现下降。全省饲料总产量3527.2万吨，同比下降1.3%（2021年同比增长18.7%）。尽管饲料产量下降，但产值仍持续增长。饲料原料价格上涨是导致饲料产量下降产值却持续增长的主要原因。同期，全国有9个省（区、市）饲料产量出现下滑，其中上海和北京下降幅度较大，分别下降11.2%和10.8%。按类型来看，配合饲料3434.7万吨，同比下降0.9%；浓缩饲料27.8万吨，同比下降34.2%；添加剂预混合饲料62万吨，同比下降1%。

第三，2022年全省禽类饲料产量下降拉动总产量下滑。2022年，蛋禽饲料、肉禽饲料分别为221.7万吨和1100.4万吨，同比分别下降3.8%和12%，连续两年出现下降（2021年同比下降0.3%和0.9%）。其他品种饲料出现不同程度的增长，但增速放缓。猪饲料产量达到1373.7万吨，同比增长4%（2021年同比增长61.3%）；水产饲料805万吨，同比增长7.5%（2021年同比增长10.1%）；反刍动物饲料9.3万吨，同比增长18.5%（2021年同比增长21.2%）；宠物饲料2.85万吨，同比增长37.9%（2021年同比增长63.3%）。

第四，2022年全省添加剂产品总产量三年来首次下降。2021年以来，大批微生物制剂企业抓住禁抗后新增的替抗市场机遇，迅速调整产品结构，加入饲料行业生产经营。仅2021年新设立微生物制剂类的饲料添加剂生产企业就有26家，增项生产微生物制剂品种的饲料添加剂生产企业有36家。2022年，全省添加剂总产量21.2万吨，同比下降17.8%。其中，单一饲料添加剂产量8.1万吨，同比下降15.1%；混合型饲料添加剂产量13.1万吨，同比下降19.5%。除着色剂、多糖类等饲料添加剂有小幅增长外，其余产品产量均有不同程度的下降，氨基酸类、防腐防霉剂类产品下降幅度超过35%，调味剂和矿物类产量同比下降超过20%。

第五，2022年全省生产企业数量增加，大型企业集中度保持较高水平。2022年全省现有饲料生产企业945家，比2021年增加24家。年产300万吨的饲料集体企业有 2 家，年产 50 万吨的饲料集体企业有 9 家；年产 10 万吨的饲料生产单厂 129 家，比 2021 年增加 4 家，同比增长 3.2%，累计产量约占全省总产量的 68.9%。

（二）广东饲料原料资源禀赋

广东省人多地少，耕地资源十分稀缺，饲料原料生产供应严重不足。1995~2022 年，小麦、大豆等主要饲料粮不仅总产量低而且呈现波动下降的趋势。玉米的产量在 1997 年后有所回升，此后基本保持稳定。小麦的产量在 2003 年出现了急剧下滑，之后一直波动下降。玉米是饲料的能量之源，2022 年全省玉米总产量为 63.41 万吨，同比增长 4.3%，占全国玉米总产量的比重仅为 0.2%。大豆是饲料工业的蛋白之源，2022 年全省大豆产量为 9.27 万吨，占全国大豆总产量的比重仅为 0.4%（见表 1）。

表 1 1995~2022 年广东省主要饲料粮产量变动情况

单位：万吨

年份	小麦	玉米	大豆	年份	小麦	玉米	大豆
1995	6.9	21.9	16.5	2009	0.24	66.6	14.67
1996	5.9	37.1	17.3	2010	0.25	61.94	14.7
1997	5.6	51.1	17.6	2011	0.29	65.3	15.16
1998	5.1	59.8	17.4	2012	0.3	63.47	10.15
1999	4.4	72.5	17.9	2013	0.3	62.58	9.88
2000	3.9	76.1	18.73	2014	0.3	56.74	9.45
2001	3.1	65.2	17.36	2015	0.3	55.33	9.03
2002	3.2	53.45	15.9	2016	0.3	55.5	17.04
2003	1.63	54.13	15.37	2017	0.15	54.64	8.48
2004	1.71	56.06	18.1	2018	0.15	54.54	8.71
2005	1.85	61.52	18.87	2019	0.15	55.59	9.04
2006	1.72	53.67	19.79	2020	0.14	58.15	9.1
2007	0.3	56.96	13.53	2021	0.09	60.8	8.64
2008	0.24	58.82	13.86	2022	0.15	63.41	9.27

资料来源：国家统计局。

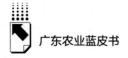

由于广东饲料原料严重不足，除国内调剂外，进口成为饲料原料的重要来源。广东省是我国粮食进口大省，2016~2019年累计进口粮食1.4亿吨，占同期全国粮食进口总量的31.8%。而广东省的粮食出口量相对较少，2016~2019年累计出口粮食0.2亿吨，占同期全国粮食出口总量的5.4%。

（三）广东饲料空间区域分布

广东饲料生产主要集中在珠三角地区，但珠三角产能占比呈现下降趋势，粤西粤北发展较快。2021年，全省珠三角地区饲料产量1923.34万吨，粤东地区253.12万吨，粤西地区1055.39万吨，粤北地区341.42万吨，分别占全省饲料总产量的53.83%、7.08%、29.54%和9.55%。从地市来看，全省饲料生产主要集中在江门市、佛山市、湛江市、茂名市、广州市、阳江市6个城市，2021年饲料总产量分别为549.43万吨、443.88万吨、388.62万吨、327.12万吨、310.16万吨、199.43万吨，累计占全省生产总量的62.11%（见图1）。

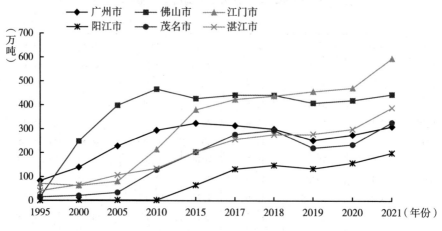

图1 1995~2021年广东省主要地市饲料产量变动情况

资料来源：历年《广东农村统计年鉴》。

广州是广东省的省会城市，也是广东饲料产业的重要中心。根据《2020年广东饲料百强企业名单》，广东饲料百强企业中有19家位于广州市，占比19%。这些企业涵盖了畜禽料、水产料、宠物料等多个领域，具有较强的市场竞争力和技术创新能力。其中，广州市饲料产量最高的企业是广州市南方饲料有限公司，2020年饲料产量为15.8万吨，居广东饲料百强企业第8位。广州生产的饲料主要包括畜禽料和水产料两大类，其中畜禽饲料占据了较大的比重。广州的饲料生产具有规模化、集约化、现代化的特点，拥有一批优秀的饲料企业和技术人才，不断创新和提升饲料产品的质量和安全水平。广州的饲料生产也为本地和周边地区的畜牧水产业提供了强有力的支撑，促进了农业农村经济的发展。

佛山市是广东省的重要城市，位于珠江三角洲腹地，与广州、中山、江门等城市紧密合作，构成了粤港澳大湾区的重要节点。佛山市拥有南亚热带季风性湿润气候，气候温和，雨量充沛，适宜农业和畜牧业的发展。佛山市是全国民营经济最为发达的地区之一，也是广东省饲料工业的重要基地。根据《2020年广东饲料百强企业名单》，广东饲料百强企业中有14家位于佛山市，占比14%。这些企业涵盖了畜禽料、水产料、宠物料等多个领域，具有较强的市场竞争力和技术创新能力。其中，佛山市饲料产量最高的企业是佛山市南海区金益饲料有限公司，2020年饲料产量为21.6万吨，居广东饲料百强企业第4位。

江门素有"大江门户，南海明珠"的美誉，地处珠江三角洲西岸，与中山、珠海、阳江、广州、佛山、肇庆、云浮等城市相邻，地理位置优越，交通便利。江门也是国内著名的侨乡，吸引了大量的资金、技术等产业要素。在改革开放的40余年里，江门饲料业不断创新升级，发展壮大。近年来，江门饲料产量一直居全省之首，市场覆盖全国各地。众多饲料企业以技术服务为核心竞争力，推动了养殖业的发展和转型，创造了大量的就业机会，并吸引了外省的技术人才。江门市饲料商会的数据显示，2021年江门饲料总产量达到565万吨，其中畜禽料超过410万吨，水产料约为142万吨。江门饲料业直接提供了超过1万个就业岗位，同时间接带动了超过10万人的就业，整体产值高达200亿元，年营业收入达到209亿元。

湛江市是广东省西南部的重要城市，地处中国大陆南端，三面临海，拥有丰富的海洋资源和渔业基地。2020年，湛江市饲料产量为383.5万吨，

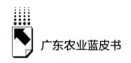

比上年增长 3.7%。其中，水产料为 248.9 万吨，占全省水产料总量的
17.5%；畜禽料为 134.6 万吨，占全省畜禽料总量的 3.3%。

茂名市是广东省西南部的重要城市，地处珠江三角洲西缘，与广西壮族
自治区相邻，东临湛江市，南靠南海，西北与云浮市接壤。茂名市的地理位
置和气候条件有利于农业和畜牧业的发展。茂名市是全国重要的饲料生产和
消费地区之一，饲料工业具有较强的竞争优势和发展潜力。茂名市饲料品种
涵盖了水产、畜禽、宠物等多个领域，满足了不同品种和不同阶段的养殖需
求。根据《2020 年广东饲料百强企业名单》，广东饲料百强企业中有 11 家
位于茂名市，占比 11%。这些企业涵盖了水产、畜禽、宠物等多个领域，
具有较强的市场竞争力和技术创新能力。其中，茂名市饲料产量最高的企业
是广东省茂名市金源饲料有限公司，2020 年饲料产量为 24.8 万吨，居广东
饲料百强企业第 12 位。

（四）广东饲料产业集中度

饲料产业集中度是指饲料行业中主要企业的市场份额占整个行业的比
例，反映了饲料市场的竞争程度和市场结构。一般来说，饲料产业集中度越
高，说明饲料市场的竞争越激烈，行业的规模效应和技术创新能力越强。
1991 年至今，广东先后兴起的广东温氏食品集团、恒兴集团、海大集团、
旺大集团、南宝集团等大型企业成为广东饲料工业的支柱和饲料生产大户，
大大加快了广东饲料工业的前进步伐。近年来，广东省饲料产业逐渐向集团
化、规模化、一体化方向发展，饲料产业集中度在不断提高，全省有上市饲
料企业 19 家（企业总部在广东的有 14 家），年产 100 万吨以上的企业 5 家，
年产 50 万吨以上的企业 11 家。

三 广东省饲料产业竞争力

（一）广东饲料市场占有率

自 2003 年以来，广东饲料的市场占有率呈现波动上升的趋势，全省饲

料产量占全国饲料总产量的比重从 2003 年的 10.47% 增长到 2022 年的 11.67%。但是，2018 年以来，广东饲料的市场占有率持续下降，特别是 2022 年全国饲料产量持续增长而广东饲料产量却出现下滑，全省饲料产量占全国饲料总产量的比重下降到 11.67%，该比例为近 10 年的最低值（见图 2）。

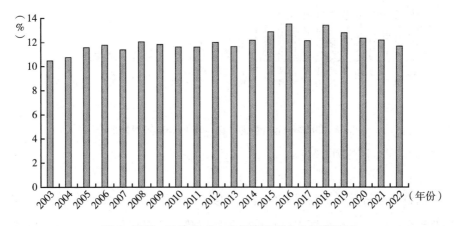

图 2　2003～2022 年广东省饲料产量占全国的比重

资料来源：根据中国饲料工业协会数据计算得到。

2022 年，广东饲料的市场占有率出现下降，但饲料总产量在全国排名保持稳定。2022 年，全省饲料产量 3527.2 万吨，占全国饲料总产量的比重为 11.67%（2021 年为 12.17%），在全国排名第 2（见图 3）。全省配合饲料产量 3434.7 万吨，占全国总产量的 12.3%（2021 年为 12.8%）；浓缩饲料产量 27.8 万吨，占全国总产量的 1.9%（2021 年为 2.7%）；添加剂预混合饲料产量 62 万吨，占全国总产量的 9.5%，与 2021 年基本持平。

（二）广东饲料价格竞争力

价格竞争力是指产品在市场上相对于同类产品的价格优势或劣势。广东饲料价格竞争力则是指广东饲料产品与其他地区或国家的饲料产品相比，具有的价格优势或劣势，价格竞争力越强，产品越有市场竞争力。图 4 显示了

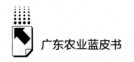

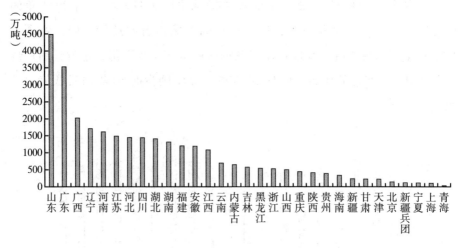

图3　2022年全国各省（区、市）饲料产量情况

资料来源：中国饲料工业协会。

广东饲料价格与全国饲料平均价格的比值变动情况。如果比值小于1，说明相对于全国而言，广东饲料具有价格竞争优势；如果比值大于1，则说明相对于全国而言，广东饲料不具有价格竞争优势。2003年以来，广东饲料价格竞争力总体呈现先提高后下降的波动趋势。2003～2016年，价格比从1.04波动降到0.86，价格竞争力明显提升；2016年以后，价格比逐渐提高，价格竞争力逐渐下降；2019～2022年，价格比维持在1.03，相对于全国而言，广东饲料不再具有价格竞争优势。在价格竞争优势逐渐下降的情况下，广东饲料竞争力的提升将从价格竞争转向质量提升和品牌打造，以提高广东在全国饲料行业中的地位。

（三）广东饲料生产成本和利润

饲料原料、饲料配方和加工参数标准、加工设备与工艺是饲料生产过程中的三个基本要素，其中原料成本占饲料成本的70%～85%。由于全球经济一体化，原料价格受到供求关系等诸多因素的影响，存在较大的不确定性。2020年以来，全球大豆、玉米、小麦等饲料原料价格节节攀高。

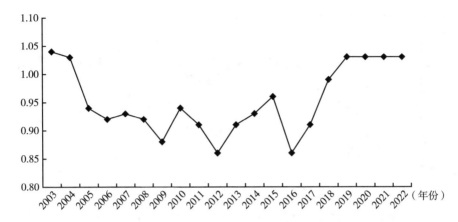

图4　2003~2022年广东饲料价格与全国平均价格的比值变动情况

资料来源：根据中国饲料工业协会数据计算得到。

2022年6月，大豆价格上涨到创纪录的621.2美元/吨，比2020年5月上涨1倍；2022年4月，玉米价格上涨到创纪录的348.5美元/吨，比2020年5月上涨1.42倍；2022年5月，小麦价格上涨到创纪录的444.16美元/吨，比2020年6月上涨1.61倍（见图5）。对于饲料企业而言，一方面要承受饲料原料成本上涨的压力，另一方面地缘冲突等导致采购难度不断加大。广东饲料原料对外依存度较高，即使是替代型原料进口比重仍较高，抗风险能力较差。

2022年，广东粤海饲料的每吨饲料毛利润为640.3元，居全国第1位，主要是源于高毛利的特种配合水产饲料。海大集团的每吨饲料毛利润为316元，居全国第7位，主要是通过科技驱动和全链条专业化提升饲料品质和效益。金新农的每吨饲料毛利润为235元，居全国第9位。由于饲料原料价格大幅度持续上涨，而饲料价格上涨幅度不及生产成本上涨幅度，利润空间被大大压缩。与2021年相比，在全国14家上市饲料企业中，有12家的每吨毛利润均同比下降，其中7家降幅都在10%以上。粤海饲料毛利润虽蝉联全国第一，但毛利润从781.5元/吨降至640.3元/吨。

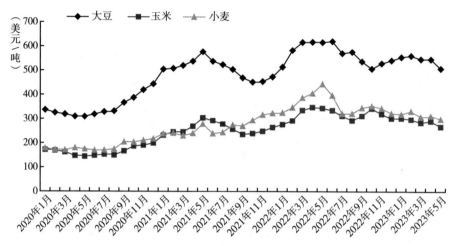

图5　2020年1月至2023年5月全球主要饲料原料价格分月份变动情况

资料来源：国际货币基金组织。

四　广东省饲料产业的科技发展

长期以来，广东省饲料产业处于全国的领先地位，表现为产量与产值规模领先、技术与人才领先。广东省在饲料生产技术方面拥有先进的设备和技术。广东省的饲料生产企业拥有先进的生产设备，如搅拌机、混合机、研磨机等，可以实现高效、节能、环保的生产。同时，广东省的饲料企业重视新型饲料配方的研发，不断推出新型的饲料配方，以满足不同动物的营养需求，提高饲料的营养价值。此外，广东省政府认识到饲料生产技术的重要性，并采取了一系列措施，支持企业投资先进的饲料生产设备，支持企业研发新型饲料生产技术，支持企业实施智能化饲料生产等。

（一）智能化技术应用

广东饲料生产技术采用了智能化技术，使饲料生产过程更加自动化、高效化，提高了饲料生产效率，减少了人工成本。广东饲料智能化技术的应用主要体现在以下几个方面。一是智能化饲料全流程控制系统。采用智能化饲料全流程控制系统，可以实现自动化控制，实现精细化管理，有效提高饲料生产效率，提高生产质量，提高生产环境的安全性。二是智能化饲料研发系统。采用智能化饲料研发系统，可以实现饲料的精准配方研发，精准控制饲料的营养成分，以及精准控制饲料的质量。三是智能化饲料生产系统。采用智能化饲料生产系统，可以实现饲料生产的自动化，减少人工操作，实现饲料生产的精细化，提高饲料生产的效率和质量。四是智能化饲料运输系统。采用智能化饲料运输系统，可以实现饲料的自动化运输，减少人工操作，提高运输效率，提高运输的安全性。五是智能化饲料质量控制系统。采用智能化饲料质量控制系统，可以有效控制饲料的质量，保证饲料的质量稳定，提高饲料的品质。

广东采用智能化技术的公司有深圳市赛贝尔科技有限公司、东莞市鸿宇科技有限公司、深圳市联瑞科技有限公司等。赛贝尔科技是一家致力于为客户提供饲料智能化技术解决方案的高科技企业，主要产品包括智能饲料系统、智能饲料监控系统、智能饲料配方系统、智能饲料自动投料系统等。鸿宇科技是一家致力于提供智能饲料技术解决方案的高科技企业，主要产品包括智能饲料投料系统、智能饲料控制系统、智能饲料质量检测系统、智能饲料分拣系统等。联瑞科技是一家集研发、生产、销售、服务于一体的高科技企业，主要产品包括智能饲料投料系统、智能饲料控制系统、智能饲料质量检测系统、智能饲料分拣系统等。

（二）技术交流

近10年来，广东省饲料技术交流取得了长足的发展。首先，政府部门和饲料行业协会积极参与饲料技术交流，举办了一系列国内外饲料技术研讨会，推动了技术创新。其次，饲料行业的企业也积极参与饲料技术交流，推动了技术进步。此外，广东省的饲料行业也积极参与国际交流，与国外企业和研究机构建立了合作关系，推动了技术进步。2015年，广东省科技厅与澳大利亚新南威尔士大学举办"中澳技术交流会"，就饲料技术

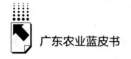
交流进行深入探讨；2016 年，广东省畜牧业技术改造中心与日本东京大学等机构签署了《关于中日饲料技术交流的协议》；2017 年，广东省畜牧业技术改造中心与德国莱布尼茨大学等机构签署了《中德饲料技术交流协议》；2018 年，广东省畜牧业技术改造中心与法国国立农业大学等机构签署了《中法饲料技术交流协议》；2019 年，广东省畜牧业技术改造中心与美国加州大学戴维斯分校等机构签署了《中美饲料技术交流协议》；2020年，广东省畜牧业技术改造中心与英国牛津大学等机构签署了《中英饲料技术交流协议》。

（三）生产技术人才储备

人才储备是推动饲料产业高质量发展的关键。广东饲料生产技术的发展离不开高素质的技术人才，这些技术人才是饲料生产技术发展的基础。他们不仅掌握专业知识，还具备创新能力，能够更好地推动行业发展。广东拥有丰富的饲料生产技术资源，其中包括高素质的人才储备。他们可以为企业提供全面的技术支持，从而促进企业的技术创新，提升产品的质量和效率。表 2 显示了 2011～2021 年广东省饲料加工企业职工学历和技术工种构成情况。数据显示，全省饲料企业职工总人数呈现波动上升的趋势，从 2011 年的 41471 人增加到 2021 年的 58974 人，增长了 42%。高学历职工人数快速增长，博士、硕士、大学本科和大学专科人数整体呈上升趋势。博士人数从 2011 年的 224 人增加到 2021 年的 376 人，增长了 68%；硕士人数从 2011 年的 832 人增加到 2021 年的 1628 人，增长了 96%；大学本科人数从 2011 年的 5752 人增加到 2021 年的 8788 人，增长了 53%；大学专科人数从 2011 年的 7241 人增加到 2021 年的 11133 人，增长了 54%。技术工种人员中检化验员和维修工呈现上升的趋势。检化验员人数从 2011 年的 1737 人增加到 2021 年的 2588 人，增长了 49%；维修工人数从 2011 年的 1652 人增加到 2021 年的 2500 人，增长了 51%。

表2 2011～2021年广东饲料加工企业职工学历和技术工种构成

单位：人

年份	职工人数	博士	硕士	大学本科	大学专科	检化验员	维修工
2011	41471	224	832	5752	7241	1737	1652
2012	44157	219	861	5949	7603	1780	1832
2013	41555	238	943	5915	7427	1742	1426
2015	36467	243	955	5309	6675	1444	1237
2016	37160	258	931	5477	6762	1517	1336
2017	35666	191	839	5202	6985	1332	1291
2018	59191	308	1452	9031	11308	2465	2401
2019	57067	310	1459	8902	10696	2655	2493
2020	57458	389	1513	8675	10976	2535	2445
2021	58974	376	1628	8788	11133	2588	2500

注：2014年数据缺失。

资料来源：历年《中国饲料工业年鉴》。

五 广东省饲料产业发展面临的问题

（一）原料短缺

饲料原料包括粮食原粮、大豆、豆粕、玉米、鱼粉、氨基酸、杂粕、添加剂、乳清粉、油脂、肉骨粉、谷物等品种。我国饲料原料资源相对匮乏，其背后主要问题是主粮与饲用粮之间的土地竞争。我国的粮食政策高度重视和重点支持稻谷和小麦这两种基本口粮，要求主粮自给率达到95%～100%。粮食安全是国家的重大战略，尤其是小麦、水稻等主粮的绝对安全。广东是全国人口最多、经济最发达的省份，但耕地资源却十分有限，这就意味着饲料主要原料的大豆、玉米等作物在广东的发展空间非常有限，饲料原料主要依赖国内其他省份供应或从国际市场进口。2020年，经广东省口岸进口大豆1216.7万吨，同比增长20%；玉米513.3万吨，同比增长134.7%。2021年，在进口粮食大幅增长的带动下，广东省粮食外购增速快于消费需求增

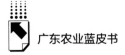

长，主要港口来粮（含外省来粮及进口）4850万吨，同比增长12%，其中进口粮食约占八成。

饲料原料依赖进口，增大了饲料产业稳定发展的对外依赖性，饲料企业在原料供应方面面临着诸多问题。一是现有供应商的原料质量不稳定，导致饲料质量和效果受到影响。饲料企业缺乏对供应商的有效管理和监督，无法保证供应商提供的原料符合质量要求和标准。二是现有供应商的原料供应不稳定，导致饲料企业难以满足生产和市场需求。饲料企业与供应商的合作关系不紧密，无法及时沟通和协调原料的采购和运输。饲料企业缺乏长期合作伙伴，无法共同应对原料市场的波动和风险。三是现有供应渠道的原料种类单一，饲料企业缺乏原料的多样化选择。饲料企业缺乏新的原料供应源，无法拓展新的市场和客户。四是现有技术水平的原料利用率低，导致饲料企业的成本高和效益低。饲料企业缺乏对农副产品和副食材料的利用技术，无法开发出新的替代原料。饲料企业缺乏与科研机构和大学等合作，无法研究开发适用的新型原料。五是现有市场范围的原料供应商少，导致饲料企业难以寻找符合需求的原料。饲料企业缺乏对海外市场的开拓能力，无法找到更多的优质原料供应商。饲料企业缺乏与行业内外的交流机会，无法掌握行业发展动态和原料供应的多样性。六是现有新饲料添加剂产品少，创新能力不足。目前，饲料添加剂产品主要以传统的抗生素、氨基酸、维生素等为主，缺乏高科技含量和高附加值的新产品。饲料企业缺乏安全、高效、环保的新型饲料添加剂产品，严重阻碍了饲料行业竞争力和可持续发展能力。

（二）环保约束

环保约束是指为了防止和减少饲料生产过程中对环境造成的污染和破坏，而对饲料企业实施的各种法律、政策、技术或经济措施。这些约束旨在保护和改善生态环境，提高公众的健康和安全水平，促进经济社会可持续发展。

环保约束主要有法律法规和政策制度的约束。法律法规和政策制度约束是饲料产业发展的基本遵循和行为规范，其对饲料原料种植、饲料加工生产、饲料运输销售等各个环节都提出了明确的要求和标准，对饲料企业在资源利用、污染排放、废弃物处理等方面都进行了严格的监管和处罚，对饲料企业形成了强有力的约束力。例如，国家和广东省相继出台了一系列关于饲料产业环保管理的法律法规和政策制度，如《中华人民共和国环境保护法》《中华人民共和国固体废物污染环境防治法》《中华人民共和国大气污染防治法》《中华人民共和国水污染防治法》《中华人民共和国清洁生产促进法》《中华人民共和国节约能源法》《广东省人民政府关于加快建立健全绿色低碳循环发展经济体系的实施意见》等。

广东省是我国饲料产业的重要基地，也是全国饲料总产量和总产值的第二大省份。但是，随着饲料生产规模的不断扩大，资源环境压力也随之增加。饲料生产过程中消耗大量能源，排放各种污染物，造成水、气、土等环境污染和资源浪费。同时，由于饲料加工技术水平不均衡和环保意识不足，部分饲料企业还存在超标排放或无证排放等违法行为，严重影响了生态环境质量和人类健康。2016年，中央生态环境保护督察组来广东后，珠海市、佛山市等地的多家水产料生产厂家因存在严重污染问题被责令停产整改。饲料企业的污染问题已经引起了社会的高度关注。

环保问题的产生主要是由以下几个方面造成的。一是对环保技术的认识不足，导致饲料行业的环保技术水平落后。饲料行业缺乏对环保技术的重视，认为环保技术是增加成本和负担的因素，而不是提高竞争力和效益的因素。饲料行业缺乏对环保技术的了解，不清楚环保技术的优势和必要性，从而导致饲料行业对环保技术的投入不足，无法跟上环保技术的发展。

二是环保技术研发不足，导致饲料行业的环保技术创新能力低。饲料行业缺乏对环保技术的研发投入，很少建立有效的研发机制和团队，与科研机构和高校等合作不多，缺乏相关的试验和示范，从而导致饲料行业缺乏自主创新的环保技术产品，无法满足市场和社会的需求。

三是环保技术监管不足，导致饲料行业的环保技术执行力低。饲料行业缺乏对环保技术的监管制度，没有制定出合理的环保标准和规范，没有实施有效的监督和检查，没有对违反环保规定的企业进行严厉的处罚，从而导致

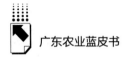

饲料行业对环保技术的执行力不强，无法保证环保技术的质量和效果。

四是环保技术培训不足，导致饲料行业的环保技术应用能力低。饲料行业缺乏对环保技术的培训机会，没有提供充分的培训资源和条件，没有针对不同层次和岗位的员工进行系统的培训并考核和评估培训效果，从而导致饲料行业缺乏对环保技术的应用能力，无法充分发挥环保技术的作用。

五是环保技术支持不足，导致饲料行业的环保技术发展动力低。饲料行业缺乏对环保技术的政策支持，没有享受到相关的税收优惠、投资补贴、贷款贴息等政策措施，没有得到相关部门和社会组织的指导和帮助，从而导致饲料行业缺乏对环保技术的发展动力，无法积极推进环保技术的升级。

（三）质量安全需要新保障

饲料质量安全是保障畜禽养殖业和食品安全的重要基础，也是社会关注的热点。近年来，中央和广东陆续出台或修订多部关于食品安全的法律法规、规章制度，以加强对食品安全链条生产企业的约束。2014 年 1 月，农业部发布了《饲料质量安全管理规范》，为规范添加剂预混合饲料、浓缩饲料、配合饲料和精料补充料等生产企业生产行为，按照规范要求组织生产，实现从原料采购到产品销售的全程质量安全控制，为饲料产品质量安全提供了保障。2019 年 7 月，农业农村部发布第 194 号公告，规定自 2020 年 7 月 1 日起为维护我国动物源性食品安全开始全面禁抗，饲料生产企业停止生产含有促生长类药物饲料添加剂（中药类除外）的商品饲料。2022 年，广东省农业农村厅根据《农业农村部办公厅关于印发〈2022 年饲料质量安全监管工作方案〉的通知》（农办牧〔2022〕6 号）要求，印发了《2022 年饲料质量安全监管工作方案》。

随着饲料质量安全标准的提高和监管力度的加大，广东饲料安全面临新的挑战和困难。2022 年，广东省农业农村厅组织开展了全省饲料质量安全监督抽检工作。从全省饲料和饲料添加剂生产企业、饲料经营门店及养殖场（户）中随机抽取了 266 家进行监督抽检，其中饲料和饲料添加剂生产企业 193 家、饲料经营门店 38 家、养殖场（户）35 家，抽检范围涉及 15 个市，抽检项目包括质量、卫生、药物及非法添加物 4 个方面 34 项指标。监督抽检共抽检各类商品饲料及自配料产品 650 批次，其中有 10 批次产品不合格，总体合格率为 98.5%。不合格的 10 批次产品分别为违规添加药物 3 个批次、添加剂超量添加 5 个批次及卫生指标超标 2 个批次。

饲料安全事件的发生主要是由以下几个方面原因造成的。

一是饲料安全监督体系不完善，导致饲料的安全性难以保障。饲料安全监督体系还存在一些缺陷和漏洞，如饲料安全标准和检测方法不统一、不科学、不完善，饲料中的有害物质和污染物质的控制标准和限量值不明确或过低，饲料安全监测机制不健全、不及时、不有效，饲料安全问题的发现和处理能力不强，饲料安全责任主体不明确等。这些问题导致饲料的安全性无法得到有效的保障，给畜禽养殖业和食品安全带来了潜在的风险。

二是饲料质量检测体系滞后，导致饲料质量难以满足市场需求。饲料质量检测体系还没有与国际接轨，没有及时更新和完善检测技术和方法，没有适应市场和消费者对饲料质量的新要求。一些检测技术和方法还存在准确性、灵敏度、稳定性等方面的问题，不能有效地检测出饲料中的微量元素、抗生素残留、重金属等物质。同时，一些企业还缺乏自我检测机制，没有建立起饲料质量的可追溯性和一致性保证体系，导致饲料质量参差不齐，无法满足市场需求。

三是饲料生产企业监管力度不够，导致饲料生产秩序和安全难以维护。广东饲料生产企业数量众多，规模大小不一，技术水平参差不齐。一些企业为了降低成本或者追求利润，故意使用劣质或者非法的原料或者添加剂，或者违反规定的标准和工艺生产饲料。这些行为严重损害了饲料的质量和安全性，也破坏了饲料生产的秩序和安全。而相关监管部门对这些企业的监管力度还不够大，没有形成有效的震慑和约束作用。一些违规企业逃避了法律的惩罚和制裁，给社会造成了严重的危害。

四是饲料安全宣传教育不足，导致消费者对饲料的安全性认知不够。消费者对饲料的安全性还缺乏足够的了解和关注，没有形成正确的消费观念和行为。一些消费者只关注饲料的价格、品牌、外观等因素，而忽视了饲料的

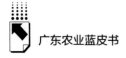

成分、生产工艺、安全保障等因素。这些消费者容易受到一些虚假或者误导性的广告或者信息的影响，购买或者使用一些不符合质量和安全标准的饲料，给畜禽养殖业和食品安全带来了隐患。而相关部门和企业对饲料的安全性的宣传教育还不够充分和有效，没有及时向消费者传达饲料的安全保障措施和使用注意事项，没有增加消费者对饲料的安全性的认知和信任。

（四）缺乏核心竞争力

广东是全国饲料总产量和总产值的第二大省份，具有一定的行业规模与基础，但广东饲料产业缺乏核心竞争力。

一是产品质量和创新能力不足。新技术、新产品以引进和仿制为主，原创性技术和产品缺乏。

二是内外部资源整合和协同不充分。缺乏建立有效的合作联盟和模式，没有实现饲料全产业链协调发展。同时，由于中小型饲料企业的科研投入少，饲料基础性研究能力较弱，饲料原材料的资源浪费和利用率较低。

三是品牌建设和影响力不强。广东省内的一些小型饲料企业的市场营销策略和手段不够有效，消费者沟通和服务不够到位，导致品牌知名度和美誉度不高。同时，缺乏品牌保护意识，没有及时申请注册商标或专利权，也没有有效维护知识产权和市场权益。

四是国内外市场拓展能力不强。没有充分利用区位优势和资源优势，积极参与国内外饲料展览会和贸易洽谈会，与买家建立稳定的合作关系。同时，省内中小型饲料企业市场低水平同质化竞争问题突出，难以适应市场多样化和个性化需求。

六　广东省饲料产业发展建议

（一）促进饲料原料供应稳定

加强对现有供应商的管理，确保供应商提供的原料数量和质量稳定可靠。饲料企业应与现有供应商建立良好的合作关系，并进行严格的供应商评估和管理。与供应商保持紧密沟通，确保供应商能够稳定提供符合质量标准的原料。通过建立长期合作伙伴关系，共同努力解决原料质量和供应稳定性的问题；积极拓展新的供应渠道，拓展新的原料供应源。一是促进饲料企业与农场、养殖基地等农牧业合作，直接采购或进行合作种植原料。二是加强饲料企业合作，共同开展原料采购，从而扩大可靠原料的供应渠道。三是通过技术开发，实现原料的多样化，增加新的原料供应。开发利用农副产品和副食材料作为替代原料的技术，进一步降低原料成本和依赖进口原料的风险。四是加强饲料企业与科研机构、高校等合作，共同研究开发适用的新型原料，提高原料的多样性和利用率。五是积极开拓海外市场，寻找符合公司需求的原料供应商。通过开展国际贸易、参加国际展会、与海外企业建立合作关系等方式，扩大原料供应范围。

（二）推动饲料行业环保技术转型升级

第一，要提高饲料行业的环保技术认识，使更多的企业能够了解环保技术的重要性，从而推动企业投资环保技术，加快环保技术的升级。要加强环保技术的研发，开发出更加环保、更加经济的饲料生产技术，从而提高生产效率，减少能源消耗，降低污染，降低生产成本。

第二，加强对环保技术的监管。要加强对饲料行业环境保护的监管，制定更加严格的环保标准，并严格执行环保法规。

第三，加强对饲料行业环保技术的培训，提高企业的环保意识，让企业更加熟悉环保技术的应用，从而更好地推动环保技术的升级。

第四，强化对环保技术升级改造的政策支持。加大对环保技术的政策支持力度，如减免税收、投资补贴等政策，鼓励企业投资环保技术，从而推动环保技术的发展。

（三）强化饲料质量安全监管

第一，加快建设完善的饲料安全监督体系，确保饲料的安全性。相关部门应制定严格的饲料安全标准和检测方法，确保饲料中的有害物质和污染物质控制在安全范围内。建立完善的监测机制，及时发现和处理饲料安全问题。及时更新饲料质量检测体系，以确保饲料质量符合当下市场需求。引入新的检测技术和方法，提高检测的准确性和灵敏度。鼓励企业建立自我检测机制，以保证饲料质量的可追溯性和一致性。

第二，相关监管部门应加强对饲料生产企业的监管，要求企业严格遵守相关的法律法规。定期进行生产现场检查和抽样检测，确保企业按照规定的标准和工艺生产饲料。对违规企业进行严厉的处罚和惩罚，维护饲料生产的秩序和安全。

第三，加强对饲料质量安全的宣传教育，提高消费者对饲料安全性的认知。通过多种渠道和方式，向消费者传达饲料的安全保障措施和使用注意事项。鼓励企业主动公开饲料的成分、生产工艺和安全保障等信息，增加消费者的信任和选择。

（四）培养和提升饲料产业核心竞争力

第一，增强产品质量和创新能力。饲料企业应注重产品质量的提升，从原料采购到生产过程和产品配方等方面严格控制质量。同时，加大对研发的投入，推动创新技术的应用和新产品的开发，提高产品附加值和市场竞争力。

第二，提升一体化经营能力。饲料企业要提高一体化经营的能力，加强内外部资源的整合和协同。通过企业间的合作，建立全产业链的合作联盟，共同开展原料采购、生产加工、销售和营销等方面的合作，实现资源优化配置和规模经济效益。

第三，加强饲料品牌建设。注重品牌建设和市场营销，提升品牌知名度和美誉度。饲料企业应树立独特的企业形象和产品特色，通过积极参加行业展览、推广活动和媒体宣传等方式，增加品牌的曝光度和认知度。

第四，注重拓展国内外市场。广东饲料企业应积极开拓国内外市场，寻求新的业务机会和客户。通过参加国内外的饲料展览会和贸易洽谈会，与国内外买家和代理商建立合作关系。同时，加强对国外市场的调研和了解，针对不同国家和地区的需求，调整产品配方和规格，适应不同市场需求，提高饲料产业国际竞争力。

社会科学文献出版社

皮 书

智库成果出版与传播平台

❖ 皮书定义 ❖

皮书是对中国与世界发展状况和热点问题进行年度监测，以专业的角度、专家的视野和实证研究方法，针对某一领域或区域现状与发展态势展开分析和预测，具备前沿性、原创性、实证性、连续性、时效性等特点的公开出版物，由一系列权威研究报告组成。

❖ 皮书作者 ❖

皮书系列报告作者以国内外一流研究机构、知名高校等重点智库的研究人员为主，多为相关领域一流专家学者，他们的观点代表了当下学界对中国与世界的现实和未来最高水平的解读与分析。

❖ 皮书荣誉 ❖

皮书作为中国社会科学院基础理论研究与应用对策研究融合发展的代表性成果，不仅是哲学社会科学工作者服务中国特色社会主义现代化建设的重要成果，更是助力中国特色新型智库建设、构建中国特色哲学社会科学"三大体系"的重要平台。皮书系列先后被列入"十二五""十三五""十四五"时期国家重点出版物出版专项规划项目；自2013年起，重点皮书被列入中国社会科学院国家哲学社会科学创新工程项目。

皮书网

（网址：www.pishu.cn）

发布皮书研创资讯，传播皮书精彩内容
引领皮书出版潮流，打造皮书服务平台

栏目设置

◆ **关于皮书**
何谓皮书、皮书分类、皮书大事记、
皮书荣誉、皮书出版第一人、皮书编辑部

◆ **最新资讯**
通知公告、新闻动态、媒体聚焦、
网站专题、视频直播、下载专区

◆ **皮书研创**
皮书规范、皮书出版、
皮书研究、研创团队

◆ **皮书评奖评价**
指标体系、皮书评价、皮书评奖

所获荣誉

◆ 2008 年、2011 年、2014 年，皮书网均
在全国新闻出版业网站荣誉评选中获得
"最具商业价值网站"称号；
◆ 2012 年，获得"出版业网站百强"称号。

网库合一

2014年，皮书网与皮书数据库端口合
一，实现资源共享，搭建智库成果融合创
新平台。

皮书网

"皮书说"
微信公众号

权威报告·连续出版·独家资源

皮书数据库
ANNUAL REPORT(YEARBOOK)
DATABASE

分析解读当下中国发展变迁的高端智库平台

所获荣誉

- 2022年，入选技术赋能"新闻+"推荐案例
- 2020年，入选全国新闻出版深度融合发展创新案例
- 2019年，入选国家新闻出版署数字出版精品遴选推荐计划
- 2016年，入选"十三五"国家重点电子出版物出版规划骨干工程
- 2013年，荣获"中国出版政府奖·网络出版物奖"提名奖

皮书数据库

"社科数托邦"
微信公众号

成为用户

　　登录网址www.pishu.com.cn访问皮书数据库网站或下载皮书数据库APP，通过手机号码验证或邮箱验证即可成为皮书数据库用户。

用户福利

- 已注册用户购书后可免费获赠100元皮书数据库充值卡。刮开充值卡涂层获取充值密码，登录并进入"会员中心"—"在线充值"—"充值卡充值"，充值成功即可购买和查看数据库内容。
- 用户福利最终解释权归社会科学文献出版社所有。

社会科学文献出版社 皮书系列
SOCIAL SCIENCES ACADEMIC PRESS(CHINA)

卡号：675611375488
密码：

数据库服务热线：010-59367265
数据库服务QQ：2475522410
数据库服务邮箱：database@ssap.cn
图书销售热线：010-59367070/7028
图书服务QQ：1265056568
图书服务邮箱：duzhe@ssap.cn

中国社会发展数据库（下设 12 个专题子库）

　　紧扣人口、政治、外交、法律、教育、医疗卫生、资源环境等 12 个社会发展领域的前沿和热点，全面整合专业著作、智库报告、学术资讯、调研数据等类型资源，帮助用户追踪中国社会发展动态、研究社会发展战略与政策、了解社会热点问题、分析社会发展趋势。

中国经济发展数据库（下设 12 专题子库）

　　内容涵盖宏观经济、产业经济、工业经济、农业经济、财政金融、房地产经济、城市经济、商业贸易等 12 个重点经济领域，为把握经济运行态势、洞察经济发展规律、研判经济发展趋势、进行经济调控决策提供参考和依据。

中国行业发展数据库（下设 17 个专题子库）

　　以中国国民经济行业分类为依据，覆盖金融业、旅游业、交通运输业、能源矿产业、制造业等 100 多个行业，跟踪分析国民经济相关行业市场运行状况和政策导向，汇集行业发展前沿资讯，为投资、从业及各种经济决策提供理论支撑和实践指导。

中国区域发展数据库（下设 4 个专题子库）

　　对中国特定区域内的经济、社会、文化等领域现状与发展情况进行深度分析和预测，涉及省级行政区、城市群、城市、农村等不同维度，研究层级至县及县以下行政区，为学者研究地方经济社会宏观态势、经验模式、发展案例提供支撑，为地方政府决策提供参考。

中国文化传媒数据库（下设 18 个专题子库）

　　内容覆盖文化产业、新闻传播、电影娱乐、文学艺术、群众文化、图书情报等 18 个重点研究领域，聚焦文化传媒领域发展前沿、热点话题、行业实践，服务用户的教学科研、文化投资、企业规划等需要。

世界经济与国际关系数据库（下设 6 个专题子库）

　　整合世界经济、国际政治、世界文化与科技、全球性问题、国际组织与国际法、区域研究 6 大领域研究成果，对世界经济形势、国际形势进行连续性深度分析，对年度热点问题进行专题解读，为研判全球发展趋势提供事实和数据支持。

法律声明

"皮书系列"（含蓝皮书、绿皮书、黄皮书）之品牌由社会科学文献出版社最早使用并持续至今，现已被中国图书行业所熟知。"皮书系列"的相关商标已在国家商标管理部门商标局注册，包括但不限于LOGO（▧）、皮书、Pishu、经济蓝皮书、社会蓝皮书等。"皮书系列"图书的注册商标专用权及封面设计、版式设计的著作权均为社会科学文献出版社所有。未经社会科学文献出版社书面授权许可，任何使用与"皮书系列"图书注册商标、封面设计、版式设计相同或者近似的文字、图形或其组合的行为均系侵权行为。

经作者授权，本书的专有出版权及信息网络传播权等为社会科学文献出版社享有。未经社会科学文献出版社书面授权许可，任何就本书内容的复制、发行或以数字形式进行网络传播的行为均系侵权行为。

社会科学文献出版社将通过法律途径追究上述侵权行为的法律责任，维护自身合法权益。

欢迎社会各界人士对侵犯社会科学文献出版社上述权利的侵权行为进行举报。电话：010-59367121，电子邮箱：fawubu@ssap.cn。

社会科学文献出版社